国家社会科学基金项目资助（20CTY019）

社会生态学视角下社区衰弱老年人身体活动促进研究

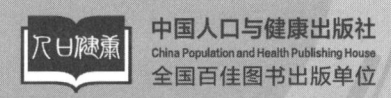

王世强 著

中国人口与健康出版社
China Population and Health Publishing House
全国百佳图书出版单位

图书在版编目（CIP）数据

社会生态学视角下社区衰弱老年人身体活动促进研究 / 王世强著. -- 北京：中国人口与健康出版社，2024.6.
ISBN 978-7-5101-9692-8

Ⅰ. G812.48

中国国家版本馆 CIP 数据核字第 2024XC4594 号

社会生态学视角下社区衰弱老年人身体活动促进研究
SHEHUI SHENGTAIXUE SHIJIAO XIA SHEQU SHUAIRUO LAONIANREN SHENTI HUODONG CUJIN YANJIU

王世强　著

责 任 编 辑	张　瑞
装 帧 设 计	华兴嘉誉
责 任 印 制	林　鑫　任伟英
出 版 发 行	中国人口与健康出版社
印　　　　刷	北京朝阳印刷厂有限责任公司
开　　　　本	710 毫米 ×1000 毫米　1/16
印　　　　张	12.75
字　　　　数	230 千字
版　　　　次	2024 年 6 月第 1 版
印　　　　次	2024 年 6 月第 1 次印刷
书　　　　号	ISBN 978-7-5101-9692-8
定　　　　价	48.00 元

微　信　ID	中国人口与健康出版社
图 书 订 购	中国人口与健康出版社天猫旗舰店
新 浪 微 博	@ 中国人口与健康出版社
电 子 信 箱	rkcbs@126.com
总编室电话	（010）83519392		
办公室电话	（010）83519400	发行部电话	（010）83557247
传　　　真	（010）83519400	网销部电话	（010）83530809
地　　　址	北京市海淀区交大东路甲 36 号		
邮　　　编	100044		

版权所有・侵权必究

如有印装问题，请与本社发行部联系调换（电话：15811070262）

目录

第一章　绪论	/ 001
第一节　研究背景与问题的提出	/ 001
一、老年人健康问题日益突出	/ 001
二、衰弱已成为危害老年人健康的重要挑战	/ 002
三、身体活动不足是引起老年人衰弱的重要原因	/ 002
第二节　研究目的与意义	/ 004
一、研究目的	/ 004
二、研究意义	/ 004
第三节　研究内容与方法	/ 005
一、研究内容	/ 005
二、研究方法	/ 006
三、相关概念界定	/ 008
第四节　理论基础	/ 010
一、社会生态学理论	/ 010
二、积极老龄化理论	/ 013
三、用进废退理论	/ 013
四、衰弱的理论模型	/ 013

第二章　文献综述	/ 015
第一节　衰弱概念的提出及其理论模型	/ 016
一、衰弱循坏理论模型（The Circle of Frailty Model）	/ 016
二、累积健康缺陷模型 　　　（Deficits of Health Accumulation Model）	/ 017
三、整合概念模型（Integral Conceptual Model）	/ 018
第二节　衰弱的风险评估工具	/ 018
一、衰弱身体表型	/ 019
二、衰弱指数	/ 019

	三、GFI 和 TFI	/ 020
第三节	衰弱的发生机制	/ 021
	一、慢性炎症	/ 021
	二、氧化应激	/ 022
第四节	衰弱的流行病学现状	/ 023
第五节	老年人身体活动和衰弱的相关研究	/ 024
	一、横断面研究	/ 024
	二、纵向追踪研究	/ 026
第六节	身体活动对衰弱的干预作用	/ 029
	一、运动类型：多组分的综合运动更能改善衰弱状况	/ 029
	二、运动形式：团体训练能提升衰弱老年人的运动依从性	/ 031
	三、运动强度：中等强度运动改善衰弱效果最佳，但仍需进一步验证	/ 032
	四、小结	/ 033
第七节	身体活动对衰弱干预作用的元分析	/ 034
	一、资料与方法	/ 035
	二、结果与分析	/ 037
	三、讨论	/ 042
	四、小结	/ 044
第八节	社会生态学理论在老年人身体活动促进中的应用研究	/ 045
	一、个人层面	/ 045
	二、人际层面	/ 046
	三、社区层面	/ 046
	四、机构层面	/ 047
	五、政策层面	/ 048
第九节	国内外研究述评	/ 049

第三章　我国老年人衰弱和身体活动现状及其关联性研究　　/ 050

第一节	研究设计	/ 051
	一、研究目的	/ 051
	二、研究内容	/ 051

三、研究方法　　　　　　　　　　　　　　　　　　　／053
　　　四、数据来源与样本处理　　　　　　　　　　　　　／054
　第二节　我国老年人的衰弱现状及发展轨迹　　　　　　／061
　　　一、老年人衰弱指数的构建　　　　　　　　　　　／061
　　　二、调查对象的衰弱现状　　　　　　　　　　　　／063
　　　三、我国老年人衰弱的发展轨迹　　　　　　　　　／065
　第三节　我国老年人身体活动历时变化和影响因素　　　／067
　　　一、我国老年人身体活动变化情况　　　　　　　　／069
　　　二、Logistic 回归模型分析　　　　　　　　　　　／070
　　　三、历时分析1：平均偏效应模型　　　　　　　　／072
　　　四、历时分析2：交互模型　　　　　　　　　　　／073
　第四节　我国老年人身体活动和衰弱的关联性分析　　　／075
　　　一、横断面分析　　　　　　　　　　　　　　　　／075
　　　二、纵向追踪分析　　　　　　　　　　　　　　　／078
　第五节　炎症在老年人身体活动和衰弱关联中的中介作用　／085
　第六节　分析与讨论　　　　　　　　　　　　　　　　／087
　　　一、我国老年人衰弱现状及变化轨迹　　　　　　　／087
　　　二、身体活动对老年人衰弱的影响　　　　　　　　／090
　　　三、炎症在老年人身体活动和衰弱关联中的中介作用　／092

第四章　社区老年人身体活动和衰弱的剂量-效应关系研究　／094

　第一节　研究设计　　　　　　　　　　　　　　　　　／095
　　　一、研究目的　　　　　　　　　　　　　　　　　／095
　　　二、研究对象　　　　　　　　　　　　　　　　　／095
　　　三、研究方法　　　　　　　　　　　　　　　　　／096
　第二节　研究结果　　　　　　　　　　　　　　　　　／099
　　　一、社区老年人一般资料基本特征　　　　　　　　／099
　　　二、社区老年人身体活动现状　　　　　　　　　　／101
　　　三、社区老年人抑郁现状　　　　　　　　　　　　／102
　　　四、社区老年人衰弱现状　　　　　　　　　　　　／103
　　　五、社区老年人身体活动与衰弱之间的剂量-效应关系　／106
　　　六、抑郁在社区老年人身体活动与衰弱之间的中介效应　／108

第三节　讨论与分析　　　　　　　　　　　　　　　　　　/ 109
　　一、社区老年人身体活动现状分析　　　　　　　　　　/ 109
　　二、社区老年人抑郁现状分析　　　　　　　　　　　　/ 110
　　三、社区老年人衰弱现状分析　　　　　　　　　　　　/ 111
　　四、社区老年人身体活动与衰弱之间的剂量 – 效应关系分析 / 114
　　五、抑郁在社区老年人身体活动与衰弱之间的中介效应分析/ 115
第四节　结论与建议　　　　　　　　　　　　　　　　　　/ 115

第五章　社区衰弱老年人身体活动的社会生态学因素分析　　/ 117

第一节　研究设计　　　　　　　　　　　　　　　　　　　/ 117
　　一、研究目的　　　　　　　　　　　　　　　　　　　/ 117
　　二、研究对象　　　　　　　　　　　　　　　　　　　/ 118
　　三、研究方法　　　　　　　　　　　　　　　　　　　/ 118
　　四、研究思路　　　　　　　　　　　　　　　　　　　/ 121
第二节　研究结果与分析　　　　　　　　　　　　　　　　/ 123
　　一、社区老年人衰弱状况与人口社会学资料　　　　　　/ 123
　　二、社区老年人衰弱现状分析　　　　　　　　　　　　/ 125
　　三、社区衰弱老年人身体活动现状分析　　　　　　　　/ 125
　　四、社区衰弱老年人身体活动影响因素问卷的设计和优化
　　　　　　　　　　　　　　　　　　　　　　　　　　　/ 125
　　五、问卷的验证性因子分析　　　　　　　　　　　　　/ 133
　　六、社会生态学影响因素与衰弱老年人身体活动相关性分析
　　　　　　　　　　　　　　　　　　　　　　　　　　　/ 139
　　七、社区衰弱老年人身体活动的社会生态学因素分析　　/ 141
第三节　结论与建议　　　　　　　　　　　　　　　　　　/ 150

第六章　社会生态学理论下社区衰弱老年人身体活动的促进策略 / 153

　　一、重视我国老年人衰弱问题，扩大衰弱防治的工作力度
　　　　　　　　　　　　　　　　　　　　　　　　　　　/ 154
　　二、重视身体活动对衰弱的防治作用，引导老年人增加
　　　　身体活动　　　　　　　　　　　　　　　　　　　/ 154
　　三、积极创造条件，引导老年人进行中高水平身体活动　/ 155

　　　　四、激发衰弱老年人参与身体活动的兴趣，重视身体
　　　　　　活动参与　　　　　　　　　　　　　　　　　/ 155
　　　　五、重视同伴和家庭支持的作用，鼓励衰弱老年人进行
　　　　　　身体活动　　　　　　　　　　　　　　　　　/ 156
　　　　六、完善社区基础设施建设，营造良好的社区文化氛围　/ 157
　　　　七、促进体育健身政策在社区落地实施，持续优化促进
　　　　　　衰弱老年人身体活动参与的环境　　　　　　　　/ 158

第七章　总结与展望　　　　　　　　　　　　　　　　　/ 160

　　第一节　研究总结论与创新　　　　　　　　　　　　/ 160
　　　　一、研究总结论　　　　　　　　　　　　　　　　　/ 160
　　　　二、研究创新　　　　　　　　　　　　　　　　　　/ 162
　　第二节　研究不足与研究展望　　　　　　　　　　　/ 163
　　　　一、研究不足　　　　　　　　　　　　　　　　　　/ 163
　　　　二、研究展望　　　　　　　　　　　　　　　　　　/ 164

参考文献　　　　　　　　　　　　　　　　　　　　　　/ 167

附录1　人口统计学资料　　　　　　　　　　　　　　　/ 189

附录2　FP衰弱表型量表　　　　　　　　　　　　　　　/ 190

附录3　社区衰弱老年人参与身体活动的影响因素量表　　/ 191

附录4　IPAQ短问卷　　　　　　　　　　　　　　　　　/ 193

附录5　中国健康与养老追踪调查2018年追访问卷　　　　/ 194

第一章 绪论

第一节 研究背景与问题的提出

一、老年人健康问题日益突出

人口老龄化早已成为世界各国普遍存在的一种社会现象,是人类人口再生产的必然趋势。联合国国际人口学会编著的《人口学词典》对人口老龄化的定义是:当一个国家或地区60岁以上人口所占比例达到或超过总人口数的10%,或者65岁以上人口达到或超过总人口数的7%时,其人口类型即称为"老年型",这样的社会即称为"老龄社会"[1]。有数据显示,截至2020年,全球已有99个国家和地区进入老龄化社会[2]。根据第七次全国人口普查数据显示,我国60岁及以上人口有2.6亿人,比例达到13.50%,其中,65岁及以上人口有1.9亿人,占比9.3%。目前,中国人口类型已经进入老年型,人口老龄化程度已高于世界平均水平,预计到2040年,65岁及以上人口占总人口的比例将超过20%[3]。随着20世纪中期在出生高峰出生的人口陆续进入老年,可以预见,21世纪前期将是中国人口老龄化发展最快的时期[4]。

研究显示,全球疾病总负担的23%是由60岁及以上老年人的疾病导致的,主要包括心血管疾病(占60岁及以上人群总负担的30.3%)、恶性肿瘤(占比15.1%)、慢性呼吸道疾病(占比9.5%)、肌肉骨骼疾病(占比7.5%)以及神经和精神疾病(占比6.6%)等,老年人慢性病的发病率和死亡率大幅上升,人口老龄化正在加速慢性病在世界范围内的负担[5]。老年人健康问题日益突出,增加老年人家庭的医疗负担,势必将给社会经济的发展带来严重问题,也将在我国养老保障等方面带来巨大的挑战。

二、衰弱已成为危害老年人健康的重要挑战

随着人口老龄化的加剧，衰弱逐渐成为一个新兴的、迫在眉睫的公共卫生问题，衰弱日益成为危害老年人健康的重要因素。衰弱往往伴随着生理功能的减退、跌倒风险的增加，如先前的系统性综述显示，衰弱是死亡率的一个强有力的预测因素，老年人衰弱会增加死亡的风险，危害老年人健康[6]。

王雪辉等人[7]分析了"如皋长寿和衰老队列研究"（RuLAS）调查数据中的老年人衰弱样本，探究老年衰弱状况与健康的关系，结果发现与健康老年人相比，超过90%的衰弱和衰弱前期老年人在身体的某个方面存在失能状况，衰弱老年人跌倒、住院的比例均高于健康的老年人。衰弱不仅导致老年人生理功能的减退或丧失，还对其心理健康造成不良影响。研究发现，老年人衰弱状况与抑郁密切相关，这可能是由于衰弱严重降低了老年人的家庭和社会幸福感，使老年人常常感到孤单[8]。Collard等人[9]分析了衰弱指标与老年人抑郁的关系，发现二者显著相关，衰弱老年人抑郁的风险往往更大。一项系统综述显示，衰弱老年人的记忆能力及认知状态更差，衰弱老年人存在着不同程度的认知障碍，衰弱程度越深，其认知障碍越明显，衰弱与老年痴呆存在较显著的正向关系[10]。衰弱是一种常见的老年综合征，与生存率降低有关。衰弱的发生率随着年龄的增长而增加，在妇女和少数群体中患病风险更高。Shamliyan等人[11]研究了老年社区老年人衰弱的发生率及其与生存的关系，发现随着老年人衰弱指标的增加，全因死亡率降低，并提出有效预防与逆转老年人衰弱，可延迟3%～5%老年人的死亡。衰弱对老年人的生理、心理健康均造成了不良的影响，及时筛查并干预衰弱有利于恢复老年人健康。

三、身体活动不足是引起老年人衰弱的重要原因

随着人口老龄化的加快，老年人衰弱的发生率也在逐年提升，有数据显示，65岁以上老年人衰弱发生率为7%～12%，80岁以上老年人衰弱发生率超过30%[12]。冯青青等人[13]对太原社区500名老年人进行衰弱相关调查，结果显示其衰弱发生率为16%。身体活动与老年人衰弱息息相关，身体活动不足是当今慢性非传染性疾病的第一独立危险因素，世界卫生组织（WHO）将身体活动不足视为21世纪最大的公共卫生问题之一。根据WHO的最新全球健康风险报告显示，身体活动不足已成为全球第四大死亡原因，仅次于高血压、吸烟和高血糖所导致的死亡[14]。研

究显示，身体活动不仅有助于缓解老年人衰弱，还可以降低患心血管疾病和代谢疾病的风险，在神经系统中，定期运动有助于维持认知功能和稳定腿部肌肉的外周运动神经元的数量，并在总体上改善平衡和协调，以降低衰弱老年人的跌倒风险[15, 16]。一项系统评价显示，增强老年人身体活动水平，对于改善衰弱老年人的身体功能、提高生活质量具有重要意义，体育运动被认为是改善老年人衰弱最有效、最有价值的方式[17]。

《国家积极应对人口老龄化中长期规划》指出，2018年老年人口达到2.49亿人，老年人口的比例上升至17.9%。随着全世界人口预期寿命的延长，预计到2030年，60岁及以上人口会增加55.7%。人口比例的转变带来疾病谱的变化，许多老年人的身体可能出现衰弱甚至残疾，导致生活质量下降[18]。**衰弱是指老年人生理储备下降导致的机体易损性增加、抗应激能力减退的状态或综合征，是介于健康与疾病之间的"亚健康"状态，与跌倒、失能、残疾等负面事件紧密相关**[19]。衰弱并不只发生于老年人，年轻人也可能会出现衰弱状态，但老年人较年轻人更容易发生衰弱。衰弱老年人的相关研究已成为近年国内外的研究热点。国外最新研究显示，与年龄相比，**衰弱是一项更能准确预测新冠肺炎感染风险和死亡风险的指标。意大利和英国等欧洲国家的最新诊疗方案，已将衰弱程度作为对新冠肺炎患者进行护理分级的依据**[20]。2018年和2019年，第一届和第二届国际衰弱症研讨会分别在上海和北京召开，参会学者**共同呼吁关注衰弱的预防和健康干预**。WHO发布新的"身体活动全球行动计划"，倡导整合医疗、健康、公共卫生、体育等多领域资源，共同促进人类健康[21]。《"健康中国2030"规划纲要》指出，制定实施对于老年人等特殊群体的体质健康干预的计划，加强对老年人健康的指导和综合干预，促进老年人"健康老龄化"。研究表明，身体活动降低是造成老年人发生衰弱的重要因素，进而引起免疫能力降低、病毒感染和死亡风险增加[22]。**身体活动干预是改善老年衰弱、降低衰弱发生率和预防衰弱最有效、成本最低的措施，可以有效避免由衰弱引起的不良健康事件**[23, 24]。然而，目前国内针对衰弱老年人这一特殊群体身体活动的相关研究刚起步。**身体活动与衰弱程度的剂量-效应关系是怎样的？影响社区衰弱老年人身体活动的影响因素有哪些？如何促进社区衰弱老年人的身体活动？**这些问题的解决有助于为衰弱老年人进行社区身体活动提供科学依据和具体方案，有助于进一步丰富"健康老龄化"的科学实践。

第二节 研究目的与意义

一、研究目的

通过梳理文献发现，目前的研究存在以下问题。

（1）社区老年人衰弱程度与身体活动水平剂量-效应关系尚不明确。虽有少量国外研究探讨了单维度的衰弱（身体衰弱）和身体活动水平的关系，但仍停留在二者总体水平的相关关系上，且基本是以医院或者养老机构中的老年人群为主，缺乏社区环境下老年人身体活动和衰弱的关联性及剂量-效应关系研究。另外，身体活动虽然有助于提升老年人生活质量，但社区老年人衰弱程度是否在其身体活动和生活质量的关系中有中介调节作用，尚不知晓。

（2）影响社区衰弱老年人进行身体活动的因素研究不够系统全面。目前主要以个人因素进行衰弱老年人身体活动分析，缺乏从社会生态学的多个层面、多个角度对影响社区衰弱老年人的身体活动因素进行系统全面的分析。

（3）对社区衰弱老年人身体活动的干预忽略了外部因素的潜在作用。国内外对社区老年人进行的身体活动干预主要偏重个人层次的运动干预，忽略了外部环境因素对这一特殊群体身体活动水平的潜在作用，难以形成持续效应和大面积推广。

因此，本研究的总目标是在初步探讨我国老年人衰弱和身体活动现状及其二者关联性的基础上，进一步分析社区老年人衰弱程度与身体活动的剂量 效应关系，以社会生态学理论为依据，分析社区衰弱老年人身体活动的主要影响因素及路径关系，最终制订社区衰弱老年人身体活动方案和促进策略。

子目标1：探讨我国老年人衰弱和身体活动现状及其关联性；

子目标2：明确社区老年人衰弱与身体活动水平剂量-效应关系；

子目标3：进行社区衰弱老年人身体活动的社会生态学因素分析；

子目标4：构建社区衰弱老年人身体活动的促进策略。

二、研究意义

1. 学术价值

①深入探讨社区老年人衰弱程度与身体活动水平剂量-效应关系，进一步探讨身体活动在老年人衰弱与生活质量之间的中介作用，为延缓老年人的衰弱、提

高老年人的生活质量、积极应对老龄化提供科学依据。②从社会生态学视角探讨衰弱老年人身体活动的影响因素，进一步拓宽社会生态学理论的应用领域。

2. 应用价值

①依据社会生态学理论，通过分析影响社区衰弱老年人身体活动的主要因素，探寻社会和环境因素在其中的作用，为社区衰弱老年人身体活动干预提供科学依据。②制订基于社会生态学理论的老年人身体活动促进策略，为社区衰弱老年人身体活动提供策略选择和操作性的参考。

第三节 研究内容与方法

一、研究内容

1. 我国老年人衰弱程度和身体活动现状及其关联性

我国老年人的衰弱程度及发展轨迹和影响因素研究。运用四期横截面数据进行描述性统计，鉴于从横断面的角度可以帮助我们了解老年人的衰弱状况，但仅是单一时点的状况，无法帮助我们准确地描绘和检验衰弱发展趋势。因此基于纵向的研究设计，采用潜变量增长模型考察老年人衰弱的初始水平及随后的发展速度，并分析衰弱在个体间的差异及来源，探究对衰弱的发生和发展起关键作用的因素。此外，横截面的数据无法避免老年人身体活动和衰弱可能存在的双向因果关系，在运用潜变量增长模型时，可以引入不随时间变化的因素（性别、教育等）和随时间变化的因素（身体活动等），重点考察身体活动这一随时间变化的因素如何影响老年人的衰弱轨迹，以此进一步判断可能存在的因果关系，为后续的研究打下基础。

我国老年人身体活动和衰弱的关联性分析。身体活动和衰弱的关联性分析，采用多因素非条件 Logistic 回归进行分析，并基于前述分析，将具有显著影响的因素作为控制变量。在研究设计上通过横断面和纵向追踪的数据进行分析，并辅以倾向得分匹配法、Oster 遗漏变量检验进行稳健性检验，既考虑了可观测变量引起的样本自选择偏误，也考虑了不可观测变量对结果造成的偏差。鉴于老年人是高度异质性的群体，随年龄增加，有些老年人仍然保持健康且精力充沛，但不少老年人的健康状况和社会适应能力却不断下降。因此，还通过对不同特征（年龄、性别、教育、婚姻、户籍、地域）老年人身体活动和衰弱剂量-效应关系的比较，考察其存在的异质性。

我国老年人身体活动和衰弱的中介机制研究。根据衰弱发生的生物学机制，可能由于身体活动不足造成机体炎症状态进而导致衰弱。因此利用CHARLS数据库中的C反应蛋白（CRP）作为中介变量，采用经典的KHB三步中介检验方式进行分析。

2. 社区老年人衰弱与身体活动水平剂量－效应关系

明确社区老年人衰弱与身体活动的剂量－效应关系，采用衰弱表型（FP）拟对500名社区老年人衰弱程度进行调查评价，采用IPAQ进行身体活动水平测量，同时采用简版老年抑郁量表评价老年人的抑郁状况。采用t检验或方差分析探讨社区老年人身体活动、抑郁在一般资料上的差异；采用t检验和（或）χ^2检验探讨衰弱与非衰弱老年人在一般资料、身体活动、抑郁上的差异。采用多因素Logistic回归分析老年人总身体活动量与衰弱之间的关联；利用限制性立方样条模型分析其剂量－效应关系；采用KHB三步中介检验法检验抑郁在老年人身体活动和衰弱之间的中介效应。

3. 社区衰弱老年人身体活动的社会生态学因素分析

制定社区衰弱老年人身体活动参与的社会生态学感知量表。社会生态学理论模型涵盖了个人、人际、社区、政策各水平要素，通过访问专家、访谈经常参与身体活动的老年人等相关人员，采集他们对老年人身体活动问题的见解与建议。最后综合访谈结果，设计社会生态学各要素的量表，并对量表进行信度检验、探索性与验证性因子分析，确定量表各个维度的指标，并优化量表。然后，利用SPSS、AMOS对所调查的数据进行分析处理，研究社会生态学各个要素与社区衰弱老年人身体活动的关系。利用结构方程模型对研究假设进行检验，得到变量之间的影响关系以及关系程度，从而探索社区衰弱老年人身体活动参与的主要影响因素。

4. 社会生态学理论视角下社区衰弱老年人身体活动的促进策略

根据前文分析社区老年人衰弱和身体活动剂量－效应关系和衰弱老年人身体活动的社会生态学因素的研究结果，从个人、人际、社区和政策等多个层面提出促进社区衰弱老年人身体活动水平的策略。

二、研究方法

1. 文献资料法

通过检索中国知网、万方、维普三大主要的中文期刊网站，以及国外Web of

Science、Pubmed、EBSCO 等外文期刊网站，以"社会生态学（Social Ecology）""身体活动（Physical Activity）""体育锻炼（Exercise）""衰弱老年人（Frail Elderly）"等内容为关键词。通过搜索查阅大量的文献、期刊、专著以及出台的政策法规，获取关于社会生态学、老年人身体活动等一系列研究和理论成果，追踪把握国内外研究进展，对影响老年人身体活动的因素进行归纳总结，结合社会生态学理论分析社区衰弱老年人身体活动行为参与的影响因素，通过理论来指导实践。

2. 问卷调查法

根据本研究的调查目的、调查规模以及调查对象的特点，结合株洲市的实际情况，调查者如实填写调查问卷，筛选出社区衰弱老年人，并进行身体活动的测量。问卷内容设计来源于大量的文献资料，基于作者对老年人身体活动具体问题的思考，以及对专家、学者、调查对象的访谈。本课题研究把调查问卷的信息分为四个部分，第一部分是老年人基本人口社会学资料；第二部分是通过 FP 衰弱表型评估对社区老年人进行筛选；第三部分是社区衰弱老年人身体活动参与的社会生态学影响因素量表；第四部分是身体活动评估问卷（国际身体活动量表，IPAQ）。

3. CHARLS 数据库分析法

本研究利用中国健康与养老追踪调查（CHARLS）的数据。截至 2023 年 4 月，该调查已经发布了 2011 年、2013 年、2015 年和 2018 年的数据，其中 2011 年为全国基线调查，随后 2013 年、2015 年和 2018 年为全国追踪调查。调查问卷的设计参考了国际标准，访问应答率和数据质量在世界同类项目中位居前列，数据在学术界得到了广泛的应用和认可。本研究将使用该项目中老年人的基本状况、健康状况部分的数据，其中基本状况部分包含个人基本信息，健康状况部分包含老年人的一般健康状况、疾病史、多病共存、身体功能障碍、认知、抑郁、身体活动等多方位的情况，各部分的调查均采用国际通用问卷，不仅为评估老年人衰弱和不同水平的身体活动提供了全面的洞察窗口，还为取得全国范围内的老年人身体活动和衰弱关系研究提供了高质量的调查数据。

4. 德尔菲法

以社会生态学理论为基础，针对社区衰弱老年人特点，主要考虑个人层面、人际层面、社区层面、政策层面等四个层面设计身体活动环境调查问卷。统一采用李克特五级评分的方法，将答案设置为"完全不认同""不太认同""基本认同""认同""非常认同"五个水平选项，分别计 1、2、3、4、5 分。请专家对题项的内容和表达方式进行修正，删除部分不合理题项，并对问卷进行进一步的信效度检验。在社会生态学的个人、人际、社区以及政策等影响因素的基础上，初步构建各水平因素的指标问卷，向老年人健康促进、身体活动研究领域的专家学者发放调查表，征询意见，进行修改，专家意见达成一致后，确定社会生态学各水平要素维度的指标体系。

5. 计量统计法

（1）潜变量增长曲线模型：潜变量增长曲线模型在心理学及医学领域运用较多，是专门研究事物发展过程的一种研究方法，涉及对事物随时间发展轨迹的刻画，还可以加入其他变量来考察随时间变化的因素及不随时间变化的因素是如何影响事物发展过程的。

（2）Logistic 回归分析：Logistic 回归分析为概率型非线性回归模型，基于此方法考察老年人身体活动和衰弱的剂量-效应关系。

（3）倾向得分匹配法：基于此方法消除样本中可观测变量的自选择偏差，其原理为：假设衰弱与否的两个老年群体之间的差异能够被其他变量所共同影响（如年龄、性别等），那么就可通过计算倾向得分值，将干预组（中高水平身体活动）和控制组（低水平身体活动）进行匹配，使两组样本在其他变量上不存在系统性差异，并使身体活动成为区分两类老年群体间的唯一因素，达到类似随机试验的效果。

（4）Oster 遗漏变量检验：倾向得分匹配法只能解决可观测变量导致的自选择偏差，但无法解决模型可能存在的遗漏变量所造成的内生性问题，如社会政策、居住条件改变等原因造成的老年人身体活动和衰弱的变化。因此采用 Oster 等人提出的遗漏变量检验方法检查可能存在的遗漏变量对结果造成的影响。

（5）KHB 三步中介检验法：KHB 三步中介检验法是用于考察中介效应的经典方法。首先估计核心自变量是否显著影响因变量（本研究的核心自变量为身体活动、因变量为衰弱）；其次估计核心 CRP 和抑郁在老年人身体活动和衰弱间的作用；最后将自变量和中介变量同时放入回归模型进行估计，考察中介作用。

三、相关概念界定

1. 身体活动

早在 1985 年，Caspersen 等人就指出身体活动是由骨骼肌收缩引起能量消耗所产生的机体活动，体育锻炼则是身体活动的下位概念，是指有计划、有结构、重复性的活动，目的是提高或保持身体能力[25]。世界卫生组织也将身体活动定义为由骨骼肌的收缩引起能量消耗所产生的机体运动[26]。身体活动在一般情况下都是按照日常活动进行分类，大部分身体活动指南普遍将身体活动分为4类：职业性身体活动、交通往来身体活动、家务性身体活动和休闲性身体活动[27,28]。休闲性身体活动还可以被进一步分为体育锻炼、娱乐性运动和竞技运动等种类。换言之，体育锻炼等都是从属于身体活动的，无论是行走、站立、穿衣、吃饭、做家务等低水平强度的活动，还是跑步、骑车等高能量消耗的体育运动，都是身体活动[29]。

身体活动较常用的测量方法有运动传感器法、双标水法、心率表法、间接热量测定法和身体活动问卷法。其中问卷法是最实用和最普遍的一种方法，国际上已有多种身体活动调查问卷，如国际身体活动调查问卷长卷和短卷（IPAQ）、全球身体活动调查问卷（GPAQ）等。身体活动的强度通常用梅托值（METs）来表示，低水平身体活动MET赋值为3.3，中水平身体活动MET赋值为4.0，高水平身体活动MET赋值为8.0[30]，一周总的能量消耗公式为：一周身体活动能量消耗 = 身体活动水平（MET）× 每天活动时间 × 一周活动天数（其中MET=$\sum METn \times hn/\sum h$）[31]，依据评判标准，可以将身体活动水平分为低（＜600 METs/周）、中（600～3000 METs/周）、高（＞3000 METs/周）3种[32]。

2. 衰弱

20世纪60年代末，O'Brien等人首次提出了"Frail and Alderly"，即老年人中可能存在潜在的亚健康特质人群[33]。随后在1978年美国老年联邦会议正式提出衰弱这一概念，该会议认为衰弱人群是指存在着累积性的多种健康问题，需要接受长期支持性服务以应对日常生活问题的一类人[34]。但目前衰弱的定义还缺乏统一的"金标准"。2001年，美国约翰霍普金斯大学Fried博士将衰弱和残疾进行了概念性区分，认为衰弱是老年人由于生理储备功能下降、内环境稳定性降低、对急性事件易损性增加的一种综合征[35]。Rockwood等学者则将衰弱定义为由多种健康缺陷问题累积而造成的非健康状态[36]。2010年，Gobbens等人基于整合概念模型，从单一强调生理衰弱的概念发展为多维度的概念，认为衰弱是机体受到多种因素影响而导致的在生理、心理及社会等多方面功能下降的状态。越来越多的证据表明，实际年龄不足以预测疾病或死亡，而衰弱可以更确切地预测老年人残疾、骨折、住院率，还可以解释老年人疾病预后、康复效果的差异[37]。

本研究中关于衰弱的定义采用国际上较为公认的Fried博士对于衰弱的定义，即衰弱是有生理储备功能下降、内环境稳定性降低、对急性事件易损性增加的一种综合征。

3. 衰弱测评工具

对老年人衰弱程度进行评估可以在早期阶段识别潜在的衰弱风险，从而尽早采取干预措施。根据评估的结果，可以为不同衰弱程度的老年人进行风险的分级，从而制定有效的个性化护理方案，如意大利等欧洲国家在最新的新冠疫情诊疗方案中，已经将老年人衰弱程度作为分级护理的依据。由于国际上对衰弱的概念众说纷纭，目前的评估工具尚未统一。普遍被接受的评估工具是衰弱表型（Frailty Phenotype，FP）和衰弱指数（Frailty Index，FI），其他大部分的评估工具是由这两种工具衍生而来的。FP的评估指标主要从生理层面出发，纳入非自身意愿的体重下降、疲劳程度、握力、步行速度以及体能5项指标，使得衰弱表型能更好地适用于临床，尤其用于老年人死亡、失能、跌倒、住院和手术风险的评估中[38]。其缺点在于不但忽略了认知、心理等状态的影响，而且不适用于所有个体。FI则避免了单一的生理因素所造成的片面结果，因为FI对衰弱状态的评估更加宽泛和全面，能更好地量化和展示老年人整体健康状态下的细微差异[39]。它用健康赤字累加的比例评价老年人的衰弱状况，常用于流行病学等大规模人群调查。已有多项研究证实其具有良好的效度和信度[40, 41]，缺陷在于纳入指标的数量缺乏一致性，常在30~92个不等，至少包含30个指标，但同时有研究证明衰弱指数并不会因为纳入指标的个数较多而对结果产生影响[42]。除了上述两种最常用的评估方法外，学界还开发了其他简易自评量表（见表2-1）。这些工具的标准存在分级和预测能力的异质性，因此在临床选择时要考虑该工具是否能准确识别及预测衰弱患者结局，并考虑具体临床环境中的资源优先权等[43]。

第四节 理论基础

一、社会生态学理论

1. 社会生态学理论的起源与发展

社会生态学理论主要来源于西方，由心理学发展而来。社会生态学，顾名思义，人类社会的生态理论，它将社会学和心理学的影响因素相融合，同时结合政策因素与环境因素[44]。Bronfenbrenner从20世纪70年代开始在发展社会心理学中倡导生态心理学，1977年首次提出社会生态学理论，并在20世纪80年代确立了生态化系统理论，发表了《人类发展生态学》这一著作[45]。Bronfenbrenner 将个体外在因素根据接近和远离个体划分为微观系统和宏观系统两个水平，将生态学模型的影响和干预水平划分为个体本身水平和外部环境水平。社会生态学理论详细、具体地描述了环境与个体发展之间的相互作用与影响，并且强调多层次、复杂的环境对人体的影响。社会生态学理论模型归属于社会生态系统，环境系统从小到大分别为微、中、外和宏观系统 4 个维度。环境距离个体生活的范围越近，对个体的影响就越大，各个子系统之间相互作用，共同作用于个体行为[46]。

随着社会的发展，社会生态学逐渐被应用于人类健康领域。Mcleroy 等人[47]人将社会生态学理论应用到健康促进领域，提出了一种促进健康的生态模型，该模型关注个人和社会环境因素对于促进健康干预的作用。它强调了针对改变人际、组织、社区和公共政策的干预措施的重要性。Stokols 等人[48]提出了把社会生态学理论转化为社区健康促进指南，指出人体参与健康行为受到多个方面的影响，提倡将社会生态学模型应用于健康促进方向，这就为身体活动的研究奠定了理论基础。之后，Langille[49]将社会生态学视角的注意力引向更广泛的政治和环境因素，提出上游社会结构（机构、政策等）在特定环境中对人体健康行为的影响更加深远，他的理论进一步完善和丰富了社会生态学理论模型框架内核，为今后该理论的进一步发展奠定基础。

2. 社会生态学理论在身体活动领域的应用

随着人们对身体健康行为的广泛关注，越来越多的学者深入研究社会生态学理论，并建立该理论模型与身体活动行为的多层次联系，使该理论模型得到了深入的发展。社会生态学理论作为一种多层次视角的理论范式和组织框架，关注多层次对身体活动行为的影响，该理论认为个体、物质环境和政策等因素对身体活动起着重要作用[50]。这是一个动态的相互作用的过程，在个体（自我认知等）、人际（家人、朋友）、社区（基础设施）以及社会政策发生变化的过程中，身体活动行为也在不知不觉中发生着改变[51]。如果具有促进健康行为的政策与良好的环境支持，个体的健康行为将得到有效促进。反之，将会导致人体的健康需求得不到满足，危害人体健康等。

社会生态学理论发展以来，逐渐打破了传统的健康促进理论专注对单个维度研究的局限性，在过去的三十年中，生态学模型被广泛地运用于不同人群身体活动干预[52]。胡国鹏等人[53]通过分析社会生态学在身体活动促进研究中的历史、现状及未来研究方向，并分析当前阳光体育及建成环境研究的社会生态学问题，得出的结果是建成环境是社会生态学下身体活动促进的物质保证，而阳光身体活动等是社会生态学在身体活动促进中的文化保证。Welk[54]将社会生态学理论应用于青少年身体活动行为研究中，根据青少年身心发展的特点，构建了青少年身体活动的社会生态学模型，该模型为促进青少年身体活动提供了理论依据。

随着世界各国人口老龄化的加剧，社会生态学理论也逐渐向老年人慢性疾病的预防与健康促进等行为科学和公共卫生领域拓展。Sallis等人[55]利用社会生态学模型对老年人身体活动影响因素进行分析，发现积极健康的生活方式与不同的环境变量有关，研究发现提升身体活动水平需要对个人、社会环境、物理环境和政策等多层次进行干预，Bjornsdottir等人[56]将社会生态学模型应用于老年女性的身体活动方面的研究，通过社会生态学理论分析影响老年女性身体活动行为的因素，为制定促进老年人健康的政策奠定基础。王欢[57]从社会生态学视角出发，通过实地调研，围绕社区老年人建成环境要素特征分析了社区不同建成环境与老年人休闲性身体活动的关系，为社区建成环境建设与管理提供建议和借鉴之处。见图1-1所示。

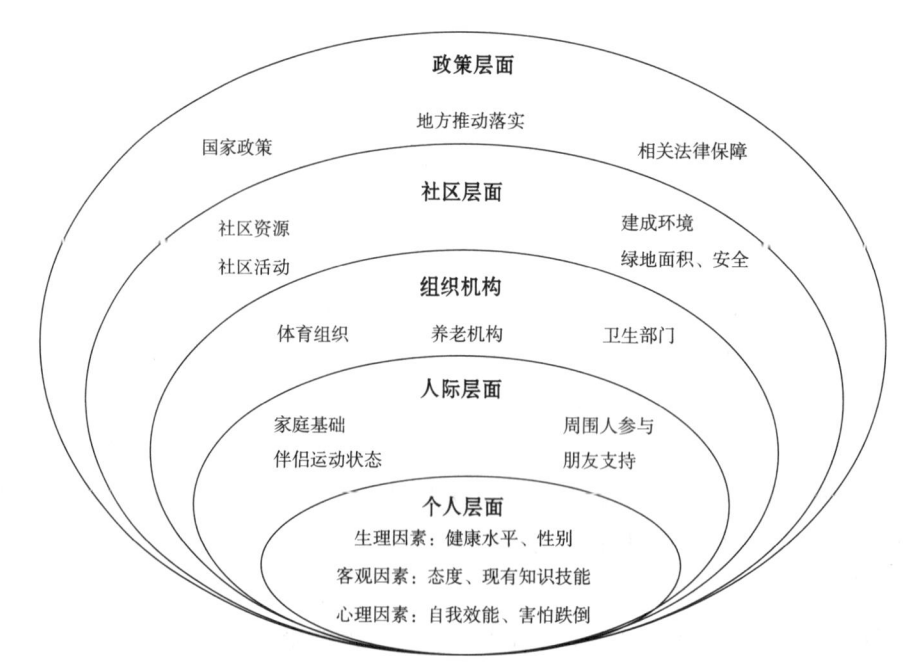

图1-1 身体活动影响因素的社会生态学模型

二、积极老龄化理论

2002年世界卫生组织于第二届世界老龄问题大会上首次将"积极老龄化"的概念提出，并将其作为应对全球老龄化的观念和战略，其内容比"健康老龄化"更加宽泛[57]。积极老龄化是指老年人在衰老过程中，将在身体、心理、社会层面发挥最大限度的作用，充分保证享有社会保障和社会福利，并能按照自己的需求、爱好和能力参与到各种社会活动中去的积极状态。积极老龄化注重老年人在晚年时期可以利用自身现有的优势，积极参与社会活动，通过参与社会活动，不断完善自我，创造与实现自己的人生及社会价值[58]。当然，"参与"不仅包括生产性的活动，如继续发挥老年人力资源进行物质生产，还包括家庭中的家务劳动、社会志愿服务等。不仅是健康的老年人要积极参与活动，保持生命活力，衰弱的老年人也要积极自我调适，踊跃参加社会活动，尤其是身体活动的好处已被广泛接受，有规律的身体活动可以促进身体和心理健康的改善，逆转慢性病的有害影响，并保持老年人的功能自主性[59, 60]。已有数据表明，身体活动可以延缓老年人衰弱，并抑制其进展[61, 62]，它以剂量依赖的方式更好地控制了血压、胆固醇和腰围，降低了心血管和代谢疾病的风险[63]，也有助于维持认知功能[64]，因此对老年人的身心健康都是大有裨益的。

三、用进废退理论

用进废退理论于1809年由法国生物学家Lamarck提出，后被称为"拉马克学说"。该学说指出：在环境、意志力和欲望等机制的作用下，经常使用的器官将会变得越来越发达，其功能也随之变强；反之，一些不常使用的器官，功能将逐渐衰退，以至于最终消失[65]。用进废退理论的核心观点是生物体机体功能的"用则进，不用则退"。根据用进废退理论，老年人的身体机能会因缺乏身体活动而废退，身体活动有助于维持腿部肌肉的外周运动神经元的数量[66]、改善平衡和协调能力，以降低跌倒风险[15, 67]。如果发生跌倒，经常锻炼的人的骨折可能性下降，因为他们的骨骼更强壮，骨密度更高[68]。

四、衰弱的理论模型

1. 衰弱循环理论模型

Fried于2001年提出了衰弱循环理论模型，他认为衰弱是个体在生理状态下降过程中所引发的生物学症状,不是某种疾病的并发症,而是机体内部多个组织、系统的功能失调所造成的内环境稳定性失去平衡。具体来说,疾病、衰老等状态都会引起体重的下降和肌少症,进而造成肌肉力量的降低、最大摄氧量的减少,并进一步导致个体步行速度减慢和身体活动总量降低,随之影响总能量的代谢速度,并造成或加重营养不良症状,最后又进一步导致体重的下降。肌肉力量下降、体重降低、步行速度减慢、身体活动总量下降和疲劳感等状态共同构成一个循环,各状态之间直接关联或通过中介变量间接关联。该理论模型重点强调的是躯体或生理状态下的衰弱,因此也被称为身体衰弱(Physical frailty)。

2. 累积健康缺陷模型

Rockwood 等人提出的累积健康缺陷模型认为机体健康状况是可以通过躯体、功能、心理和社会等非典型性疾病表现来体现的。具体而言,就是通过非特异性症状、体征以及实验室指标等异常情况的累积程度来识别机体的衰弱程度。该模型定义的健康缺陷包括疾病症状、失能、生理和心理指标等,累积的健康缺陷数量越多,衰弱状态也就越严重,而且不良风险越大。

3. 整合概念模型

Gobbens 等人在 2010 年提出了整合概念模型。该模型不再局限于身体层面的衰弱,而是将身体状况、心理状况和社会状况三个方面进行整合,并认为衰弱是机体功能的一个或多个方面受到损害而引发的症状,是随时间动态变化的,从非衰弱状态发展到衰弱状态是一个连续渐变的过程。

第二章 文献综述

2019年,联合国发布的《世界人口展望2019》指出,随着预期寿命的增加,到2050年,全球65岁以上的老年人将超过15亿,每6个人中将有1个老年人,全球老龄化态势将进一步加剧[69]。"衰弱"(Frailty)正式在全球老龄化日益加重的背景下提出,衰弱是困扰老年人的重要健康问题,已是目前国内外的研究热点。2018年9月和2019年10月,第一届和第二届国际衰弱症研讨会分别在上海和北京召开,全球衰弱领域学者深入讨论衰弱的预防和干预等前沿问题。衰弱是老年人健康和疾病之间的"亚健康"状态,其可增加跌倒、失能、认知障碍和残疾等不良健康事件的发生风险。研究发现,衰弱使跌倒的发生率增加了1.2～2.8倍,住院率增加了1.2～1.8倍,死亡的风险增加了1.8～2.3倍,衰弱是死亡的重要预测因子[19]。大型横断面研究显示,虽然衰弱的发生率不高,但其造成的医疗花费较高,数据显示,8.6%的衰弱患者医疗花费占比高达40%。因此,若不能及时识别衰弱的发生,衰弱将进一步发展恶化,不仅严重影响老年人的生活质量和身体功能,还将给家庭和社会带来沉重的负担[41]。

研究发现,久坐行为和身体活动不足与衰弱具有密切关系。近年来,老年衰弱带来的健康问题越发凸显,引起了医疗、护理和体育等领域学者的关注,相关的研究日益增多。研究表明,营养、认知、药物和身体活动等干预手段均能改善衰弱症状,而身体活动干预在国际衰弱和肌肉减少症研究协会(International Conference of Frailty and Sarcopenia Research,ICFSR)制定的2019版国际衰弱临床实践指南中,被认为是目前预防衰弱发生和延缓衰弱状态最有效的首选方式,处于"强推荐"层级[70]。国外最新研究显示,与年龄相比,衰弱是一项更准确、更能预测新冠病毒感染者的感染风险和死亡风险的指标。意大利和英国等欧洲国家的最新诊疗方案,已将衰弱程度作为对新冠肺炎患者进行护理分级的依据[20]。本文跟踪国内外关于衰弱的最新研究，在对衰弱的概念发展、风险评估工具及衰弱的发生机制进行介绍的基础上，着重围绕近年来身体活动对衰弱影响的研究进展进行了回顾总结，并探讨了身体活动干预老年衰弱的潜在机制，以期为衰弱相关研究的开展提供参考和借鉴，为我国积极应对老龄化和推动形成老年人群体的体医融合非医疗健康干预模式提供策略支持。

第一节 衰弱概念的提出及其理论模型

20世纪60年代末，O'Brien等人首次提出了老年人群体中可能存在潜在的亚健康特质人群，即"Frail and Elderly"[33]。1978年的美国老年联邦会议正式提出了衰弱的概念，用于描述老年人长期累积的健康问题，需要提供支持或关照以应对日常生活能力的老年人。在随后的二十多年，医护人员开始认识到衰弱人群的特殊性，相关的研究也开始增多。但是由于缺乏明确的概念定义和统一的诊断标准及评估工具，当时的研究人群存在模糊性，常包含残疾人群在内，衰弱并未成为独立的概念。美国学者Fried首次将衰弱和残疾进行概念性区分，使其发展成为独立的概念。Fried从身体表型出发，将衰弱定义为"由多种生理系统功能进行性下降引起的，较小的不良刺激可能会引起严重不良后果的状态"，并提出了5个具体的观察指标[38]。基于累积缺陷理论模型，Rockwood等学者对衰弱进行了定义：衰弱是由多种健康缺陷问题累积而造成的非健康状态[36]。2010年，Gobbens等人基于整合模型，从单一强调生理衰弱发展为多维度的概念，认为是机体受到多种因素影响而出现在生理、心理及社会等多方面功能下降的状态[37]。目前，国际上对衰弱尚未有统一的概念界定。应用较为广泛的定义是2013年国家老年学和老年医学学会（IAGG）达成的共识，即衰弱是由于力量减弱和生理机能异常，造成的个体依赖性增加，脆弱程度和死亡风险上升的一种状态。衰弱的概念在2010年前后被引入中国，由于翻译的原因，有"虚弱"和"脆弱"等多种表述，在医学上，多数学者普遍采用"衰弱"或"衰弱综合征"进行表述。衰弱提出的概念基于一定的理论依据，不同概念的存在是基于理论依据的差异，衰弱的概念理论模型主要包括以下三种。

一、衰弱循环理论模型（The Circle of Frailty Model）

Fried在追踪调查了五千多例65岁以上老年人生理状态，在数据进行研究分析的基础上于 2001 年提出了衰弱循环理论模型。其核心观点是，衰弱是机体生理状态下降造成的生物学症状，并非某种疾病或疾病的并发症，而是多个组织、系统的功能失调而导致的内稳态失衡。疾病状态、衰老等会引起机体体重降低和肌少症，进而造成力量的降低和最大摄氧量的减少，从而引起步速减慢和身体活动降低，随之而来的总能量代谢减慢引起或加重慢性营养不良，最后又进一步导致体重的降低。力量下降、体重降低、肌力下降、步速减慢、身体活动下降和疲劳感等状态共同构成一个循环，各生理状态之间直接关联或通过中介因素间接关联（如图 2-1 所示）。由于该理论模型强调的是躯体或生理状态的衰弱，因此也被称为身体衰弱（Physical frailty）。

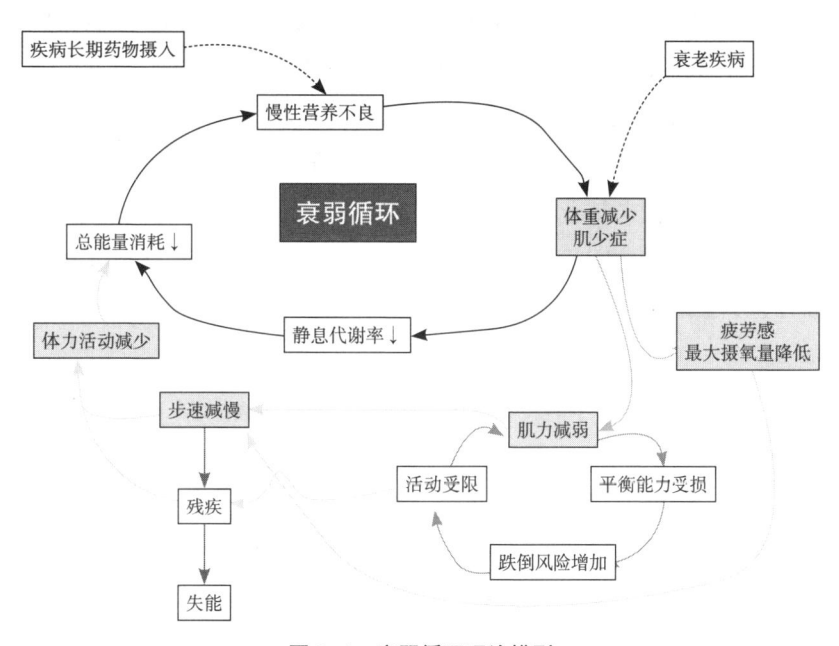

图 2-1 衰弱循环理论模型

二、累积健康缺陷模型（Deficits of Health Accumulation Model）

有时机体虽然没有达到生理的疾病状态，但往往存在多个非特异的健康问题。基于此，Rockwood 等人提出的累积缺陷理论认为机体的健康状况可以通过躯体、功能、心理和社会等非典型性疾病表现来体现，即通过非特异症状、体征和实验室指标的异常情况的累积程度来识别机体的衰弱程度。该模型定义的健康缺陷包括症状、失能、共患病、生理和心理指标和社会资源等。累积的健康缺陷数量越多，表示机体衰弱越严重，进一步发展成疾病或造成残疾的风险则越大。

三、整合概念模型（Integral Conceptual Model）

基于人的整体观点，荷兰学者Gobbens等人在2010年提出了整合概念模型。不再局限于身体层面的衰弱，该模型将身体状况、心理状况和社会状况三个方面进行整合，认为衰弱是指个体功能的一个或多个方面（生理、心理和社会）受到损害。模型认为衰弱是随时间动态变化的，从非衰弱发展到衰弱状态是一个连续渐变的过程。

从以上多个概念及其理论模型上可以看出，衰弱并不是老年人群体特有的，虽然年龄越高，衰弱的发生率越高，70岁以上老年人的衰弱发生率呈显著上升趋势，但研究证实，衰弱也可发生于中青年人群。衰弱也并不是生命周期中必然出现的现象，部分人从成年到老去始终并未发生衰弱。鉴于衰弱主要发生于老年人，因此衰弱也常被称为"老年衰弱"。纵然有多个衰弱的概念模型，但学界普遍认为衰弱是介于健康和残疾的中间状态，但通过有效的手段干预，衰弱状态可以得到逆转。如若不加干预，衰弱进一步发展成为残疾状态，则很难再得以逆转。见图2-2。

图2-2 衰弱的发展进程

第二节 衰弱的风险评估工具

衰弱的早期诊断和评估有助于识别衰弱人群，对老年人群进行危险分层和管理，进而进行早期干预具有重要意义。自衰弱的概念提出以来，医学和老年学研究学者提出了多个评估工具，但国际上尚未统一。认可度较高的量表主要有基于衰弱循环理论模型开发的衰弱身体表型（Physical Frailty Phenotype，PFP或FP）和FRAIL（Fatigue, Resistance, Ambulation, Illness, and Loss of Weight）量表；基于累积健康缺陷模型开发的衰弱指数（Frailty Index，FI）；基于整合概念模型开发的格罗宁根衰弱量表（Groningen Frailty Indicator，GFI）和蒂尔堡衰弱量表（Tilburg Frailty Indicator，TFI）。

一、衰弱身体表型

FP 是 Fried 等学者在对 5317 例 65 岁以上老年人进行研究分析的基础上，首次提出的用于诊断衰弱的 5 项标准：步速减慢；握力差（参考值根据性别和 BMI 进行评定）；身体活动水平低；疲劳感；体重减少（指过去 1 年时间内具有不明原因的体重减少）。如果满足以上 5 项标准中的任意 3 项及以上，则可被诊断为衰弱，满足其中的 1~2 项则为衰弱前期，0 项为健康状态[38]。该评估标准的优点是较为客观，常被用于衰弱风险因素的探索和衰弱干预效果的评价，也常作为"金标准"被用于检测其他衰弱评估工具可靠性的效标。然而完成其测量，需要设备辅助且评估耗时较长，并不适合临床上的快速诊断。FRAIL 量表是由国际老龄化及营养联合会老年顾问小组在 FP 基础上设计的自我报告式量表，主要用于临床环境下的衰弱诊断。包括疲劳感、抗阻、行走能力、疾病和体重下降。其剔除了 FP 中的握力、步速等复杂的客观测试，纳入了简单灵活的观察指标，便于非专业人群的测试评估或自我填写，有助于衰弱的早期识别。但由于目前对 FRAIL 进行有效性的研究较少，其效度和准确性有待验证[71]。FP 和 FRAIL 均从身体单一的维度去测量衰弱，没有涵盖心理和社会等维度指标。FP 评估标准如下表 2-1。

表 2-1 FP 评估标准

特征	评估标准
步速减慢	步行 15 英尺的时间超过规定值（根据性别和身高）
握力差	男性 BMI≤24，握力≤29kg；24<BMI≤28，握力≤29kg；BMI>28，握力≤32kg 女性 BMI≤23，握力≤17kg；23<BMI≤26，握力≤17.3kg；26<BMI≤29，握力≤18kg；BMI>29，握力≤21kg
身体活动水平低	采用明达休闲活动问卷量表（MLTA）调查，男性每周<383kcal，女性每周<270kcal
疲劳感	采用 Sirodff 编制的抑郁量表（CES-D）评定 CES-D 的任何一个问题得分为 2~3 分
体重减少	过去 1 年时间内体重下降>5% 或超过 10 磅（4.54kg）

二、衰弱指数

FI 是 Rockwood 等学者在"累积健康缺陷"概念模型基础上开发的衰弱评估工具，其不关注某个单独的健康缺陷，而是基于整体的角度对衰弱进行描述，采用多种健康表征来测量机体健康程度。包含体征、症状、功能损害和实验室指标等多项健康指标，其内容涵盖了认知功能、患病情况、自理能力、自评健康和心理健康等方面。既有客观测量的指标，又有主观自评式指标。FI= 健康缺陷个数/所有健康缺陷的数量。累积的健康缺陷越多，个体衰弱程度越高。该量表并没有将衰弱的指标固化，在遵循健康缺陷选取原则的基础上可以根据需求对衰弱进行程序性自由构建，健康缺陷的数量虽然可以存在差异（一般为30~92个），但至少应该包含30个健康缺陷条目。由于FI对评估和预测老年人健康状况具有较高的有效性和稳定性，近年来被广泛用于老年学、人口学和社会学等。研究表明，FI在健康评估、健康老化、健康管理和干预等方面具有重要应用价值。

三、GFI 和 TFI

GFI 和 TFI 是基于衰弱整合概念模型提出的标准化问卷，不仅包含身体层面，还包含认知、心理和社会等层面。GFI 包含15个衰弱评估条目，身体维度包含8个条目（身体健康、步行困难、平衡能力受损、视力减弱、听力差、双手无力、体重降低、身体疲劳），心理维度包含4个条目（记忆力减退、焦虑、抑郁状态、应对能力降低），社会层面包含3个条目（独居、社会支持减少、社交缺乏）。GFI 采取二分类计分法，总分为15分，得分超过5分则判断为衰弱。TFI 与 GFI 相似，只是从3个维度扩展到身体维度、认知维度、心理维度和社会维度等4个维度。衰弱评估工具对比如表2-2所示。

表2-2 衰弱评估工具对比

评估工具	发明人及年限	测量维度	工具类型	概念模型基础	优点	缺点	适合场景
FP	Fried, 2001	单维：身体维度	客观测量	衰弱循环理论模型	客观，准确	烦琐，需要专业测量工具，耗时长	养老和保健机构的健康评估
FRAIL	Morley, 2012	单维：身体维度	自我报告式测量	衰弱循环理论模型	简便，快速	具有主观性	临床的快速诊断
FI	Mitnitski, 2001	多维：身体、心理和社会维度	客观测量与自我报告式测量相结合	累积健康缺陷模型	覆盖面广，准确性高	项目繁多，耗时长	干预效果评估；流行病学调查
GFI	Schuurmans, 2004	多维：认知、心理和社会维度	自我报告式测量	整合概念模型	简单易行，方式灵活	有效性仍需验证	社区老年人健康评估
TFI	Gobbens, 2010	多维：身体、认知、心理和社会维度	自我报告式测量	整合概念模型	简单易行，方式灵活	有效性仍需验证	机构和社区老年人健康评估

采用不同的衰弱评估工具测量，衰弱的发生率有所不同。以 FP 为衰弱风险评估标准，一项 Meta 分析对纳入的 16 项研究共计 42775 名老年人进行的研究发现，衰弱前期和衰弱的发生率分别为 58.2% 和 18.2%[72]。近期发表在 JAMA 上的一项 Meta 分析采用 FP 和 FI 作为评估工具，纳入 46 项纵向追踪研究，覆盖全球 28 个国家 15176 名社区老年人，结果发现千人新增的衰弱前期和衰弱的人数分别为 43.4 例和 150.6 例[73]。一项对我国老年人进行的研究采用 FI 作为评估工具，分析了 2011—2015 年中国健康与养老追踪调查数据，发现我国老年人的衰弱发生率较高，2015 年衰弱发生率为 28.4%，且具有逐渐递增的趋势[74]。近期的一项 Meta 分析研究社区老年人衰弱的发生情况，结果发现以 FP、FI 和 FRAIL 为测量工具，中国社区老年人的衰弱发生率分别为 8%、12% 和 15%[75]。而另一项纳入了所有的评估工具的系统评价和 Meta 分析显示，我国老年社区人群衰弱发生率为 12.8%，医院和养老机构人群的衰弱发生率均为 44.3%[76]。

第三节 衰弱的发生机制

衰弱集机体多系统、内外部多因素共同参与调节病理生理过程，造成机体功能减弱和其他不良健康事件，但衰弱的发生机制尚未十分明确。目前衰弱的发生机制主要是基于 FP 标准的分析探讨。研究显示，衰弱可能与慢性炎症和氧化应激等病理机制有关。

一、慢性炎症

随着衰老，机体炎症水平逐渐增加，这被认为是诱发老年人衰弱的重要因素。研究发现，白介素 6（interleukin-6，IL-6）、C 反应蛋白（C-reactive protein，CRP）、肿瘤坏死因子 α（tumor necrosis factor，TNF-α）等炎症因子与衰弱程度具有相关性。Arts 等人研究发现，衰弱老年人呈现低度炎症状态，其以 FP 为衰弱评估工具，CRP 与衰弱的表现（步速、握力和低身体活动水平）均具有相关性[77]。一项随机对照研究发现，衰弱前期和衰弱患者具有较高的 IL-6、TNF-α 水平和炎症指数，衰弱状态和炎症水平、炎症指数具有强相关性，而与年龄的相关性较弱[78]。另一项研究证实，如果以 FP 为测量工具，随着衰弱程度的增加，IL-6、CRP 和 TNF-α 的水平随之增加；以 FI 为测量工具则发现，FI 与 IL-6、CRP 和 TNF-α 呈显著正相关[79]。纳入 35 项横断面研究的 Meta 分析显示，与健康老年人相比，衰弱和衰弱前期老年人具有较高的 IL-6 和 CRP 含量[80]。另一项纳入 23910 名老人的 Meta 分析也发现，衰弱和衰弱前期与较高的炎症参数有关，尤其是 CRP 和 IL-6[81]。有研究认为，衰弱状态和循环中高炎症水平具有的直接相关性并不依赖于慢性疾病和年龄[82]。

衰弱患者中炎症水平增加，可能有以下三点原因，一是由于慢性病等并发症造成机体炎症进而诱导了衰弱；二是因为衰弱者往往体重超重或肥胖，进而导致机体炎症增加；三是由于身体活动不足造成机体炎症状态，进而导致衰弱。炎症和 IGF-1 的合成和活性紧密相关，而 IGF-1 可通过 Akt/mTOR 信号通路诱导蛋白质的合成，维持骨骼肌的功能[83]。IL-6 和 TNF-α 抑制 IGF-1 介导的蛋白合成代谢，降低了骨骼肌含量和骨骼肌的功能[84]。有研究发现，衰弱老年人具有较高的 IL-6 水平和较低的 IGF-1 含量，同时伴随握力减弱和步速减慢等症状，提示炎症因子可能通过 IGF-1 抑制蛋白质的合成，进而造成衰弱[85]。

二、氧化应激

氧化应激是机体内氧化和抗氧化作用失衡而造成的一种活性氧（reactive oxygen species，ROS）过度增加的现象。多项研究证实，氧化应激和衰弱之间关系密切。衰弱老年人循环 MDA 含量显著高于非衰弱受试者，线性回归分析发现 MDA 和 FP 衰弱评分具有显著相关性，而且不依赖于年龄、性别以及其他混杂因素[86]。Wu 等人对比研究了不同衰弱程度老年人中氧化应激产物的不同，结果显示衰弱和衰弱前期老年人循环中 8-羟基-2-脱氧鸟苷（8-oxo-7,8-dihydro-2-deoxyguanosine）含量显著高于健康老年人，FP 衰弱分数和 8-oxodG 具有显著相关性，且在控制了年龄、腰臀比、吸烟等因素后，两者依然具有相关性[87]。Serviddio 等人分析了衰弱患者循环中四种氧化应激标志物的变化，结果发现衰弱患者表现出明显较高的谷胱甘肽氧化水平、谷胱甘肽氧化还原比值、丙二醛（Malondialdehyde，MDA）和羟基壬烯醛（Hydroxynonenal，HNE）浓度。Logistic 回归分析发现，谷胱甘肽氧化还原比值（OR=1.8，95%CI：1.2～2.5）、MDA（OR=2.8，95%CI：1.6～4.7）和 HNE（OR=1.5，95%CI：1.2～2.8）是衰弱发生风险的显著不稳定因素，谷胱甘肽氧化还原比值与 FP 得分呈显著正相关[88]。而一项来自德国老龄化队列研究的数据显示，衰弱老年人活性氧代谢物衍生物（derivate of reactive oxygen metabolites，d-ROM）含量显著高于非衰弱老年人，而总硫醇（total thiol level，TTL）水平显著低于非衰弱老年人，经控制年龄和性别后的 Logistic 回归分析发现，FP 衰弱评分与 d-ROM 水平显著正相关（OR = 2.02，

95%CI：1.25～3.25），与 TTL 浓度负相关（OR =0.42，95%CI：0.25～0.69）[89]。一项纳入了 8 项横断面研究的系统综述表明，6 项研究证实衰弱与升高的氧化应激、降低的抗氧化剂指数有关，而仅有 2 项研究未发现明显的相关性[90]。

氧化应激损伤导致衰弱发生可能存在三种途径。一是氧化应激导致细胞内钙的增加，从而提高蛋白酶体的活性和加速肌肉的分解，导致骨骼肌的功能损害；二是 ROS 触发骨骼肌的凋亡和减少成肌细胞的增殖，造成肌纤维数量减少；三是氧化应激可能通过激活 p38 MAPK 信号通路，继而抑制了 PGC-1α 的表达，抑制了骨骼肌线粒体合成，引起线粒体呼吸链功能下降，进而造成 ATP 能量供应不足和骨骼肌力量下降[91]。

以上研究显示，慢性炎症和氧化应激与衰弱均有密切关系，可能是衰弱发生发展的重要生物学机制。慢性炎症和氧化应激之间也有相互作用，炎症因子可促进 ROS 的生成使氧化应激损伤加剧，过多的 ROS 也可激活炎症通路，进一步促进炎症因子的释放。慢性炎症和氧化应激共同作用使骨骼肌蛋白质的合成减少，蛋白质水解增加，骨骼肌线粒体功能障碍和细胞凋亡增加，最终导致衰弱症状的出现[92]。衰弱的发生机制如图 2-3。

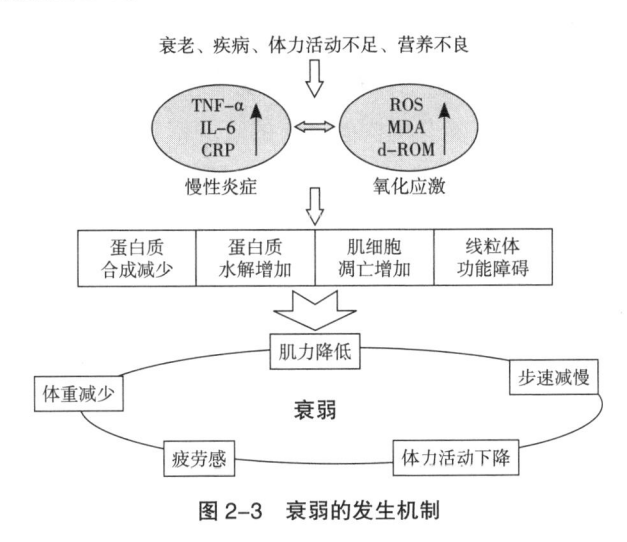

图 2-3 衰弱的发生机制

第四节 衰弱的流行病学现状

目前国内外各项研究所评估的老年人衰弱率存在较大的差异，可能是由于样本的选择不同以及各项研究所选择的衰弱评估工具不同导致的。国外系统评价显示全球社区老年人的衰弱率为10.7%，衰弱前期发生率为41.6%[12]。其中发达国家衰弱率低于发展中国家[93]。不同的研究已经清楚地表明，与年龄相关的衰弱率增加[94, 95]。需要指出的是不同的研究所选用的评估工具各异，也造成了衰弱率的差异，以FP为衰弱评估标准的一项Meta分析对纳入的42775名老年人进行的研究发现，衰弱前期和衰弱的发生率分别为58.2%和18.2%[72]。另一项以FP、FI和FRAIL为测量工具的Meta分析显示我国社区老年人的衰弱发生率分别为8%、12%和15%[75]，可见对同一对象的衰弱状况进行评估时，所应用的评估工具不同，评估结果会存在一些差异[96]。我国目前没有自主开发的衰弱评估工具，在评估我国老年人衰弱时采用的都是国外较为成熟的衰弱量表和模型，虽然已经有研究逐步开展国外评估量表的汉化工作，也取得了一些阶段性的研究成果[97, 98]，但基于我国国情的衰弱评估工具还有待实践检验，所以也导致了不同研究结果得出的衰弱率不一致。纵观我国的研究，限于数据与操作，目前针对大样本老年人群的衰弱评估并不多见，仅有少数研究样本取自大范围的人群。如有研究利用如皋长寿和衰老队列调查数据库中共1667名年龄为70~84岁的老年人，以FP对其进行评估的衰弱率为4%[7]。还有研究利用中国健康与养老追踪数据库（CHARLS）中5834名60岁以上老年人为对象，以FI评估的衰弱率在2011年、2013年、2015年有逐年上升的趋势[74]。其余更多的研究则是来自养老院[99]或社区[100]及农村[101]等范围内的基于FP工具的调查。普遍来看，医院及养老机构老年人的衰弱率较高，农村老年人的衰弱率多高于城市老年人。一项系统评价就显示了我国社区老年人衰弱率为12.8%，医院和养老机构老年人的衰弱率分别为22.6%和44.3%[76]。可见不同地区、不同对象，衰弱率不同，其中养老机构老年人的衰弱率不容乐观。

第五节　老年人身体活动和衰弱的相关研究

近年来身体活动作为衰弱的重要影响因素逐渐被国外学者所关注，为了探讨身体活动对衰弱有何影响，多少剂量的身体活动能够达到改善衰弱的效果，国外学者利用大型数据库进行了横断面研究和纵向追踪研究。

一、横断面研究

一项基于美国健康与营养调查数据（National Health and Nutrition Examination Survey，NHNES）的研究分析了2569名50岁以上的社区人群身体活动和衰弱情况，发现中等衰弱和严重衰弱老年人参与中高水平身体活动的比例逐渐降低，达到世界卫生组织倡导的身体活动推荐量的比例分别为 9% 和 3%[102]。Da 等人调查了 457 名来自巴西的老年人的身体活动、久坐行为和衰弱水平之间的关系，结果显示：在活动不足和过度久坐行为（<150 分钟/周和≥540 分钟/天）的老年人中，衰弱更为常见，达到 50%。调整变量后，低水平身体活动（<150 分钟/周）和久坐时间（≥540 分钟/天）与衰弱呈显著正相关，该类人群与对照人群（身体活动≥150 分钟/周且久坐时间<540 分钟/天）相比，衰弱风险增加 1.83 倍[103]。Chen 等人调查了 819 名来自日本伊藤岛老年人的久坐行为、身体活动和衰弱状态间的关系后发现：该老年群体的总久坐时间、10 分钟和 30 分钟久坐时间以及平均久坐时间与衰弱前和衰弱都无关。除了低水平身体活动外，中高水平身体活动时间、间歇性中高水平的身体活动和步速均与衰弱呈显著的负相关，研究进一步指出，与持续性中高水平身体活动相比，间歇性中高水平的身体活动更能降低衰弱的发生风险，该研究鉴于低水平身体活动与衰弱无显著关系，因此认为中高水平的身体活动是降低老年人衰弱风险的更好选择[104]。同样另一项来自日本的调查也发现，在 401 名居住在社区的老年人中，没有观察到低水平身体活动与他们的衰弱有显著的关系，与每天中高水平身体活动时间超过 7.5 分钟的老年人相比，每天中高水平身体活动的时间小于 7.5 分钟的老年人衰弱风险增加，且通过了显著性检验，并以此建议增加中高水平身体活动的时间可预防日本老年人衰弱的发展[105]。与此一致的是，一项来自美国的调查着重研究了 3146 名老年人身体活动与衰弱之间的关系[106]，该项调查使用美国健康与营养调查的大型横断面数据，发现美国许多 50 岁以上的人以及大多数身体虚弱的人，存在身体活动不足的问题，很少有人达到指南所推荐的每周身体活动量，并且久坐行为和中高水平身体活动与衰弱和不良健康结果独立相关。在进一步剔除年龄、性别、教育和收入等多种因素后，不同的中高水平身体活动（1%～49%、50%～99%、≥100% 指南要求量）均与衰弱程度呈负相关。

研究在对比不同模式的身体活动后还发现，无论是持续性中高水平身体活动，还是间歇性中高水平身体活动均与衰弱程度呈负相关，如果能满足 50%～99% 的中高水平的身体活动的要求，间歇性中高水平身体活动对降低 FI 的效果大于持续性中高水平身体活动。与上述研究不同的是，Theou 等人运用美国健康与营养调查的数据，调查了 3141 名 50 岁以上的老年人，并排除了久坐行为对衰弱的影响[107]，该项调查指出对于那些达到中高水平身体活动要求的老年人，以及达到高水平身体活动要求的老年人，久坐行为和衰弱之间没有显著的相互关系，对于衰弱老年人来说，久坐时间与较高的死亡率只有在身体活动不足的人中存在关联。但是也有研究应用等时替代模型发现中高水平身体活动对衰弱的影响效应不显著，反而是增加低水平身体活动似乎比增加中高水平身体活动对老年人的衰弱风险的降低更有利[108]。这项研究包含886名居住在社区的老年人，在研究中用等量的低水平身体活动替代30分钟的久坐行为，并发现低水平身体活动可显著降低老年人衰弱的风险，尽管中高水平身体活动似乎也降低了衰弱的风险，而且显示了更大的效应值，但这种效应在统计学上并不显著，也就是用中高水平身体活动替代久坐时间并不能显著预测衰弱风险。为此，该研究认为中高水平身体活动比低水平身体活动包含更大的个体变异性，容易受到协方差的影响，因此对所有老年人来说，它可能没有低水平身体活动有效，但研究者仍然建议有潜力的老年人应该从事中高水平身体活动。如图2-3所示。

二、纵向追踪研究

Rogers等人基于英国老龄化纵向研究（English Longitudinal Study of Ageing, ELSA）的数据，纳入8649名在基线时非衰弱的50岁以上老年人，平均随访10年，追踪了最多6次的衰弱水平，平均每个老年人4次，结果表明身体活动对于不同年龄组的老年人，作用不同。对于50岁以上的非衰弱老年人，在基线时低水平身体活动不足以改善他们的衰弱进程，在65岁以上的年龄组中，中高水平身体活动能够减缓衰弱的进展，而高水平身体活动对于减缓所有年龄组老年人的衰弱水平均有帮助，因此研究认为健康的老年人需要更高水平的身体活动才能持续改善衰弱水平。同样，近期一项来自西班牙托莱多健康老龄化数据的研究也表示，增加中高水平身体活动[109]，不会使衰弱状况恶化，该项研究选择了227名65～94岁的老年人，对其身体活动和衰弱状况进行了4年的跟踪，将每天步行的时长、身体活动行为分为久坐行为、低水平身体活动和中高水平身体活动，并通过成分数据分析法分析了在不同衰弱轨迹变化过程中，身体活动行为发生的变化[110]。结果显示，在4年间具有衰弱状况但呈积极改变的人群表现为较多的中高水平身体活动和较少的久坐时间，衰弱轨迹未发生改变的人群则表现为较多的久坐时间和较少的低水平身体活动时间，而衰弱轨迹呈现负向变化的人群则表现为较多的久坐时间和低水平身体活动时间。此外，Auxiliadora等人[111]对1745名老年人进行平均随访3.5年的研究显示，在调整年龄、性别和受教育水平后，身体活动充分、$BMI \leqslant 25 kg/m^2$和血糖水平$< 100 \ mg/dL$与衰弱风险降低有关。经过完全调整后，只

有身体活动和理想的 BMI 仍然与衰弱风险显著相关，身体活动充分和保持正常体重是与衰弱关系最为密切的两个指标。具体而言，与缺乏身体活动的老年人相比，中等水平身体活动的老年人衰弱风险下降（HR=0.36，$P<0.05$）。与此一致的是，Esquinas 等人的研究表明，较高的身体活动与较低的衰弱水平之间存在剂量－效应关系，在控制了年龄、性别和受教育程度等变量后，身体活动每增加 1MET-h/wk，其衰弱发生率降低 6%[112]。

与中高水平身体活动形成对比的是，低水平身体活动对老年人衰弱的影响。一项来自英国长达 10.5 年的追踪研究，通过研究纳入 2707 名低龄老年人的数据显示，与衰弱相关的独立危险因素包括性别、年龄、缺乏身体活动和果蔬的摄入，其中低水平身体活动与衰弱和衰弱前期具有相关性，调整协变量后，低水平身体活动老年人的衰弱风险是身体活动活跃老年人的 2.49 倍[113]。Ahmad 等人对 1855 名居住在社区 60 岁以上的马来西亚老年人进行 1 年的随访显示，22.9% 的老年人衰弱恶化，而 19.9% 的老年人衰弱逆转，大多数老年人则保持不变，随后回归结果显示，相比于正常老年人，低水平身体活动老年人衰弱状态恶化的可能性是正常人的 2.9 倍（OR=2.9，95%CI：2.2~3.7），低水平身体活动使得衰弱逆转的可能性降低 70.0%（OR=0.3，95%CI：0.2~0.4）[114]。另有研究基于圣安东尼奥老龄化纵向研究（San Antonio Longitudinal Study of Aging，SALSA）数据中的 597 名老年人，通过平均 6.4 年的随访发现，在基线时衰弱的老年人中，36.9% 的人仍然保持衰弱状态，并且以非身体活动为参照组发现，低水平身体活动组的老年人衰弱恶化的风险减少 64%（$P<0.001$）。虽然以往研究中都发现身体活动和衰弱过渡状态之间存在关联，也推荐了不同形式的身体活动，但没有就单一类型达成一致[115]。

还有研究对老年人的身体活动进行了更为细致的划分，Peterson 等人使用 Health ABC 数据，进行了 5 年随访后的研究显示，在基线评估中 2964 名 70~79 岁的老年人中，46% 的老年人从事的是低水平的身体活动，37% 的老年人至少进行 150 分钟/周的中等水平的身体活动，约有 2% 的男性和 3% 的女性中度或重度衰弱，5 年后，男性的衰弱率增加到 13% 以上，女性则增加到 17% 以上。该研究还在身体活动划分为身体活动量和身体活动强度后分别与衰弱的发生关系进行了分析，结果显示，未达到每周身体活动推荐量的老年人衰弱风险是已达到老年人的 1.03 倍；以高水平身体活动为参照，低水平身体活动的老年人衰弱风险是高水平老年人的 1.48 倍，而中等水平身体活动则会使老年人的衰弱风险下降 18%，结果均具有统计学意义[61]。

表 2-3 身体活动和衰弱程度的剂效关系研究

参考文献 样本量	数据来源 研究类型	衰弱评估 工具	身体活动 测量方法	统计方法 控制变量	剂量效应
Kehler et al., 2020 (n=2317)	NHNES 横断面 研究	FI	ActiGraph wGT3X	多元 Logistic 回归 年龄、性别、教育 和收入	达到 MVPA 指南百分比与 FI 相关性： β=-0.109 (1%～49%) β=-0.119 (50%～99%) β=-0.136 (≥100%)
Si et al., 2020 (n=457)	IFS 横断面 研究	FRAIL	ActiGraph wGT3X	多元 Logistic 回归 性别、年龄、教育 和独居	OR (95%CI，与非衰弱组相比) 衰弱风险：LPA, 1.0 (0.97～1.03)；总 MVPA, 0.86 (0.79～0.93)； 持续 MVPA, 0.80 (0.70～0.91)；间歇 MVPA, 0.86 (0.74～0.99)
Asier et al., 2020 (n=186)	TSHA 纵向研究 (4年)	FTS	ActiGraph wGT3X	标准线性回归	基线 MVPA 与 4 年后衰弱 程度：β=-0.126 (-0.231, -0.021)；P<0.05
Asier et al., 2019 (n=771)	TSHA 横断面 研究	FTS	ActiGraph wGT3X	年龄、性别、受教 育程度、收入、婚 姻状况	MVPA 和衰弱：β=-0.18 (-0.22, -0.14) LPA/ST 和衰弱：β=-5.39 (-9.34, -1.44)
Venicius et al., 2019 (n=457)	ELSIA 横断面 研究	FP	IPAQ	泊松多元回归 年龄、 性别、婚姻状态	低身体活动和 衰弱呈负相关；低身体活 动衰弱风险 PR 增加 1.83 倍 (95%CI：1.23～6.52)
Bouillon et al., 2013 (n=2707)	Whitehall II Study 纵向研究 (10.5年)	FP	MMLPAQ	二元 Logistic 回归／ 年龄、性别、 BMI、血压、吸烟	OR (95%CI)： 与活跃者相比， 低身体活动的衰弱风险， 2.49 (2.08～2.98)
Ahmad et al., 2018 (n=1855)	CHS 纵向研究 (1年)	FP	PASE	多元 Logistic 回归／ 年龄、性别	OR (95%CI)：低身体活动 衰弱者向高层级衰弱转变， 3.0 (2.3～4.1) OR (95%CI)：低身体活动 衰弱者向低层级衰弱转变， 0.3 (0.2～0.4)

注：CHS, Cardiovascular Health Study；PASE, Physical Activity Scale for the Elderly；MMLPAQ, Modified Minnesota Leisure-time Physical Activity Questionnaire；ELSIA, Longitudinal Study of the Elderly Health of Alcobaça；IPAQ, International Physical Activity Questionnaire；FTS, Frailty Trait Scale；FP, Frailty Phenotype；IFS, Itoshima Frail Study.

以上研究表明，低水平身体活动与衰弱风险的增加有关，而中高水平身体活动则与衰弱风险的降低有关。但也有研究的结论与之相左。如 Song 等人在追踪了1333名老年人后发现，较高比例的久坐行为与较高的衰弱风险密切相关，但与中等水平的身体活动无关。具体来说，尽管更多的中等水平身体活动时间与衰弱风险降低相关，但这种关系没有统计学意义（HR = 0.18，$P>0.05$）[116]。还有研究纳入的对象是具有较高社会经济的地位老年人（所纳入的老年人在退休前均是企业高管）。结果表明，从事中等水平的身体活动并不会使老年人衰弱风险降低，与从事低水平身体活动的老年人相比，从事高水平身体活动的老年人衰弱风险下降77%（$P<0.05$），尽管从事中等水平身体活动的老年人衰弱风险也会相应下降25%，但不具有统计学意义（$P>0.05$）[117]。具体而言，预防和逆转衰弱所需的最佳身体活动时间及强度仍不确定[118]，哪种水平身体活动对衰弱的干预最有效也不确定[119]。

第六节　身体活动对衰弱的干预作用

衰弱和多种不良结局有关，危害了老年人身心健康，但如果通过有效的干预手段，衰弱是可以被逆转或改善的。研究证实，多种手段对衰弱的逆转均有一定作用，如营养和药物等手段的介入可有效抑制衰弱的发展。然而，被广泛认可治疗衰弱的最有效的方法是运动干预。Haider等人对纳入的14项随机对照研究进行系统评价研究后发现，身体活动干预能显著降低衰弱状态，增加骨骼肌含量和肌肉力量，提升身体功能[23]。近期的一项Meta研究显示，在治疗衰弱的8项措施中，身体活动干预与衰弱的相关性最低（SMD=0.92，95%CI: 1.55~0.29），通过计算曲面下累积概率排名（SUCRA）可知，身体活动干预是降低衰弱最有效的方式（SUCRA=100%）[24]。因此，ICFSR也将身体活动干预视为治疗衰弱的主要措施，处于"强推荐"层级[70]。

一、运动类型：多组分的综合运动更能改善衰弱状况

1. 有氧运动对衰弱的作用

有氧能力已被列为人体的第五大生命体征。依据Fried的理论模型，老年人骨骼肌质量下降会导致有氧能力下降进而造成步速减慢，是衰弱循环发生的机制之一。美国运动医学会推荐老年人每周至少保持150分钟（每周5天，每天30分钟）的中等强度有氧运动，或者每周60分钟（每周3天，每天20分钟）的大强度有氧运动。然而，大多数的老年人身体活动量并没有达到该推荐量，这也可能是流

行病学研究发现的衰弱发生率较高的原因之一。为了观察以有氧活动为主的生活方式干预对老年人衰弱的作用,一项跟踪研究发现,12个月以步行为主的身体活动干预后,老年人的衰弱发生率从24.0%降低为10.0%,而以健康教育为主的对照组衰弱发生率降低为19.1%,二者具有显著性差异,除了身体活动时间显著增加以外,FP的其他指标两组之间并无显著性改变[120]。Espinoza等人的研究显示,为期6周的步行锻炼干预,且每周进行1次电话随访,老年人的步速和起立-行走计时试验课(TUG)结果显著提升,衰弱发生率从10.3%的基线值降低到干预后的3.5%,但对肌力的影响不显著[120]。虽然,有氧运动被视为对老年人安全有效的锻炼方式,但由于单纯的有氧运动改善老年人肌力方面的效果不佳,因此,多个衰弱管理和干预指南并不建议健康管理人员单独采用有氧运动用于衰弱的治疗[70]。

2. 抗阻训练对衰弱的作用

肌力下降是衰弱的重要特征,因此,改善肌力是预防肌少症和衰弱、提升平衡能力和减少老年人跌倒的重要策略。研究发现,抗阻训练能促进骨骼肌纤维的增加,进而增加肌肉力量,是预防和治疗肌少症的有效方法。而肌少症可能是衰弱的前兆,因此抗阻训练对衰弱也具有预防和治疗效果。Yoon等人的研究显示,4个月的抗阻训练显著增加了TUG和步速,改善了握力和膝关节伸展力,衰弱评分显著降低。然而,与以平衡和弹力带干预为主的对照组相比,衰弱评分发生明显变化[121]。有研究将抗阻运动和有氧运动干预对老年人衰弱的作用效果进行了对比,发现抗阻运动能更大幅度地促进肌肉力量,改善衰弱的相关症状[122]。一项纳入了16项研究的Meta分析研究显示,抗阻训练提升了衰弱老年人6.6%~37.0%的最大肌力,使肌肉重量增加了3.4%~7.5%,肌肉爆发力增加了48.2%,降低了4.7%~58.1%的跌倒风险[123]。另一项Meta分析则显示,尽管多种运动方式相结合的多组分运动是改善衰弱及衰弱前期老年人肌肉力量、步速、平衡能力和身体体能的最佳运动方式,但单独抗阻训练也能起到改善衰弱的作用,而其他的运动类型则不能显著改善衰弱,该研究建议在进行多组分的综合运动时要将抗阻训练纳入其中[124]。

有数据显示,单独的或结合其他运动方式的抗阻训练对衰弱的改善效果,要明显优于不包含抗阻训练的多组分运动[125]。鉴于此,ICFSR指南第六条强烈推荐卫生健康工作人员在对衰弱老年人进行身体活动干预时,采取的项目应该包含渐进性抗阻训练的体育运动项目[70]。什么强度的抗阻训练对衰弱的效果最好?一项随机对照研究发现,连续8周,每周3天的低强度抗阻训练和高强度抗阻训练就能增强肌力、提升身体功能、降低衰弱评分,高强度抗阻训练在提升身体功能方面具有优势，但在改善衰弱状况方面，二者并无明显差别[126]。

3. 多组分的综合运动对衰弱的作用

尽管有氧运动、抗阻训练等运动形式对改善衰弱均有一定的作用，但多组分的综合运动形式在改善衰弱状况和提升身体功能方面的效果最佳，优于单组分的运动。一项长达 12 个月的随机对照研究发现，每周 2 次的抗阻训练结合平衡训练降低了跌倒发生率和 TFI 衰弱分数[127]。多组分 Dennis 研究发现，6 个月的单纯有氧运动和抗阻训练均增加了轻、中度衰弱老年人身体功能（Physical Performance Test，PPT），但三者对比显示，抗阻结合有氧组合干预对衰弱的改善作用显著优于单纯有氧运动或单纯抗阻训练。Nagai 等人随机对照研究证实，每天通过佩戴用速度计控制步速的身体活动干预结合每周两次的抗阻训练能够增加下肢肌力，促进身体活动的增加，同时降低衰弱的发生率。而每周两次单纯抗阻训练虽然在改善下降肌力等方面具有优势，但不能显著改善衰弱状态[128]。另外，包含平衡和抗阻的多组分身体活动干预不仅是有效的（能够改善平衡，降低衰弱发生率），而且与其他干预措施相比，成本-效益比最小[129]。

近年来，国内外的衰弱干预指南、专家共识或证据总结均认为多组分的身体活动能有效增加衰弱老年人的肌肉力量、增加步速和改善平衡能力，是管理和干预衰弱必不可少的手段。如 ICFSR 实践指南中的第 5 条明确指出，应为衰弱老年人提供多组分的身体活动方案，该指南工作组对该指南的组内同意率为 95%，建议该指南为"强推荐"[70]。近期，国内研究人员通过对专家共识、系统评价和指南等证据进行治理评价后，汇总得出的衰弱老年人身体活动的最佳证据，其中第 3 条证据指出，推荐进行抗阻、理论和平衡训练联合的多组分身体活动计划[130]。

二、运动形式：团体训练能提升衰弱老年人的运动依从性

提高衰弱老年人的运动依从性是运动干预效果的保障。有研究报道，虽然在长达 1 年有监督的运动干预后，社区老年人的生理功能得以提升，衰弱发生率显著下降。但干预期结束后的 3 个月进行的跟踪调查显示，独自运动且坚持锻炼的人数大幅减少，衰弱发生率出现回升[131]。因此，如何使老年人长期坚持锻炼是预防衰弱发生的重要问题。梳理国内外研究报道发现，团体运动比独自运动（如与其他运动者少有接触的、单个家庭的或团队中的游离个体）具有较高的运动依从性[132]。有研究证实，在训练有素的锻炼指导者帮助下，每两周进行 1～2 次的中等强度团

队运动的老年人，与单独运动者相比，具有较好的依从性、较低的衰弱发生率和较少的护理费用支出，为对照组护理费用的73%[133]。多个系统综述结果显示，团体形式的运动干预可以增加老年人步速和平衡能力，改善衰弱，而单独的自我管理的运动形式则可能由于缺乏同伴的支持和鼓励，无法保证运动的依从性[134]。

为应对人口老龄化和老年人衰弱带来的医疗费用增加，日本提出了长期护理保险（long-term care insurance，LTCI）体系，该体系强调对衰弱老年人进行特殊关照，倡导护理人员在进行衰弱老年人健康指导服务时，指导衰弱老年人进行院内身体活动。然而出院后的老年人往往由于失去了医疗人员的指导，运动的依从性降低，身体活动量明显下降，老年人由于衰弱，增加慢性病的风险并造成康复服务的增加。为此，2006年修订新版的LTCI倡导出院衰弱老年人应当在本地社区组织自我监督的团体身体活动，同时建议当地政府为衰弱老年人提供良好的社区健身环境[135]。一项长达4年每周1次、每次60分钟的综合性身体活动跟踪研究效果评价发现，自我团队训练管理能增加老年人身体活动的依从性，使衰弱发生率显著降低，护理需求减少[134, 136]。

三、运动强度：中等强度运动改善衰弱效果最佳，但仍需进一步验证

在干预研究方面，相关的实验研究较少。一项对比了日常轻度身体活动和中等强度运动对衰弱影响的研究结果显示，二者在改善跌倒风险方面无明显差异。12个月的多组分中等强度运动干预使FP和TFI衰弱评分均得以显著降低，并且衰弱改善效果明显优于日常轻度身体活动组[127]。与此一致的是，另一项研究也证实了中等及以上强度运动对衰弱的改善作用。Santos等人将衰弱前期老年人分成两组，分别进行中等强度运动和大强度运动干预，3个月后结果显示，两组老年人下肢肌肉力量和步速均显著提高，FP测试的衰弱发生率均显著降低，两组结果之间无明显区别。但干预结束后的1周测试显示，中等强度的运动更能增强衰弱老年人的心理愉悦感和运动积极性[137]。

然而，可能由于不同研究采用的衰弱评估标准不同，不同强度运动对衰弱老年人的干预效果存在争议。Espinoza等人的研究显示，6周的低强度步行项目显著改善了老年人步速和TUG，以FP为评价标准的衰弱发生率显著降低[138]。然而，另一项对1635名以SOF为评估标准的社区衰弱老年人进行的研究却发现，尽管持续两年的中等强度身体活动减少了老年人久坐时间，但并没有显著改善其衰弱

状态[136]。由于高质量证据的缺乏,目前的ICFSR并没有对干预衰弱的身体活动强度进行提示。依据对身体活动和衰弱程度的剂效关系研究进行的梳理发现,身体活动和衰弱呈现明显的剂量-效应关系,进行中等强度以上身体活动的老年人具有较低的衰弱发生率。因此,在目前的身体活动干预衰弱相关证据总结或专家共识中,推荐采取中等强度的运动用于预防和干预老年人衰弱,但证据层级较低,仍需要高质量的运动干预的实证研究予以进一步证实[139]。

四、小结

目前,衰弱已经成为国内外研究的热点话题。尤其是像意大利和日本等发达国家,老龄化开始较早且较为严重,衰弱不仅引起了临床护理人员的重视,还受到了公共卫生和预防医学领域的广泛关注,并即将在促进老年人健康的相关政策上面予以体现[140]。我国在老年人衰弱领域的研究较少,尚处于接受国外介绍和研究起步阶段,研究内容的深度和广度明显不足。加强对我国老年人衰弱的研究,积极探索预防和干预衰弱的方法和手段,对促进老年人健康和推动我国健康老龄化具有重要意义。

1. 立足本土,开发适合我国老年人的衰弱评估工具

合理地应用衰弱识别工具是对衰弱进行管理和干预的基础。虽然老年人衰弱的相关研究逐渐增多,但目前国际上在衰弱的概念模型和测评工具方面尚未达成共识。美国、欧洲、日本和澳大利亚等国家和地区都开发了适合本地人群的衰弱评估工具。然而,衰弱的评估工具均是发达国家开发设计的,国内的研究基本都是对国外的评估工具进行汉化校验后[141,142],用于国内的临床诊断和科学研究,有的测评工具未经过在中国的适用性评估而被直接使用。我国学者应该在参加国际上的衰弱测评标准的基础上,开发适合我国人种、体质和文化以及不同适用场景的衰弱评估工具,以便能够更好地识别衰弱,并进行早期干预。

2. 多学科协作,开展衰弱的运动干预实践

运动是干预衰弱最有效的手段,然而目前对衰弱进行的干预多是营养和认知层面的干预,而围绕运动干预的强度、时间和方式等要素进行的衰弱干预研究较少,这可能与研究衰弱的学者主要来自护理或养老等领域有一定的关系[143]。欧美发达国家建立的大型的老年人健康相关的调查项目(如NHNES、TSHA等)将身体活动和衰弱等方面的内容纳入被调查的健康指标,方便运动科学、老年医学等领域的学者获得高质量的调查数据,用于分析身体活动和衰弱的剂效关系,为衰

弱的治疗指南提供了有力的数据支撑。而我国目前做的与老年人健康相关的大学社会调查项目如 CLASS（中国老年社会追踪调查）、CLHLS（中国老年健康影响因素跟踪调查）等均没有对衰弱这一指标的观测，这也是我国缺少对衰弱进行系统的、长期的研究的原因。因此，我国需要在全国范围内的老年人社会调查项目中增加对衰弱指标的观测，为指导我国衰弱的干预实践提供科学依据[7, 144]。同时，借鉴国外的跨学科研究模式，进行老年医学、运动科学、人口学、护理学等多学科协作，共同开展衰弱的运动干预研究，在医院、社区和养老机构等不同场所，制定改善衰弱的最佳运动处方。

3. 基于我国传统健身功法，探寻运动干预衰弱的中国方案

中国传统健身功法以人体的生命整体观作为基础，融合了中医养生的思想，具有预防疾病和治病除疾的功效。多项研究证实，太极拳、八段锦和五禽戏等中国传统健身功法不仅能增强老年人的身体机能和素质，还能有效促进老年人的心理健康和社会适应能力。目前的衰弱干预方案基本都是步速、抗阻训练、平衡训练等，缺少关于我国传统健身功法对衰弱的防治作用的分析和应用研究[23]。因此，鉴于我国老年人的体质差异和锻炼传统，应开展传统健身方法在防治老年人衰弱的效益研究和应用中推广，为老年人衰弱的防治提供中国方案。

第七节 身体活动对衰弱干预作用的元分析

衰弱是一种复杂的老年综合征，是指 65 岁及以上老年人群体由于生理系统功能的减退，产生自身应激能力减弱和抵抗力降低的一系列症状，其特征为不明原因的持续性体重下降、肌肉力量减退、身体活动降低、步行速度缓慢和持续性疲劳感等[35, 38]。处于衰弱状态的老年人身体状况不佳，当受到内部或外界环境干扰时，容易产生一系列严重的后果，如跌倒、住院及残疾等，甚至死亡，这些后果严重威胁老年人的生活质量。有数据显示，截至 2020 年末，65 岁及以上人口已达 19064 万人，占总人口的 13.50%，预计到 2040 年，65 岁及以上老年人口占总人口的比例将超过 20.0%，中国人口类型已经进入老年型[4, 145]。随着人口老龄化趋势的加快，衰弱老年人数量的迅速增加给我国的公共卫生事业带来了巨大的挑战。老年人衰弱逐渐被众多学者关注，积极制定有效的干预措施对于减轻我国公共健康卫生事业压力、促进健康老龄化具有重要作用。在多种干预措施中，体育锻炼被认为是最节约成本的干预方式，日渐成为预防老年人衰弱、改善老年人衰弱状态的最佳手段[146]。

通过检索国内外相关研究，我们发现目前对于衰弱老年人运动干预的研究逐渐增多，但其结果由于运动方式、时间与强度等因素的不同存在差异，2020年国际衰弱和肌肉减少症研究会议发布的《基层医疗中衰弱患者筛查和管理共识指南》中没有提出适用于老年人的详细的运动方案[147]。国外关于运动干预衰弱老年人的系统评价也没有提供一个明确的操作定义或衡量老年人衰弱状态的标准[148]。而Carmen等人[149]的Meta分析虽然对老年人衰弱下了定义，却并未介绍评估衰弱的工具，这就导致其Meta分析结果存在一定的异质性。我国对于衰弱老年人的研究也主要集中于老年人衰弱评估工具与认知功能衰弱等方面[150~152]，并无单纯的运动干预衰弱老年人的系统综述。

基于此，本文通过系统检索国内外关于干预运动衰弱老年人的试验，明确了研究对象的纳入标准，即通过FP衰弱表型明确定义为衰弱前期或者衰弱期的老年人。以期通过整理总结相关文献的基本特征，从而为探索我国衰弱老年人群体运动干预模式提供理论与实证依据，促进制定合理有效的运动干预方案缓解老年人衰弱状态，逆转老年人衰弱，使老年人的生活质量得到提高，推动健康老龄化进程。

一、资料与方法

1. 检索策略

检索PubMed、Web of Science、Cochrane Library、中国知网（CNKI）、维普（VIP）和万方（WANFANG）数据库，检索内容为对于衰弱老年人运动干预的随机对照试验，检索时间均从建库至今，语种限中、英文。均采取主题词+自由词的检索方式进行搜索。中文检索主题词包括"衰弱""老年人""衰弱老年人"；"运动""身体活动""体育锻炼""康复运动"；"随机对照试验""随机"等。英文检索主题词包括"Frail elderly"；"exercise" "sports" "physical activity"；"randomized controlled trial" "RCT"等。

2. 文献纳入和排除标准

纳入标准：（1）研究对象为通过FP衰弱表型明确定义为衰弱前期或者衰弱期的老年人；（2）研究类型为随机对照试验，且两组老年人的基本情况在实验前无显著差异；（3）对照组中需有一组采取的干预措施为单纯的运动干预；（4）主要结局指标：老年人衰弱状态（FP衰弱表型评分及衰弱率），次要结局指标：肌肉力量

（握力、膝关节伸展力）、功能性步行能力测试（Time go and up，TUG）。

排除标准：（1）综述或个案报道等文献；（2）运动干预结合其他干预措施（如运动结合营养疗法等）；（3）研究对象：衰弱合并严重心肺疾病、严重并发症的人群；（4）重复发表或无法获得全文以及数据信息缺失的文献；（5）质量不高的文献。

3. 文献资料提取及质量评价

使用文献管理软件 NoteExpress 管理检索的全部文献，删除重复文献，研究人员通过阅读题目与摘要，依据纳入与排除标准浏览全文进行筛查。选取文献的基本数据，并将纳入文献的基本信息录入表格中，包括文献作者、发表年份、实验组和对照组的样本量、老年人的衰弱状态、采取的运动干预方案、结局指标等相关数据。采用 Cochrane 风险偏倚评估工具对最终纳入的文献进行偏倚质量评价，Cochrane 风险评估工具主要包括随机序列产生、分配方案隐藏、盲法、结果数据的完整性、选择性研究报告、其他偏倚来源这6个方面。研究人员在评估文献质量的过程中，隐藏文献发表作者与发表的期刊名称，由2名研究人员参照 Cochrane 协助网推荐的偏倚风险评估工具对最终纳入的随机对照试验进行偏倚风险评估，主要从7个条目进行评价：（1）随机分配序列产生的方法是否正确；（2）隐藏随机分配序列的方法是否完善；（3）是否对研究者和受试者实施盲法；（4）是否对研究结果评价者实施盲法；（5）报告的每项主要结局指标的数据是否完整，包括失访和退出等数据；（6）描述的信息是否可供评价者判断选择性报告结果的可能性；（7）除上述之外，是否存在其他可能引起偏倚的因素。采用"低度偏倚风险（Low risk of bias）""不确定偏倚风险（Unclear risk of bias）""高度偏倚风险（High risk of bias）"满足3个及以上条目为高质量文献。为保证研究结果的严密性，上述过程均由两名研究者独立完成，若存在分歧，由第三名研究者介入并共同探讨从而得出结果。

4. 数据分析与处理

采用 Review Manager 5.3 软件对纳入的文献数据进行统计学分析，对具有同一结局指标的文献进行归纳整理，并检验其异质性，若 $I^2 < 50\%$，且 $P > 0.1$，说明纳入研究的文献异质性较低，可采用固定效应模型合并效应量；反之，若 $I^2 > 50\%$，且 $P < 0.1$，则采用随机效应模型进行分析。若异质性较高，则应进行亚组分析或者敏感性分析查找异质性的来源。对于连续性变量，采用标准均数差（standard mean difference，SMD）或者加权均数差（MD）和95%置信区间（95%CI）合并效应量。若由于研究方法等原因存在高异质性，或者无法合并效应量的文献则对其

进行一般性描述。

二、结果与分析

1. 文献检索与筛选

计算机检索数据库共得到1928篇文献,根据文献纳入与排除标准,阅读文献题目与摘要并浏览全文,最终纳入14篇文献。筛选流程见图2-4。

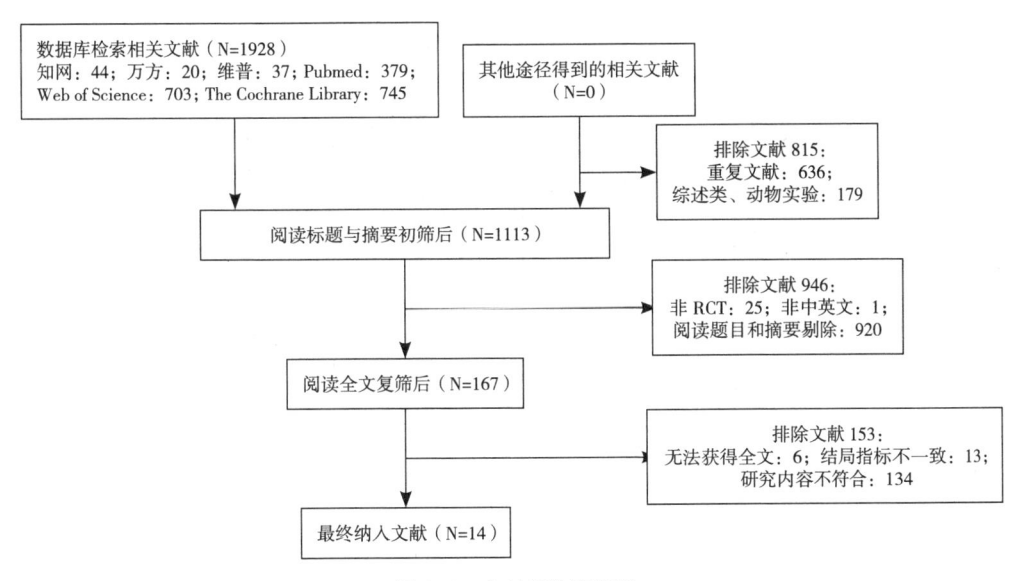

```
数据库检索相关文献(N=1928)          其他途径得到的相关文献
知网:44;万方:20;维普:37;Pubmed:379;      (N=0)
Web of Science:703;The Cochrane Library:745
                │                        │
                │                        │      排除文献815:
                │                        │      重复文献:636;
                │                        └──→   综述类、动物实验:179
                ↓
        阅读标题与摘要初筛后(N=1113)
                │
                │                              排除文献946:
                │                              非RCT:25;非中英文:1;
                ├─────────────────────────→    阅读题目和摘要剔除:920
                ↓
        阅读全文复筛后(N=167)
                │
                │                              排除文献153:
                │                              无法获得全文:6;结局指标不一致:13;
                ├─────────────────────────→    研究内容不符合:134
                ↓
        最终纳入文献(N=14)
```

图 2-4 文献筛选流程图
Figure 1 Flow chart of literature screening

2. 纳入文献的基本情况

通过对研究对象、研究类型、研究方法以及结局指标等的筛选,最终纳入了14篇文献[17, 126~128, 137, 153~161],其中,中文文献2篇[160, 161],英文文献12篇[17, 126~128, 137, 153~159],共纳入老年人1193例。提取每个研究的作者、发表年份、样本量、研究对象的年龄、衰弱状态、采取的运动方案及结局指标等数据。每个研究报道了老年人的衰弱状态和运动干预方案,运动干预方案包含运动形式、运动时间与运动强度。有10项研究采用多成分干预的运动方案,即抗阻、有氧运动、柔韧性以及平衡与协调训练的结合[17, 127, 137, 154~158, 160, 161],3项研究采用的是抗阻运动[126, 128, 153],另1项研究采用的是全身振动训练。纳入文献研究对象的衰弱状况存在差异,6篇文献的研究对象为衰弱前期的老年人,2篇文献的研究对象包括衰弱前期与衰弱期的老年人,剩余文献的研究对象均为衰弱期老年人。见表2-4。

表 2-4 纳入文献的基本情况

作者	发表年份	样本量	年龄 干预组	年龄 对照组	衰弱状态	干预方案	干预时间	对照组	结局指标
Cadore[154]	2014	32	93.4±3.2	90.1±1.1	衰弱	多成分	40min，2次/周，12周	少量主动和被动运动	③④⑤
Zhang[159]	2014	44	85.84±3.58	84.67±3.68	衰弱	全身振动训练	3～5次/周，2个月	常规护理	④⑤
Ferreira[17]	2018	45	73.3±6.4	77.8±8.0	衰弱	多成分	40min，3次/周，12周	日常活动	①⑤
Gené[155]	2018	200	84.5±3.4	84.5±3.7	衰弱前期	多成分	3～4次/周，6个月	初级保健治疗	①⑤
Nagai[128]	2018	41	81.8±7.0	81.2±7.3	衰弱前期	抗阻训练与增加身体活动相结合	2次/周，6个月	抗阻训练	①③⑤
Sahin[126]	2018	48	84.18±6.85	85.37±4.70	衰弱	上下肢力量训练 高强度：70% 低强度：40%	40min，3天/周，8周	日常活动	③④
Arrieta[127]	2019	110	84.7±6.1	85.1±7.6	衰弱	中等强度多元运动	60min，2次/周，6个月	常规低强度活动	②
Santos[137]	2019	34	69.5±5.4	69.5±5.4	衰弱前期	中等强度多元运动	40min，3次/周，12周	高等强度多元运动	④⑤
范子煊[160]	2019	160	73.12±4.68	73.86±4.92	衰弱	多元运动	20~30min，>3天/周，1年	未实施运动健康指导	②
Meng[156]	2020	146	76.49±6.47	76.67±7.30	衰弱与衰弱前期	治疗师监督的多元运动	1.5h，3次/周，3个月	家庭形式	②③④⑤
Moreira[157]	2020	66	70.84±4.53	70.76±5.60	衰弱前期	基于运动游戏设备的多元运动	50min，3次/周，12周	传统的多元运动	③④⑤
Ruby[158]	2020	127	—	—	衰弱前期	多元运动	60min，2天/周，12周	日常活动	①③
江晨虹[161]	2020	90	72.53±6.97	75.35±6.74	衰弱前期	多元运动	40min，5次/周，3个月	常规健康教育	②③
Barrachina[153]	2021	50	74.83±5.78	75.2±8.20	衰弱前期	高强度阻力训练结合自我按摩	2次/周，12周	日常活动	①④

注：①衰弱率；②衰弱评分；③握力；④膝关节伸展力；⑤计时步行测试；⑥"—"未提及。

3. 纳入文献的质量评估

采用 Cochrane 风险偏倚评估标准对纳入的 14 篇文献进行质量评价，纳入文献均为随机对照试验，均采用随机数字的方法确定随机序列。1 篇研究未隐藏分配方案[128]，3 篇研究没有介绍分配方案[137, 160, 161]，剩下的 10 篇文献详细描述了隐藏随机分配。纳入的文献有 10 篇未对患者实施盲法，剩余 4 篇未描述。所有研究均未出现选择性报道和其他的偏倚。具体风险偏倚评价见图 2-5、图 2-6。

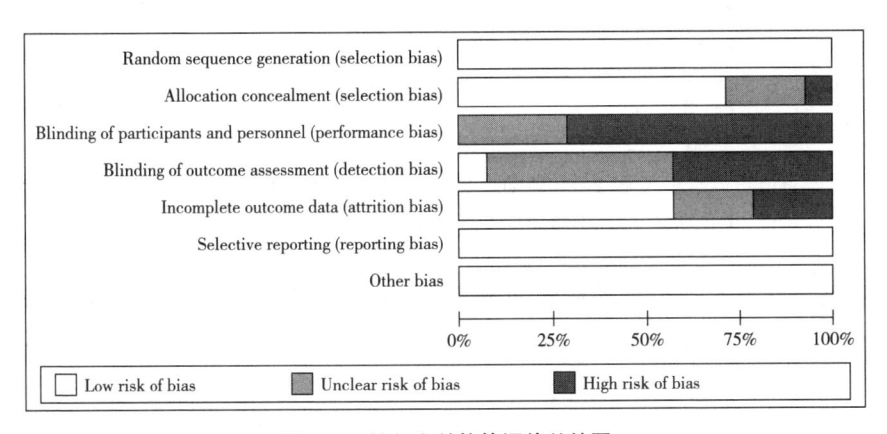

图 2-5　纳入文献偏倚评价总结图
Figure 2-5　Risk of bias summary

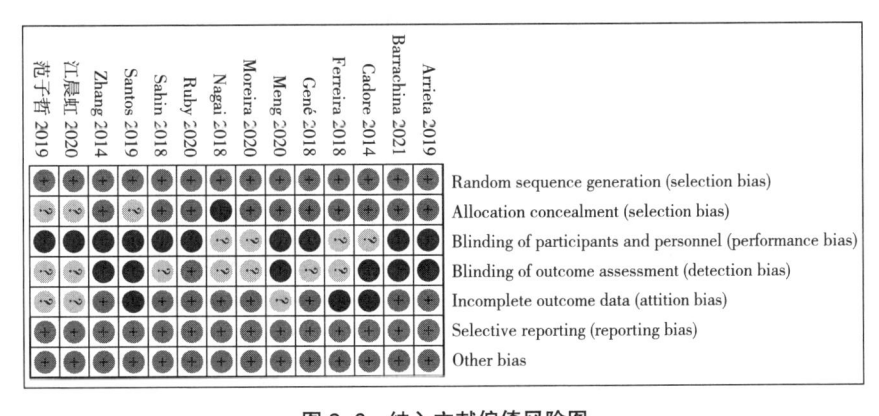

图 2-6　纳入文献偏倚风险图
Figure 2-6　Risk of bias graph

4. Meta 分析结果

（1）衰弱状态

在纳入的 14 篇文献中，有 8 篇文献报道了运动与衰弱状态的关系[127, 128, 155, 160]。其中 4 篇文献介绍了运动干预前后衰弱评分的变化[127, 156, 160, 161]。衰弱评分为连续型变量，经过异质性检验，$I^2=48\%<50\%$，且 Q 检验的 $P=0.12>0.1$，提示本次研究的文献之间无异质性，选择固定效应模型进行 Meta 分析。4 个研究汇总的 MD 值为 –0.05，95% 置信区间为 –0.07～–0.03，且具有统计学意义，$P<0.00001$。提示运动可以显著降低老年人衰弱评分，缓解老年人衰弱状态，见图 2-7。

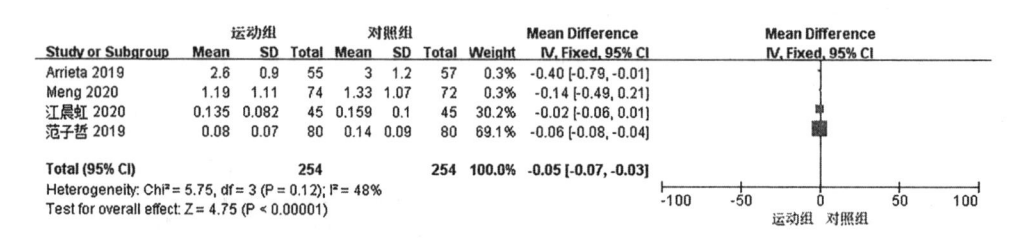

Study or Subgroup	运动组 Mean	SD	Total	对照组 Mean	SD	Total	Weight	Mean Difference IV, Fixed, 95% CI
Arrieta 2019	2.6	0.9	55	3	1.2	57	0.3%	-0.40 [-0.79, -0.01]
Meng 2020	1.19	1.11	74	1.33	1.07	72	0.3%	-0.14 [-0.49, 0.21]
江晨虹 2020	0.135	0.082	45	0.159	0.1	45	30.2%	-0.02 [-0.06, 0.01]
范子哲 2019	0.08	0.07	80	0.14	0.09	80	69.1%	-0.06 [-0.08, -0.04]
Total (95% CI)			254			254	100.0%	-0.05 [-0.07, -0.03]

Heterogeneity: Chi² = 5.75, df = 3 (P = 0.12); I² = 48%
Test for overall effect: Z = 4.75 (P < 0.00001)

图 2-7 运动对老年人衰弱评分的影响

Figure 2-7　Effect of exercise on frailty score in the elderly

有 3 篇文献报道了运动前后的衰弱率，即衰弱期或衰弱前期老年人在运动后转化为健康状态的逆转率，衰弱率为二分类变量。经过异质性检验，$I^2=45\%<50\%$，$P=0.16>0.1$，提示本次研究的文献之间无异质性，选择固定效应模型进行 Meta 分析。合并效应量（OR=0.24，95%CI：=0.09~0.65，$P<0.01$）显示有统计学意义，见图 2-8。表明运动能够有效逆转老年人的衰弱。剩余的 1 篇文献依次分析了老年人运动前后 FP 衰弱表型的 5 个指标的改善情况，结果显示运动后老年人在体重减轻状况、疲劳程度、步速、肌力等方面均有显著改善[155]。

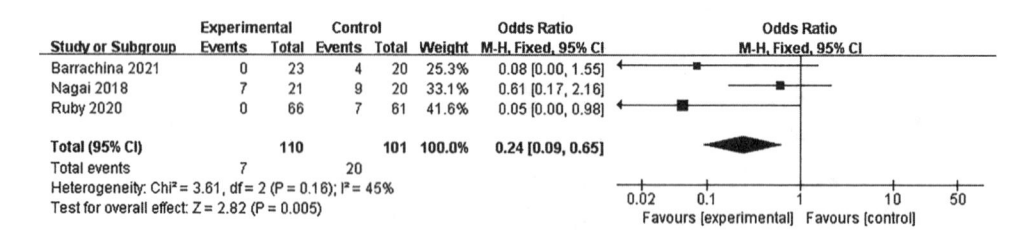

Study or Subgroup	Experimental Events	Total	Control Events	Total	Weight	Odds Ratio M-H, Fixed, 95% CI
Barrachina 2021	0	23	4	20	25.3%	0.08 [0.00, 1.55]
Nagai 2018	7	21	9	20	33.1%	0.61 [0.17, 2.16]
Ruby 2020	0	66	7	61	41.6%	0.05 [0.00, 0.98]
Total (95% CI)		110		101	100.0%	0.24 [0.09, 0.65]
Total events	7		20			

Heterogeneity: Chi² = 3.61, df = 2 (P = 0.16); I² = 45%
Test for overall effect: Z = 2.82 (P = 0.005)

图 2-8 运动对老年人的衰弱率的影响

Figure 2-8　Effects of exercise on frailty rates in the elderly

（2）肌肉力量

在纳入的文献中，有 7 篇文献报道了运动对握力的影响[126, 128, 154, 156~158, 161]，对其进行异质性检验（$I^2=37\%$，$P=0.15$），选择固定效应模型进行 Meta 分析，由于所分析的文献结局指标的测量单位不同，选择 SMD 进行分析。7 个研究汇总的

SMD 值为 0.20，95%CI 为 0.04~0.37，$P=0.01$，具有统计学意义，见图 2-9。表明运动有效增强老年人握力。

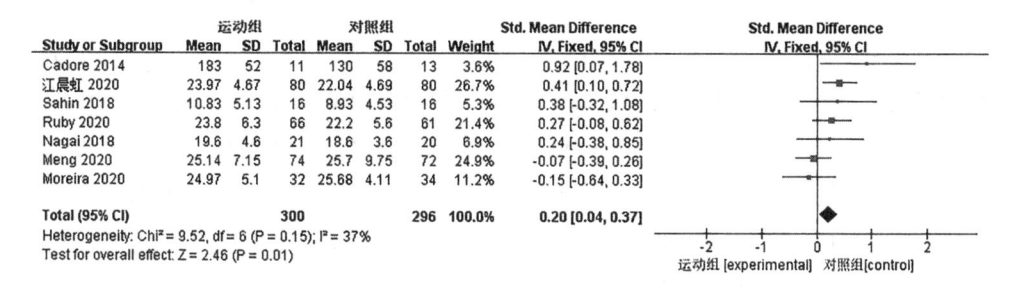

图 2-9　运动对老年人握力的影响

Figure 2-9　Influence of exercise on grip strength in elderly

另外，有 7 篇文献描述了运动对膝关节伸展力的影响[126, 137, 153, 154, 156, 157, 159]。经过异质性检验，此次研究的文献 $I^2=74\%$，提示本次研究的文献之间异质性较高，因此选择随机效应模型进行 Meta 分析，由于所分析的文献结局指标的测量单位不同，使用 SMD 分析。合并效应量分析 SMD 值为 0.61，95%CI 为 0.13~1.10，$P=0.01$，表明结果具有统计学意义，见图 2-10。为了探究异质性的来源，采用敏感性分析，逐一剔除文献或剔除某几篇文献，最后发现在剔除了 Cadore（2014）、Zhang（2014）、Sahin（2018）这 3 篇文献后，其异质性明显降低（$I^2=0\%$，$P=0.76$）。研究发现，被剔除的 3 篇文献其研究对象均来源于医院，剩余文献的研究对象则来自社区或面向全社会招募，表明异质性来源可能与研究对象的来源有关。结果表明体育运动对于老年人膝关节伸展力的增强具有明显的优势。

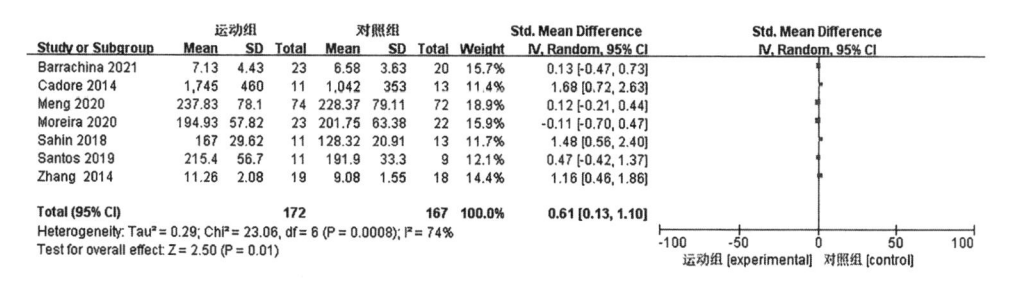

图 2-10　运动对老年人膝关节伸展的影响

Figure 2-10　Influence of exercise on grip strength in elderly

(3) 功能性步行能力（TUG）

7 篇文献报道了运动对衰弱老年人步行能力（TUG）的影响[128, 137, 154~157, 159]。研究的 7 篇文献，经过异质性检验，I^2=64%＞50%，且 Q 检验的 P=0.01＜0.1，提示本次研究的文献之间具有异质性，需要进行异质性的检验。对本次研究的 7 篇文献进行敏感性分析，发现 Zhang 的文献对异质性影响较大，去掉该研究之后，再次进行异质性检验结果显示余下的 6 篇文献不存在异质性（I^2=37%＜50%，P=0.16），排除之后采用固定效应模型进行 Meta 分析。合并效应量后（MD=-0.38，95%CI：-0.91~0.14，P=0.15），运动组前后的 TUG 差异无统计学意义，见图 2-11。表明运动对老年人步行能力测试的改善与对照组相比差异不大。

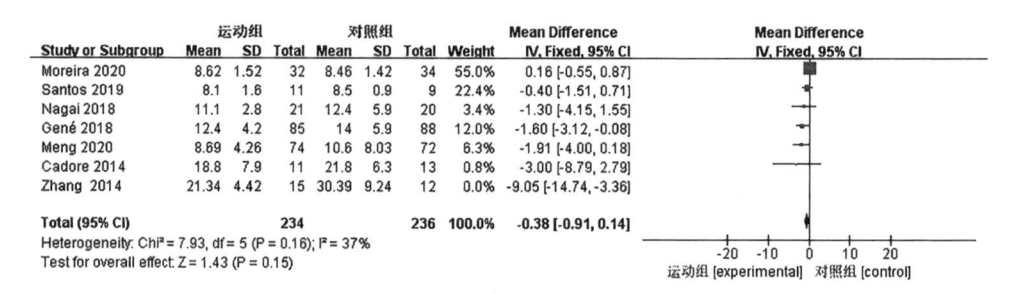

Study or Subgroup	运动组 Mean	SD	Total	对照组 Mean	SD	Total	Weight	Mean Difference IV, Fixed, 95% CI
Moreira 2020	8.62	1.52	32	8.46	1.42	34	55.0%	0.16 [-0.55, 0.87]
Santos 2019	8.1	1.6	11	8.5	0.9	9	22.4%	-0.40 [-1.51, 0.71]
Nagai 2018	11.1	2.8	21	12.4	5.9	20	3.4%	-1.30 [-4.15, 1.55]
Gené 2018	12.4	4.2	85	14	5.9	88	12.0%	-1.60 [-3.12, -0.08]
Meng 2020	8.69	4.26	74	10.6	8.03	72	6.3%	-1.91 [-4.00, 0.18]
Cadore 2014	18.8	7.9	11	21.8	6.3	11	0.8%	-3.00 [-8.79, 2.79]
Zhang 2014	21.34	4.42	15	30.39	9.24	12	0.0%	-9.05 [-14.74, -3.36]
Total (95% CI)			**234**			**236**	**100.0%**	**-0.38 [-0.91, 0.14]**

Heterogeneity: Chi² = 7.93, df = 5 (P = 0.16); I² = 37%
Test for overall effect: Z = 1.43 (P = 0.15)

图 2-11　运动对老年人步行能力的影响
Figure 2-11　Effect of exercise on walking ability of the elderly

三、讨论

1. 运动对衰弱老年人的影响分析

有数据显示，我国 65~74 岁老年人衰弱率达 12.2%，85 岁及以上老年人衰弱率达 46.8%[76]，有效改善老年人衰弱迫在眉睫。本研究通过分析老年人衰弱评分与衰弱率的效应量，显示体育运动对于缓解老年人衰弱状况，逆转老年人衰弱率具有显著意义，这与干预老年人衰弱的中国专家共识结果一致[139]。此外，Agathe D[124]、Apoóstolo[134] 等人通过 Meta 分析结果均表明了运动对于老年人衰弱有显著的干预效果，为本研究提供了一定支撑。

运动增强衰弱老年人的肌肉力量，尤其是握力与膝关节伸展力。本研究就运动对膝关节伸展的效应量进行分析的过程中，发现其异质性较高，在进行敏感性分析之后，我们发现有 3 篇文献可能是异质性的来源[126, 154, 159]。通过对比分析，其老年人均来自医院与养老机构，可能由于研究对象自身躯体功能受限等原因导致异质性较高。在步行能力测试（TUG）的Meta分析中，我们发现运动对衰弱老年人的TUG影响不大。这个结果与Giné-Garriga等人[162]对于衰弱老年人运动干预的Meta分析结果相似，他们认为运动对于衰弱老年人的TUG的影响较小，但是运动干预组与对照组相比，老年人的步速仍然得到了提高。

2. 运动干预方案多样

（1）运动方式

本Meta分析纳入的文献，其研究对象的来源、年龄等基本情况具有一定差异，因此对于衰弱老年人实施的运动干预方案也有所不同。有10项研究采用多成分干预的运动方案，即不同运动方式的结合：有氧运动、抗阻训练、柔韧性以及平衡训练的结合。其运动干预大多从热身开始，热身运动可有效避免运动损伤，再进行力量、平衡功能的训练，以放松活动结束，保证老年人运动的安全，以达到最大运动效果。老年人衰弱并不是单一系统功能的减退，往往涉及体内多个生理系统储备功能的下降，因此不同运动方式的结合更有利于老年人不同生理系统与身体功能的恢复[163]。Dedeyne等人[164]系统总结了多成分运动方式改善老年人衰弱状态的研究，发现在衰弱表型评分、肌肉力量以及身体功能等方面，多成分运动往往比单一的运动方式更有效。3项研究采用的是抗阻运动，抗阻训练即对抗负荷或克服阻力所做的运动，抗阻训练的实质是力量练习。随着年龄的增长，人体肌肉力量逐渐减弱，尤其是70岁之后的老年人肌肉力量下降速度加快，肌肉力量的下降易导致肌肉功能的恶化，增加老年人骨质疏松患病率，增加跌倒与骨折的风险，抗阻训练对于老年人增强肌肉力量有重要作用[165]。值得注意的是，老年人随着年龄增长，下肢肌肉衰减最为严重[166]。抗阻运动更要注重对下肢肌肉的训练，Giné[167]则更注重对衰弱老年人下肢功能的训练，采取爬楼梯、小腿抬高、腿伸展等运动，帮助老年人增强下肢肌肉力量。

（2）运动时间与强度

运动干预的时间与强度是运动训练的基础，是运动干预方案的关键因素，关系到运动训练能否达到最佳效果。Sahin等人[126]比较了中等强度与高等强度的抗阻训练对于衰弱老年人功能状态的影响，两组的运动方式与运动时间皆相同，结果显示高等强度组老年人在肌肉力量、身体功能以及衰弱程度等方面与中等强度组老年人相比，改善程度更显著。然而，另一个运动干预衰弱前期老年女性的实验结果与之相反，其结果为中等强度组老年人的肌肉力量增强效果更显著，且只有中等强度组的老年人在训练的过程中才会出现轻松愉悦的感觉，不易感到疲劳，训练效果更好[137]。实验结果的差异可能与研究对象的性别以及衰弱状况有关。研究显示，衰弱老年人的运动周期为3～8个月，运动持续时间为每次45～60分钟，每周2～3次的运动锻炼得到的效果最佳，时间过长会导致老年人的疲劳程度增加，造成运动损伤，导致老年人体育锻炼的积极性和依从性减退[168]。因此，运动方案的制定要因人而异，遵循循序渐进的原则，充分评估老年人能够承受的最大运动负荷。

（3）运动干预组织形式

运动干预衰弱老年人的组织形式丰富多样，干预人群规模的大小与是否有专业人士的指导等因素都会影响老年人锻炼效果[169]。Meng等人[156]将老年人随机分配到个人单独的家庭锻炼组与有专业人士指导的监督锻炼组，结果显示两组老年人的步速与肌肉力量都得到了提高，然而，与家庭锻炼组相比，监督锻炼组在体能测试中表现出更大的进步。有研究表明，在运动锻炼的过程中，专业人士监督与指导能够使老年人在运动的过程中及时发现问题并得到纠正，帮助老年人解决疑惑。由于衰弱老年人存在跌倒的风险，有效的监督可以保证老年人的安全，制定鼓励机制可提升老年人锻炼的积极性，保证依从性[170]。

3. 研究局限性

本研究只纳入了通过FP衰弱评估工具定义为衰弱的老年人，而通过其他评估工具筛查出来的衰弱老年人并未纳入，可能存在选择偏倚；系统评价应提供足够的信息，并报告锻炼的频率、强度、持续时间和类型，以便为体弱的老年人提出更具体的建议。由于不同的干预方案关于样本量、老年人衰弱程度、干预方式存在很大的差异，因此本研究没有足够的证据得出一个准确的衰弱老年人的运动干预方案。

四、小结

本文通过检索不同中英文数据库建库至今发表的运动干预老年人衰弱的随机对照实验，通过异质性检验、合并效应量，得出运动对于降低老年人FP衰弱表型评分、逆转老年人衰弱状态，增强老年人肌肉力量（握力、膝关节伸展力）具有重要影响，而在改善衰弱老年人步行能力（TUG）方面无显著性效果的结论。为今后运动干预方案的制定提供了参考。

第八节 社会生态学理论在老年人身体活动促进中的应用研究

随着世界各国人口老龄化的加剧，社会生态学理论也逐渐向老年人慢性疾病的预防与健康促进等行为科学和公共卫生领域拓展。Sallis 等人[55]利用社会生态学模型对老年人身体活动影响因素进行分析，发现积极健康的生活方式与不同的环境变量有关，研究发现提升身体活动水平需要对个人、社会环境、物理环境和政策等多层次进行干预。Bjornsdottir 等人[56]将社会生态学模型应用于老年女性的身体活动，通过社会生态学理论分析影响老年女性身体活动行为的因素，为制定促进老年人健康的政策奠定基础。王欢[57]从社会生态学视角出发，通过实地调研，围绕社区老年人建成环境等要素特征分析了社区不同建成环境与老年人休闲性身体活动的关系，为社区建成环境建设与管理提供建议和借鉴之处。

一、个人层面

个体因素主要体现在社会人口学特征：性别、年龄、受教育程度、老年人自身的健康状况、自我效能感、生活方式、健康习惯等方面影响着老年人的身体活动参与，如发现离异、丧偶等具有明显的阻碍作用[171]。

Chou 等人[172]以香港老年人为研究对象，通过跨理论模型分析老年人的运动行为，发现运动的感知益处和自我效能感与运动行为显著相关，应该加强对锻炼的感知益处和自我效能，以激励老年人采取更积极的生活方式。Maricia 等人[173]对 60 岁及以上老年人参与体育活动的研究进行了系统评价，发现一些老年人认为体育活动是不必要的，甚至是有害的，参与度低；一部分老年人虽然意识到体育活动的意义，但是由于自身健康存在障碍，参与度并不高。这说明老年人对体育活动的重视程度以及自身健康水平影响着老年人的参与度。张兆丰等人[174]调查了郑州老年人的体育开展现状，发现金水区老年人的体育锻炼有明显的性别差异，在参加体育锻炼的人群中，女性的人数高于男性，这可能与女性的兴趣更高相关。Yi 等人[175]应用社会生态学理论分析了山东省 10 个社区的老年人的身体活动行为，结果发现老年人的个人因素，如个人的医学知识、动机、身体机能、运动技能、社会经济地位和受教育程度与老年人参与身体活动显著相关。另外，有研究显示，生活在贫困地区的老年人身体锻炼行为的参与度较低，老年人的经济水平影响其身体锻炼行为[176]。

二、人际层面

人际关系是影响社会人行为的重要因素。老年人的人际需求直接影响着老年人的精神健康，当人际需求得不到满足时，老年人对生活的满意度就会降低[177]。在人际水平上探讨老年人的身体活动参与影响因素，人际因素主要包括来自家庭成员、社会关系网络等的支持。人际因素属于社会支持的一部分，社会支持可以被概括为两方面，包括物质支持与精神支持，其中工作场所的社会支持也归属于人际因素。一项关于老年人工作场所的社会支持与体育活动参与之间关系的研究，结果显示工作场所的社会支持可以使老年人体育活动参与度提升[178]。

Cobb 将社会支持定义为引导受试者获得某种外界的信息，使他相信自己受到了关心、爱护与尊重，并成为社会网络中的一员，与他人建立联系。同时，他提出社会支持需要通过具体的衡量标准来测量[179]。社会支持作为一种外部反馈机制，被众多研究视为一种可以提供所需资源、强化、帮助和激励的过程，并使个人受益，各种形式的社会支持关系到健康行为，更与人们体育活动的参与紧密相关[180]。陈金鳌等人[181]研究了社会文化因素（社会体育工作者、家庭成员、同龄人）对老年人体育参与的影响效应，研究结果显示，家庭成员是否参与体育活动对老年人自身的参与起到重要的作用，当老年人的家庭成员（孙子或者孙女）参与体育锻炼时会提升老年人体育锻炼参与度。王富百慧等人[182]研究了家庭体育锻炼行为的特点与代际互动关系，发现家庭中经常参加体育锻炼的成员具有模范带头作用，家庭锻炼行为呈现双向社会化模式。Bandura[183]讨论了养成健康习惯的困难，并说明健康习惯的培养在很大程度上与社会促进者的推动相关，往往这个社会促进者的角色是由家人或者朋友来扮演的。朋友和家人的支持对于老年人参与身体活动来说是一个强大的动力，研究指出老年人缺乏身体活动的主要障碍是缺乏同伴与鼓励。汪文奇[184]通过研究我国老龄化社会进程中老年人体育生活方式，指出制约老年人体育活动参与的一个关键因素：社会支持系统薄弱，社会对老年人相关的各项服务意识比较欠缺，对不同年龄段老年人的社会需求关注不足。

三、社区层面

社区是人类生存生活的基本单位，是人们参与体育锻炼的主要场所，社区安全、社区建设环境、体育设施场地以及社区群体锻炼的舆论氛围对于老年人参与身体活动具有至关重要的意义。老年人身体活动参与和健身场所的距离息息相关，研究发现老年人的体育锻炼主要集中在社区中心 1 公里的范围[185]。王东敏等人[186]研究分析了北京市朝阳区老年人参加体育锻炼的影响因素，研究发现社区内或者附近有无公园或健身场地与老年人参与体育锻炼的关系较显著，社区所提供的老年体育服务的质量直接影响到老年人体育锻炼的频率和质量。宫晓丽[187]调查了山东省某一社区居民参与体育锻炼的现状，研究发现虽然居民具有参与体育锻炼的意识，但是由于社区内体育锻炼基础设施较落后，社区内社会体育指导员数量不足、健身场地不足等原因导致社区居民对体育锻炼环境的满意度较低，这项研究指出了社区体育建设的不足对社区居民锻炼意愿的负面影响，为提高社区体育健身质量，提升社区居民体育锻炼的参与度提供了参考。社区体育群体锻炼的舆论氛围浓厚会带动老年人，激发其体育锻炼的兴趣。当前活跃在城乡社区的广场、公园等地，因兴趣晨晚聚集在一起的休闲团体组织、体育兴趣小组等锻炼群体，逐渐成为我国老年人健身活动的主要载体[188]。Estabrooks 等人[189]考察了社区群体凝聚力和老年锻炼者的锻炼坚持率之间的关系，研究验证了团体凝聚力对锻炼坚持性的短期与长期的预测作用，证实了团体凝聚力对于老年人锻炼的重要作用。此外，从社区环境来看，充足的体育设施供应、宜人的风景和街道景观能促进老年人身体活动参与，反之会使积极性、依从性降低[190]。Van 等人[191]对比利时 431 个不同社区的老年人进行调研，研究结果表明，社区环境的多样性、社区步行环境的舒适度能够促进身体活动，良好的邻里社会和社区环境的结合对促进老年人的身体活动和减少久坐行为具有重要作用。

四、机构层面

组织机构因素是社会生态学理论模型的中层因素，组织结构的健全与否对于老年人身体活动的参与具有重要影响。杨凡等人[192]将组织机构因素看作老年人参与身体活动的使能因素，认为使能因素对于老年人参与身体活动的频率具有重要作用。老年人进行身体活动的频率受到社会资源、社会体育组织的影响，在群体效应的作用下，他们发现老年人相聚在一起组织的身体活动频率比单独老年人活动的频率高 26.7%。养老院被认为是影响老年人身体活动的重要机构，是为老年人提供住所与护理照料的服务机构，是公共服务组成的重要部分。王晓珊[193]通过对昆明市养老机构体育服务的调研发现，多数养老机构对于老年人是否身体活动不够重视，养老机构对老年人体育服务投资的经费不足。因此，体育活动的组织频率也较低，这就导致养老机构中的老年人身体活动的意识薄弱，身体活动参与频率较低。有研究显示，养老机构对老年人身体活动的重视程度与老年人自身参与身体活动成正比，当养老机构中的体育资源得到保证，能够满足老年人体育锻炼的需求，老年人参与身体活动的积极性自然会提高，参与的频率也会得到提升[194]。在人口老龄化的背景下，老年人对于养老机构的服务需求日益多样，参加身体活动的需求日益迫切，政府与社会要重点提高养老机构的服务质量，提升养老机构体育服务的水平，提升老年人身体素质，积极应对人口老龄化。

五、政策层面

政策层面是社会生态学模型中处于更高层面的对较低层面有影响的程序。已有研究表明，强有力的健康政策干预措施会影响人口健康水平。健康政策被认为对社会标准的制定和个人健康行为的参与有着强烈的影响，制定涉及大众的可持续的健康政策会督促人们养成积极运动的生活习惯、培养健康的生活方式[195]。西方发达国家在健康老龄化的研究和政策制定上较为活跃，欧洲首先将"健康""老龄化"融入各个政策领域，其健康政策涉及体育、卫生、交通、环境、教育和大众媒介等多个部门[196]。由于政策因素的特殊属性，政策因素对人们身体活动行为的影响在短时间内虽然无法体现，但是健康政策对人的影响具有潜移默化的特点。近年来，随着经济水平的提高，人们对健康的需求日益迫切，我国老年人体育健康政策也在不断完善，为老年人体育锻炼创造了条件与支撑，从而满足老年人的健康需求。湛冰[197]研究了我国近70年的体育政策，结果发现我国老年体育政策中初显"大体育"协同发展理念和近年来重视基础设施建设的特点，指出我国在相关体育政策落实方面还有待提高，老年人体育政策规划还需进一步完善。

社会生态学理论认为，影响个体行为的因素包括个体因素、人际关系、机构因素、社区因素和公共政策等5个层面。社会生态学理论逐渐应用到大众健身领域，强调了个体因素和环境因素共同对身体活动的影响，架起了身体活动促进理论和实践的桥梁。研究采用社会生态学理论分析了学龄儿童、青少年、体质弱势青少年、孕期女性身体活动、老年人的影响因素；研究采用社会生态学模型对中小学生、肥胖高中生、大学生、高龄老年人进行身体活动的干预和观察；在衰弱老年人身体活动方面，目前的研究主要探讨了自我管理效能、社会支持的影响，未见应用社会生态学理论全面、系统、多维度分析衰弱老年人身体活动的影响因素和干预措施。

第九节　国内外研究述评

通过对国内外文献梳理发现，对社区衰弱老年人的身体活动的促进已是国外发达国家关注的热点问题，而国内相关研究较少。国内外研究主要存在以下问题。

（1）社区老年人衰弱与身体活动水平剂量-效应关系尚不明确。

虽有少量国外研究探讨了衰弱的单维度和身体活动水平的关系，但仍停留在二者总体水平的相关关系上，且测评工具较为混杂，缺乏基于我国大样本量的二者关联性研究，因此研究结果的适用范围有限。另外，衰弱老年人的来源较为混杂，多数来自于医院和养老院等环境，缺乏基于社区环境的老年人身体活动和衰弱的剂量-效应研究。

（2）影响社区衰弱老年人进行身体活动因素的研究不够系统全面。

目前主要以个人因素为主进行衰弱老年人身体活动分析，缺乏从社会生态学多层面、多角度、系统、全面进行影响社区衰弱老年人的身体活动因素的分析。

（3）社区衰弱老年人身体活动的干预忽略了外部因素的潜在作用。

国内外对社区老年人进行的身体活动干预主要偏重于个人层次的运动干预，忽略了外部环境因素对提高这一特殊群体身体活动水平的潜在作用，难以形成持续效应和大面积推广。

基于此，本课题首先以 CHARLS（China Health and Retirement Longitudinal Study）调查数据为研究对象，在准确把握我国老年人衰弱发展轨迹及影响因素的基础上，重点分析身体活动和衰弱的关联性研究及中介机制。其次通过以社区为观察环境，以 FP 为衰弱测量供给，深入分析社区老年人衰弱与身体活动之间的剂量-效应关系。再次以社会生态学模型为研究框架，从个体、人际、社区、政策等四个层面，系统、全面分析社区衰弱老年人身体活动的影响因素。最后提出促进社区衰弱老年人身体活动的策略。

第三章 我国老年人衰弱和身体活动现状及其关联性研究

联合国在2019年发布的《世界人口展望》中预测到2030年和2050年，全球人口将分别增至85亿和97亿，其中65岁及以上人口成为增长最快的年龄群体，到21世纪中叶，老年人口的比例将增至16%，这意味着每6个人中就会有1个老年人[69]。我国形势更为严峻，第七次全国人口普查的结果显示我国老年人口已达2.64亿，占18.70%，较上一个10年上升了5.44%[145]。民政部预计我国在"十四五"期间的老年人口将超过3亿，进入中度老龄化阶段。伴随人口比例的转变和医疗卫生条件的改善，疾病谱发生了新的变化，许多老年人身体更可能出现衰弱（Frailty）的症状，衰弱已成为影响老年人健康的重要社会问题，是实现健康老龄化面临的潜在挑战。衰弱与衰老、失能及共病有因果关系，但却是不同的概念，它是指生理储备下降导致的机体易损性增加、抗应激能力减退的状态或综合征，是介于健康与疾病之间的状态，与跌倒、失能、残疾等负面事件紧密相关，更是死亡的重要预测因子，将使死亡风险增加1.8～2.3倍[19]。最新研究显示，与年龄相比，衰弱是一项更准确、更能预测新冠肺炎感染风险和死亡风险的指标[20]。英国国家卫生和护理研究所的《COVID-19快速指南》明确指出，应根据衰弱程度对新冠肺炎患者进行分级护理，而不是年龄[198]。我国老年人的衰弱率较高，且具有逐年升高的趋势[74]，若不能及时识别衰弱并进行干预，衰弱将进一步恶化，不仅严重影响老年人的身体功能和生活质量，还将给家庭和社会带来沉重的负担，对老年人进行衰弱筛查、评估和干预，在我国已经达成专家共识。

衰弱并非一成不变，身体活动和营养干预能有效改善老年人的衰弱已被证实[199]。身体活动干预在国际衰弱和肌肉减少症研究协会制定的2019版国际衰弱临床实践指南中，被认为是目前预防和延缓衰弱的有效方式[70]。我国在衰弱方面的研究尚处于起步阶段，在衰弱领域存在较大的知识缺口，多是来自护理领域和养老领域的营养及认知层面的研究。其中大多数研究以衰弱身体表型为衰弱评估工具，由于 FP 需要专业的测量工具，且测量耗时长，限制了研究的样本量和研究范围。关于身体活动和衰弱方面的研究也基本以国外老年人为主要对象，如欧美等发达国家的学者利用大型数据库的调查，分别采用横断面和纵向追踪研究分析了身体活动和衰弱的关系，但这是在西方情境下开展的研究，所得结论不仅存在分歧，而且在我国文化情境下的适用性还有待进一步探索。鉴于此，本研究以 CHARLS 调查数据为研究对象，以衰弱指数为衰弱评估工具，在准确把握我国老年人衰弱发展轨迹及影响因素的基础上，重点分析我国老年人身体活动和衰弱的剂量－效应关系以及可能存在的中介机制，在当前我国老龄化日益加深的态势下，本文不仅丰富我国衰弱领域的研究，为指导我国老年人衰弱的身体活动干预提供科学依据，同时也为我国积极应对老龄化和推动形成老年群体的非医疗健康干预模式提供理论依据。

第一节 研究设计

一、研究目的

基于我国大型老年人调查的微观数据（CHARLS），以 FI 评估我国老年人的衰弱现状，在准确把握我国老年人衰弱变化轨迹及影响因素的基础上（包含随时间变化的因素及不随时间变化的因素），重点分析我国老年人身体活动对衰弱的影响以及其中存在的机制，为指导我国老年人衰弱的身体活动干预提供科学依据。

二、研究内容

1. 我国老年人的衰弱现状及发展轨迹和影响因素研究

运用四期横截面数据进行描述性统计，鉴于从横断面的角度可以帮助我们了解老年人的衰弱状况，但仅是单一时点的状况，无法帮助我们准确地描绘和检验衰弱发展趋势。因此基于纵向的研究设计，采用潜变量增长模型考察老年人衰弱的初始水平及随后的发展速度，并分析衰弱在个体间的差异及来源，探究对衰弱的发生和发展起关键作用的因素。此外，横截面的数据无法避免老年人身体活动和衰弱可能存在的双向因果关系，在运用潜变量增长模型时，可以引入不随时间变化的因素（性别、教育等）和随时间变化的因素（身体活动等），重点考察身体活动这一随时间变化的因素是如何影响老年人的衰弱轨迹，以此进一步判断可能存在的因果关系，为后续的研究打下基础。

2. 我国老年人身体活动历时变化和影响因素研究

我国四次全国群众体育现状的调查显示，老年人的体育参与比例也有较大幅度的提升[200]，但目前还鲜有我国老年人身体活动及其影响因素的历时变化研究。基于上述发现，本研究将从纵向的角度，利用同一机构执行的调查数据——中国老年人健康与养老追踪调查，考察我国老年人身体活动及其影响因素的历时变化，描述不同特征的老年人身体活动的差异及其分化趋势，以从各个方面揭示老年人身体活动的异质性特征，为促进我国老年人身体活动，实现健康老龄化，建设健康中国提供必要的证据支持与理论依据。

3. 我国老年人身体活动和衰弱的关联性

身体活动和衰弱的相关关系采用多因素非条件 Logistic 回归进行分析，并基于前述分析，将具有显著影响的因素作为控制变量。在研究设计上通过横断面和纵向追踪的数据进行分析，并辅以倾向得分匹配法、Oster 遗漏变量检验进行稳健性检验，既考虑了可观测变量引起的样本自选择偏误，也考虑了不可观测变量对结果造成的偏差。鉴于老年人是个高度异质性的群体，随着年龄增加，有些老年人仍然保持健康且精力充沛，而不少老年人的健康状况和社会适应能力却不断下降。因此，还通过对不同特征（年龄、性别、教育、婚姻、户籍、地域）老年人身体活动和衰弱剂量-效应关系的比较，考察其存在的异质性。

4. 我国老年人身体活动和衰弱的中介机制研究

根据衰弱发生的生物学机制，可能由于身体活动不足造成机体炎症状态进而导致衰弱。因此利用 CHARLS 数据库中的 C 反应蛋白（CRP）作为中介变量，采用经典的 KHB 三步中介检验方式进行分析。

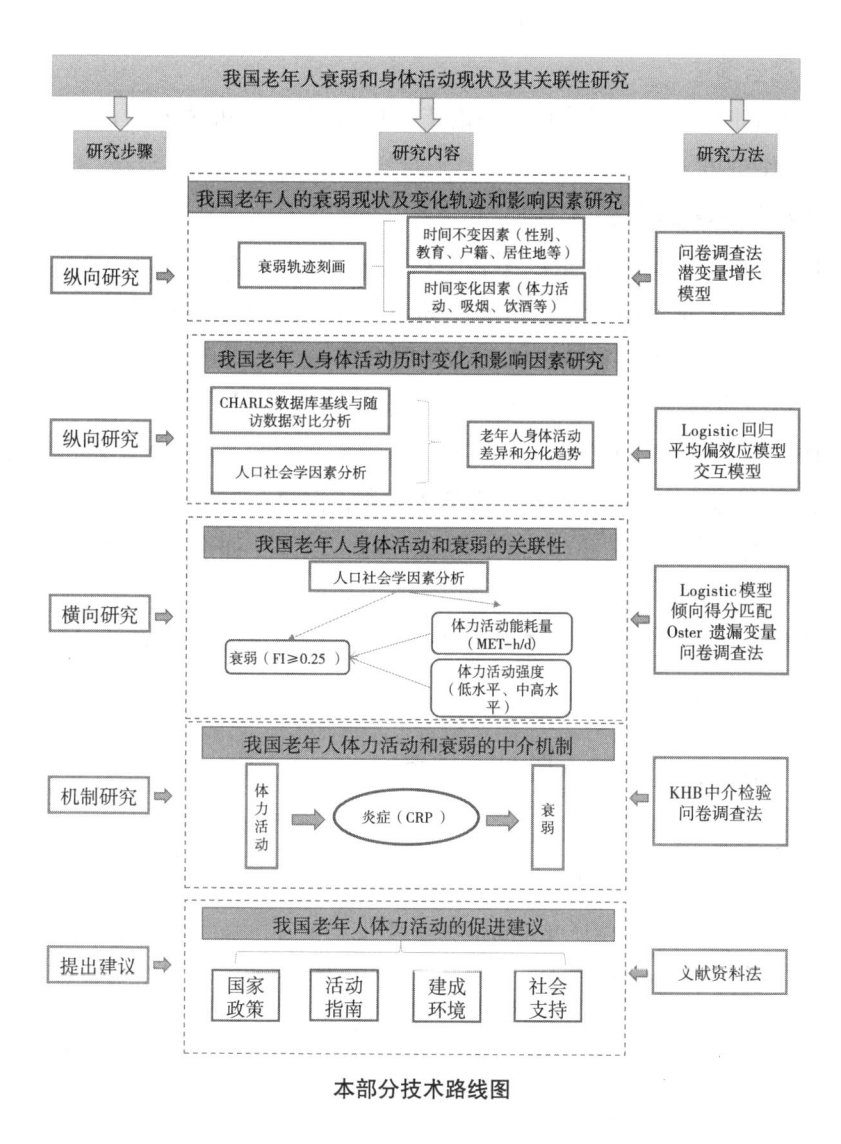

第三章 我国老年人衰弱和身体活动现状及其关联性研究

本部分技术路线图

三、研究方法

1. 文献资料法

通过中国知网、湖南工业大学图书馆、Web of Science 数据库、Pub Med 数据库等网站，收集整理国内外关于老年人衰弱、身体活动方面的研究成果。以"衰弱（fragile、frail、frailty）""身体活动（physical activity）"等为关键词进行检索，重点查阅衰弱与身体活动相关的研究理论与方法，做好前期的参考依据。

2. 专家咨询法

通过咨询校内专家，结合所查理论及 CHARLS 数据中的指标对比，确定衰弱、身体活动的评估工具。

3.CHARLS 数据库分析法

本研究利用中国健康与养老追踪调查（CHARLS）的数据。截至目前，该调查已经发布了 2011 年、2013 年、2015 年和 2018 年的数据，其中 2011 年为全国基线调查，2013 年、2015 年和 2018 年为全国追踪调查。调查问卷的设计参考了国际标准，访问应答率和数据质量在世界同类项目中位居前列，数据在学术界得到了广泛的应用和认可。本研究将使用该项目内老年人的基本状况、健康状况部分的数据，其中基本状况部分包含个人基本信息，健康状况部分包含老年人的一般健康状况、疾病史、多病共存、身体功能障碍、认知、抑郁、身体活动等多方位的情况，各部分的调查均采用国际通用问卷，不仅为评估衰弱和不同水平的身体活动提供了全面的洞察窗口，还为取得全国范围内的身体活动和衰弱关系研究提供了高质量的调查数据。

四、数据来源与样本处理

1. 数据来源

本研究的数据来源于中国健康与养老追踪调查（China Health and Retirement Longitudinal Survey，CHARLS），该调查是由北京大学国家发展研究院主持、北京大学中国社会科学调查中心与北京大学团委共同执行的大型跨学科调查项目。首创了电子绘图软件技术，用地图法制作村级抽样框，对我国 28 个省级行政区、150 个县级单位、450 个村级单位的中老年人群体进行家（户）调查。首先将全国所有的县级单位按区域、城乡和人均国内生产总值（GDP）分层，按照人口规模成比例的概率法（probability proportional to size，PPS）随机抽取 150 个县（区），在每个县级单位中依照 PPS 法随机抽取 3 个村级单位；在每个村或社区中，制作住户列表，再从列表中随机抽取若干住所；如果某个住所中有多于 1 户的适龄家庭户，随机抽取 1 户；如果 1 户中有多于 1 个适龄受访者，随机抽取 1 人为调查对象[201]，通过以上四个阶段在县（区）—村（居）—家（户）—个人层面上进行抽样，以保证样本的无偏性和代表性。由于 CHARLS 的访问应答率和数据质量在世界同类项目中位居前列，数据在学术界得到了广泛的应用和认可。以下分别从项目概况、调查设计以及质量控制三方面对该数据作简要说明。

（1）项目概括

快速的人口老龄化给我国社会的可持续性发展带来了巨大的挑战，长期以来，我国与老年人健康相关的调查数据已无法满足系统开展老龄化研究的需要，现有的数据倾向于专业化，也不具备社会科学分析所需的数据宽度。由此CHARLS调查项目应运而生，这项兼具广度和精度的调查专门为应对我国老龄化挑战而设计。在预调查的基础上，CHARLS于2011年在全国进行了大规模基线调查，覆盖了不包括西藏在内的中国大陆所有县级单位（包括150个县级单位，450个村级单位），并于2013年、2015年、2018年成功开展了追踪调查，调查结束后两年内数据对外公开。

（2）调查设计

在抽样设计上，CHARLS首创了电子绘图软件技术，用地图法制作村级抽样框，并在全国所有的县级单位按区域、城乡和人均GDP分层采用多阶段PPS（Probability Proportional to Size）抽样。在问卷设计上，CHARLS主体调查问卷与世界各国老龄化系列调查的问卷一致，包括基本信息、家庭结构、健康状况、身体功能限制和认知能力等。

（3）质量控制

CHARLS调查项目的质量控制总体上分为两个部分：数据核查和现场督导。数据核查时利用计算机调查的优势，采用全球定位系统、拍照、指纹认证和录音等技术手段。同时，项目督导负责分管队伍的实地访问质量，监督和帮助采访人员按照项目的要求展开工作。一方面，通过现场陪访，及时发现实地访问质量问题，并及时反馈、解决问题；另一方面，质量控制平台为督导提供实时的工作进度报告，包括核查后的数据质量汇报以及其他亟待解决的问题。

2. 样本处理

追踪数据时不可避免地会存在失访者和受访者填答不清等情况，由此造成部分数据存在缺失的现象，在每期调查中缺失较多的是疾病维度和认知维度的数据。针对疾病维度的缺失问题，可以利用前一期数据进行填补，因为CHARLS项目在调查中对于回访者不再询问疾病情况，仅是询问前一期调查中所患疾病是否正确，因此疾病维度的缺失数据可用前一期的数据进行填补。针对认知维度存在6%~19%不同程度的缺失问题，则利用多重填补法。多重填补法可以在不舍弃数据的情况下对缺失数据的取值进行推断[202]，并且对于填补缺失率高达25%的数据依旧具有准确性[203]，但具有使用前提，即缺失数据属于随机缺失。认知维度的缺失数据经 Little's MCAR 检验后结果显著（$P>0.05$），不属于完全随机缺失，可能为随机缺失或非随机缺失。随后参考以往研究的做法[204, 205]，继续为每个变量生成二分类变量以表示缺失和未缺失，以此成为 c^2 检验的分组，并结合性别、教育等变量进行 c^2 检验，最后结果显示该部分缺失的数据依赖于其他变量，即属于随机缺失数据。在完成对数据缺失类型的检验后，本研究将性别、教育等作为认知维度的解释变量，用以预测认知能力，最后经以下步骤：首先用一系列可能值对缺失值进行替换，其次用标准统计分析程序分别对多次替换后的多个数据进行分析，最后将结果进行合并以完成填补。

3. 变量选择与评估

（1）因变量：衰弱

目前，学者普遍采用 FP 和 FI 两种方式评估老年人的衰弱状态。FP 测量主要包括体重减少、握力下降、耐力和体能下降、行走缓慢、身体活动水平下降 5 个方面的表现类型。FP 忽略了与慢性疾病、长期家庭护理和死亡密切相关的认知功能和心理特征，难以全面覆盖构成衰弱的多方面原因，曾宪新认为应对其进行拓展，把认知受损和失望、焦虑等认知和心理因素引入[206]。相反，FI 不关注某个单独的健康缺陷，而是基于整体的角度对衰弱进行描述，累积的健康缺陷越多，个体衰弱程度越高。其中衰弱的指标可以在遵循健康缺陷选取原则的基础上根据需求进行程序性自由构建（一般为 30~92 个），但至少应该包含 30 个指标[36]。由于 FI 对评估和预测老年人健康状况具有较高的有效性和稳定性，常用于流行病学等大规模人群调查，已有多项研究证实其具有良好的效度和信度[40, 41]。加之 CHARLS 问卷结构涵盖了疾病、失能、基础性日常活动能力、工具性日常活动能力、认知能力以及抑郁状况，各维度的评判均采用国际通用量表，为 FI 的构建提供了较为全面的指标。

根据构建 FI 的标准[207]，即变量必须是与健康相关的变量；变量不能过早使人口饱和；变量必须涵盖体内的一系列系统。同时也参考以往研究[204, 208]，选择 39 个变量构建了本研究的 FI 指数。包括：①疾病相关：13 种慢性疾病。②残疾：2 种残疾。③视听情况：2 种视听情况。④失能：包括基础性日常活动能力（Basic Activity of Daily Living，BADL）的 6 个指标、工具性日常活动能力（Instrumental Activity of Daily Living，IADL）的 5 个指标、3 个移动能力指标和 5 个肌肉能力指标。⑤抑郁：采用流行病学调查中心抑郁量表（Center for Epidemiological Studies Depression Scale，CESD）评定，该量表分为积极和消极两因子结构，相关系数为

0.56，可以有效地测量 CHARLS 数据内老年人的抑郁水平[209]。⑥认知能力：通过认知功能电话评定问卷修订版（Telephone Interview for Cognitive Status-Modified，TICS-m）评估，共计 21 个问题。⑦一种健康自评。以上各维度的评价除认知能力外，其他变量均赋值为 0、1，0 表示不存在该变量缺陷，1 表示存在该变量缺陷，即不健康。FI 的计算方法为存在健康缺陷的数目除以纳入总数（本研究为 39），其范围为 0~1，数值越大表明越衰弱，将 FI≥0.25 定义为衰弱[210]。

（2）核心自变量：身体活动

CHARLS 问卷中对于身体活动的评估依据国际身体活动量表，该量表将身体活动划分为高、中、低三个运动水平。高水平身体活动如搬重物、耕作、有氧运动、快速骑车等非常消耗体力的活动。中水平身体活动包括搬运轻便物品、做家务、打太极等身体活动。低水平身体活动包括从一个地方步行到另一个地方，以及娱乐锻炼或以休闲为目的进行的活动，问卷包含每天从事每种强度身体活动的时间及一周的天数。在实际评估中，参照樊萌语等人的原则，如果某种强度身体活动的每天时间超过 3 h，则重新编码为 180 min，该原则允许每种强度的身体活动每周最多报告 21 h[32]，这种处理可以避免有些个体被错分到身体活动高的组别。通过 2001 年修订的《身体活动概要》中对各种身体活动方式的代谢当量（低水平活动 MET 赋值为 3.3，中水平活动的赋值为 4.0，高水平活动的赋值为 8.0）得出一周消耗的总的能量。公式为：一周身体活动能量消耗 = 身体活动强度（MET）× 每天活动时间 × 一周活动天数（其中 MET= $\sum$ METn × hn/ $\sum$ h），即可估算出一周的身体活动能量消耗[31]。然后依据国际身体活动量表（IPAQ）评判标准，将老年人身体活动水平分为低水平（<600 METs/ 周）、中高水平（≥600 METs/ 周）2 种强度[211]。

（3）中介变量：CRP

CHARLS 项目组参照国外已有研究，包括英国老年追踪调查（English Longitudinal Study of Ageing，ELSA）、日本生活与健康调查（Japanese Study of Aging and Retirement，JSTAR）、印度尼西亚家庭生活调查（Indonesia Family Life Survey，IFLS）等，收集受访者的生物标志物，采用每隔一期调查就采集一次的方式进行。其中静脉血的采集工作由中国疾病预防控制中心的工作人员完成，采集完成后根据一系列程序将其运送到北京中央实验室进行化验分析。这其中包括 C 反应蛋白（C-reactive protein，CRP），因此将老年人血检数据中的 CRP 水平作为中介变量（单位：mg/L）。

（4）控制变量

将人口学特征（年龄、性别、教育、婚姻、户籍、地域）和生活方式特征（吸烟、饮酒、睡眠状况）作为控制变量，其中 60~69 岁 =1，70~79 岁 =2，80 岁及以上 =3；女性 =0，男性 =1；文盲 =1，小学毕业 =2，初中及以上 =3；未婚 =0，已婚 =1；农村 =0，城市 =1；西部 =1，中部 =2，东部 =3；未吸烟 =0，吸烟 =1；不饮酒 =0，饮酒 =1；睡眠不好 =0，睡眠良好 =1。

4. 模型设计

（1）潜变量增长模型

采用 Mplus 8.0 构建潜变量增长模型检验老年人衰弱的变化趋势。潜变量增长模型分析（Latent Growth Modeling，LGM）是结构方程模型的一种变式，与传统统计方法（如重复测量的方差分析）相比，只关注群组均值不同，LGM 可以对发展过程中的群组和个体变异同时进行估计[212, 213]。LGM 首先定义两个潜变量结构，即截距和斜率，然后用某一变量在不同时间点上的实际测量值估计模型中的这两个潜变量结构。截距的均值反映了每个个体起始水平，而截距的变异则反映了个体起始水平的异质性。同样地，斜率的均值反映了总体的变化速度，而斜率的变异则反映了变化速度的个体差异。这种对变化趋势进行简单描述的模型称为无条件模型（Unconditional LGM）。在无条件模型之后，如果发现截距或斜率的变异显著，则可以继续考察影响截距或斜率的因素，即构建条件模型。如果发现某一因素与截距或斜率存在显著的共变关系，则可以确定该变量是影响截距或斜率的一个重要因素。

首先对老年人衰弱进行无条件潜变量增长建模，分别构建线性潜变量增长模型、非线性二次函数潜变量增长模型和不定义曲线类型的潜变量增长模型来考察老年人衰弱发展轨迹，在此基础上选择最优的模型。其中线性增长模型只需估计它的截距以及斜率，截距表示衰弱的起始水平，因素载荷设置为 1，因增长模型对相邻两次调查的时间不要求达到一致，而本研究第 2、3、4 次调查时间和首次调查的时间间隔是 2 年、4 年以及 7 年，故将斜率因素载荷设为 0.0、2.0、4.0、7.0。非线性二次函数增长曲线模型是通过在线性模型基础上增加一个描述二次变化的潜变量来实现，斜率因子荷载被定义为时间测量的二次函数，用来描述衰弱增长的二次变化趋势。此外对于曲线形状不确定或难以采用多项式曲线描述的情况，可不提前指定曲线的变化类型，通过数据的拟合优度寻找最适合的曲线进行拟合，即不定义曲线类型的潜变量增长模型，对于该模型可以把截距在四次测量中的因素载荷设置为 1，将前两个时间点的斜率因素载荷设置为 0.0 和 2.0，而后两个时间点的因子载荷自由设置，也就是从数据出发进行直接估计，来分析该增长模型类型，从而得到一个最佳拟合的模型。

在最佳模型的基础上，通过加入时变因素和非时变因素构建条件 LGCM 模型。在条件 LGCM 模型中，第一水平的模型方程为：Frailty = $\pi_{0i} = \beta_{00} + \beta_{01} Xi + \gamma_{01} Zi + \mu_{0i}$，$\pi_{1i} = \beta_{10} + \beta_{11} Xi + \gamma_{11} Zi + \mu_{1i}$，$Xi$ 和 Zi 分别表示受试者 i 的受教育水平、性别等非时变因素。第二水平的方程为：$\pi_{0i} + \pi_{1i} T_{ti} + \gamma_{1t} PA_{it} + e_{ti}$。$PA_{it}$ 为受试者 i 在时间 t 身体活动水平或其他时间变化因素。

（2）Logistic 回归模型

本研究选择 Logistic 回归模型分析我国老年人身体活动和衰弱的剂量–效应关系。Logistic 回归分析弥补了线性回归的不足，一般的线性回归分析要求多个自变量之间不能完全相关，且因变量为连续变量。如果因变量为虚拟变量，在线性回归中的估计值就会超出 0 和 1 以内，不符合现实情况。但 Logistic 回归模型则避免了上述不足。该模型在管理学、医学以及社会学等领域的研究中得到了应用，主要分析一些影响因素与二分类变量之间关系的多变量分析方法，其因变量随自变量的变化而不断变化，且取值范围将在 0 和 1 之间。其模型具体如下：

$$P(y=1|x) = \pi(x) \frac{1}{1+e^{-g(x)}}$$

这里的 $f(x) = \frac{1}{1+e^{-x}}$ 称为 Logistic 函数，其中 $g(x) = W_0 + W_1 X_1 + W_n X_n$，则在 x 条件下 y 不发生的概率为 $P(y=0|x) = 1-P(y=1|x) = 1-\frac{1}{1+e^{g(x)}} = \frac{1}{1+e^{g(x)}}$，因此事件发生概率的比值为 $\frac{P(y=1|x)}{P(y=0|x)} = \frac{P}{1-P} = e^{g(x)}$，称为事件发生概率，对其取对数则得到以下公式：$\ln(\frac{P}{1-P}) = g(x) = W_0 + W_1 X_1 + W_n X_n$。

（3）倾向得分匹配

倾向于得分匹配法（Propensity Score Matching Method，PSM）是一种专门用来处理问卷调查等非实验性数据引起的选择性偏差问题的方法。其原理是将低水平身体活动和中高水平身体活动的个体通过倾向得分的方法进行匹配后，构建类似随机化的数据，使处理组和控制组的个体在特征方面不再具有统计学的差异。其基本思路是根据可以观察到的变量，为处理组中的个体找到相似的控制组个体，从而得到处理组中的反事实个体，以便在控制内生偏差后获得无偏估计。首先，利用 Logistic 回归模型估计出倾向值后，为每一个老年人寻找最相近的反事实个体进行匹配。其次，采用最近邻匹配、半径匹配、核匹配这三种不同的匹配方法进行分析，以更好地控制内生问题，进行稳健性分析。

根据 PSM 法计算对比效应时还要关注样本是否通过平衡性检验，即是否符合"共同支持性假设"和"独立性假设"。"共同支持性假设"是指需要从低水平身体活动老年人和中高水平身体活动老年人的样本中找到具有相似特征的匹配样本；"独立性假设"是指匹配完成以后的处理组和控制组在各个变量上没有显著区别，两组之间的衰弱只受身体活动水平高低差异的影响，表明消除了尽可能存在的样本偏差。两组间的平均处理效果（ATT）可由下式表示：ATT = E[y_{1i}|Frailty=1, p(x)] − E[y_{0i}|Frailty=0, p(x)] 其中 p(x) 为倾向得分，为在其余变量特征给定的条件下，老年人衰弱的条件概率。y_{1i} 表示从事低水平身体活动老年人 i 的衰弱状况，y_{0i} 表示该老年人假如从事中高水平身体活动时的衰弱状况，$y_{1i} \sim y_{0i}$ 表示老年人 i 从事低水平身体活动对衰弱状况的处理效应。Frailty =1 表示老年人从事中高水平身体活动，定义为处理组；Frailty =0 则表示老年人 i 从事低水平身体活动，定义为控制组。E[y_{1i}|Frailty = 1, p(x)] 表示从事中高水平身体活动老年人的衰弱状况，E[y_{0i}|Frailty = 0, p(x)] 则表示假如那些样本从事低水平身体活动的衰弱状况。反事实估计后 ATT 中的 E[y_{0i}|Frailty = 0, p(x)] 即为反事实效应。

（4）Oster 遗漏变量检验

PSM 解决可观测变量导致的自选择问题，但无法解决模型可能存在的遗漏变量所造成的内生性问题。为此，本研究使用 Oster 等人提出的方法检验不可观测变量对模型的影响[214]，具体表达式如下：

$$\text{Frailty}_i = \beta_0 + \beta_1 PA_i + \varepsilon_i \qquad ①$$

$$\text{Frailty}_i = \beta_0 + \beta_1 PA_i + \beta_2 X_i + \varepsilon_i \qquad ②$$

$$\text{Frailty}_i = \beta_0 + \beta_1 PA_i + \beta_2 X_i + \beta_3 Z_i + \varepsilon_i \frac{dy}{dx} \qquad ③$$

其中，模型①为身体活动对老年人衰弱影响的一元回归方程，其拟合优度为 R_0，模型②在模型①的基础上增加了一系列可观测变量 X_i，其拟合优度为 R'，假定模型③在模型②的基础上增加了一系列不可观测变量 Z_i，其余保持不变，其拟合优度为 Rmax，理论值为 1。Oster 定义 δ 为选择比例，评估不可观测变量和可观测变量与因变量关系的强弱。Rmax 为最大拟合优度，并假定在遗漏变量能够被观测的情况之下，Rmax 应为 1。检验方法一，假定 Rmax 为模型②拟合优度 R' 的 1.3 倍，如果 $\beta_1=\beta_1$（Rmax, δ）处于参数的 95% 置信区间内，表明通过检验；检验方法二，在方法一的基础上计算使得 β_1=0 时 δ 的取值，若 δ＞1，则表明通过检验。

（5）中介模型

逐步回归法是检验中介效应的传统方法，研究基于普通最小二乘法（OLS）模型进行逐步回归分析，模型表达式如下：

$$Frailty_i = \beta_0 + \beta_1 PA + \beta_2 \chi_i + \varepsilon_i \qquad ④$$

其中，被解释变量 Frailty 表示第 i 个老年人的衰弱情况；PA 表示第 i 个老年人的身体活动情况；χ_i 则是影响老年人衰弱的人口学特征和生活方式特征；ε_i 是随机扰动项。其次根据 KB 逐步检验法，依次检验自变量对中介变量的影响，具体模型见式⑤，最后将自变量和中介变量同时进入模型，估计中介效应，具体模型见式⑥。

$$CRP = \beta_0 + \beta_3 PA + \beta_4 \chi_i + \varepsilon_i \qquad ⑤$$
$$Frailty_i = \beta_0 + \beta_5 exercise_i + \beta_6 CRP + \beta_7 \chi_i + \varepsilon_i \qquad ⑥$$

若中介机制成立则需要满足 β_1、β_3、β_6 存在显著性。此时，若 β_5 不显著，则为完全中介效应。若 β_5 显著，且 $\beta_5<\beta_1$，则为部分中介效应。

第二节 我国老年人的衰弱现状及发展轨迹

一、老年人衰弱指数的构建

根据 FI 的构建标准及相关要求，选取了①疾病相关：高血压、血脂异常、糖尿病、肺部疾病、肝脏疾病、心脏病、中风、肾脏疾病、消化系统疾病、精神疾病、与记忆相关的疾病、关节炎或风湿、哮喘 13 种慢性疾病；②残疾相关：躯体残疾、大脑受损；③视听相关：视觉障碍、听觉障碍；④失能相关：BADL（穿衣、吃饭、洗澡、起床、上厕所、控制大小便）、IADL（做家务、做饭、购物、理财、服药）、移动能力（跑或慢跑 1km、走 1km、爬楼）、肌肉能力（久坐再站立、弯腰屈膝下蹲、手臂向上伸展、提 5kg 重物、从桌上拾起硬币）；⑤抑郁；⑥健康自评；⑦认知。

四期调查的 FI 健康缺陷及分布如表 3-1 所示。疾病维度中，老年群体关节炎或风湿和高血压的患病率明显高于其他疾病，其次是消化系统疾病，患病率较低的是精神疾病、中风和与记忆相关的疾病；残疾维度中的躯体残疾和大脑受损的比例较低；视听障碍方面，视觉障碍的比例高于听觉障碍；失能维度中，我国老年人无法理财的比例较多。移动能力和肌肉能力中，无法跑或慢跑 1km、爬楼、提重物的比例较其他指标高。此外，还有超过 1/4 的老年人存在抑郁情况，超过 1/3 的老年人健康自评较差，认知能力则在四期调查中有所起伏。

表 3-1　FI 健康缺陷及分布

FI 指标	2011 年（6223 名）	2013 年（6093 名）	2015 年（7042 名）	2018 年（9379 名）
疾病相关 [n（%）]				
高血压	1982（31.85）	1250（25.02）	1510（21.44）	2913（31.06）
血脂异常	669（10.75）	548（8.99）	706（10.03）	1698（18.10）
糖尿病	447（7.18）	364（5.97）	455（6.46）	1062（11.32）
肺部疾病	863（13.87）	577（9.47）	636（9.03）	1303（13.89）
肝脏疾病	258（4.15）	182（2.99）	189（2.68）	534（5.69）
心脏病	1015（16.31）	494（8.11）	597（8.48）	1403（14.96）
中风	209（3.36）	127（2.08）	126（1.97）	426（4.54）
肾脏疾病	421（6.77）	294（4.83）	346（4.91）	851（9.07）
消化系统疾病	1370（22.02）	927（15.21）	944（13.41）	2119（22.59）
精神疾病	77（1.24）	22（0.36）	26（0.37）	268（2.86）
与记忆相关的疾病	130（2.09）	53（0.87）	64（0.91）	545（5.81）
关节炎或风湿	2268（36.45）	1587（26.05）	1925（27.34）	3281（34.98）
哮喘	320（5.14）	185（3.04）	209（2.97）	533（5.68）
残疾相关 [n（%）]				
躯体残疾	118（1.89）	170（2.79）	203（2.88）	484（5.16）
大脑受损	273（2.36）	180（2.95）	154（2.19）	392（4.18）
视听相关 [n（%）]				
视觉障碍	793（12.74）	1905（31.27）	2144（30.45）	1036（11.05）
听觉障碍	514（8.26）	1104（18.12）	1095（15.55）	1525（16.26）
BADL [n（%）]				
穿衣	118（1.90）	83（1.36）	88（1.24）	341（3.64）
吃饭	86（1.38）	29（0.48）	23（0.33）	134（1.43）

续表

FI 指标	2011 年（6223 名）	2013 年（6093 名）	2015 年（7042 名）	2018 年（9379 名）
洗澡	273（4.39）	225（3.69）	237（3.37）	679（7.24）
起床	91（1.46）	56（0.92）	156（2.22）	242（2.58）
上厕所	250（4.02）	178（2.92）	184（2.61）	295（3.14）
控制大小便	117（1.88）	77（1.26）	90（1.28）	231（2.46）
IADL [n（%）]				
做家务	450（7.23）	379（6.22）	447（6.35）	766（8.17）
做饭	145（2.33）	383（6.29）	387（5.50）	787（8.39）
购物	494（7.94）	408（6.70）	427（6.06）	797（8.50）
理财	663（10.65）	510（8.37）	501（7.11）	1125（11.98）
服药	241（3.87）	152（2.49）	165（2.34）	514（5.48）
移动能力 [n（%）]				
跑或慢跑 1km	3359（53.98）	3187（52.31）	3530（50.13）	5021（53.53）
走 1km	784（12.60）	789（12.95）	799（11.35）	1409（15.02）
爬楼	1307（21.00）	1224（20.09）	1438（20.42）	2205（23.51）
肌肉能力 [n（%）]				
久坐再站立	299（4.80）	180（2.95）	206（2.93）	357（3.81）
弯腰屈膝下蹲	841（13.51）	821（13.47）	946（13.43）	1533（16.35）
手臂向上伸展	411（6.60）	412（6.76）	440（6.25）	942（10.04）
提 5kg 重物	675（10.85）	681（11.18）	744（10.57）	1353（14.43）
从桌上拾起硬币	158（2.54）	142（2.33）	166（2.36）	339（3.61）
抑郁 [n（%）]	2278（36.61）	1641（26.93）	2042（29.00）	3030（32.31）
健康自评 [n（%）]	2119（34.05）	2855（46.85）	3077（43.69）	5065（54.00）
认知（$\bar{x}\pm s$）	0.45 ± 0.21	0.27 ± 0.63	0.38 ± 0.30	0.61 ± 0.72

注：BADL：基础性日常活动能力；IADL：工具性日常活动能力；括号外数据为人数，括号内数据为百分率（%）。

二、调查对象的衰弱现状

在四期不同年份的调查中，我国老年人在 2011 年调查中衰弱率为 18.38%，2013 年为 21.58%。2015 年为 25.92%，2018 年为 30.49%。结合不同特征后，可以看出，高龄、女性、受教育程度偏低、未婚、农村、中西部、低水平身体活动、吸烟、饮酒、存在睡眠问题的老年人衰弱率较低龄、男性、受教育程度较高、已婚、城市、东部、中高水平身体活动、不吸烟、不饮酒、不存在睡眠问题的老年人衰弱率高，并且在四期的调查中均是如此（见表 3-2）。

表 3-2 不同特征的调查对象衰弱情况

变量	人数	2011年 正常(%)	2011年 衰弱(%)	人数	2013年 正常(%)	2013年 衰弱(%)	人数	2015年 正常(%)	2015年 衰弱(%)	人数	2018年 正常(%)	2018年 衰弱(%)
	6223	81.62	18.38	6093	78.42	21.58	7042	74.08	25.92	9379	60.51	30.49
年龄段												
60～69岁	3983	85.59	14.41	3997	81.99	18.01	4589	78.88	21.22	5595	75.30	24.70
70～79岁	1813	77.28	22.72	1709	73.61	26.39	2001	66.52	33.48	2834	64.18	35.82
80岁及以上	427	63.00	37.00	387	62.79	37.21	452	58.85	41.15	950	51.26	48.74
性别												
女	3040	77.80	22.20	3031	72.98	27.02	3550	66.93	33.07	4781	62.62	37.38
男	3183	85.27	14.73	3062	83.80	16.20	3442	81.36	18.64	4598	76.66	23.34
受教育程度												
文盲	2162	73.68	26.32	2159	71.98	28.02	1692	64.01	35.99	2936	60.35	39.65
小学及以下	2790	84.34	15.66	2736	79.39	20.61	3494	74.01	25.99	2210	68.78	31.22
初中及以上	1271	89.14	10.86	1198	87.81	12.19	1856	83.41	16.59	4223	76.23	23.77
婚姻												
已婚	4949	83.15	16.85	4774	80.35	19.65	5481	76.37	23.63	7384	59.00	41.00
未婚	1274	75.67	24.33	1319	71.42	28.58	1561	66.05	33.95	1995	72.35	27.65
户籍												
农村	4630	80.48	19.25	4620	76.77	23.23	5093	71.90	28.10	7317	68.27	31.73
城市	1593	84.93	15.07	1473	83.57	16.43	1949	79.78	20.22	2062	73.91	26.09
地域												
西部	2080	78.41	21.59	2030	74.63	25.37	2253	71.77	28.23	3109	66.97	33.03
中部	2088	80.41	19.59	1992	76.81	23.19	2322	72.09	27.91	3065	66.69	33.31
东部	2055	86.08	13.92	2071	83.68	16.32	2467	78.07	21.93	3205	74.66	25.34
身体活动水平												
低水平	4073	79.84	20.16	4298	77.55	22.45	4106	71.94	28.06	1554	45.43	54.57
中水平	767	80.18	19.82	666	76.43	23.57	1039	73.05	26.95	2937	66.63	33.37
高水平	1383	87.64	12.36	1129	82.91	17.09	1897	79.28	20.72	4888	78.89	21.11
吸烟												
否	4317	87.04	12.96	4837	80.25	19.75	5120	81.95	18.05	7014	78.31	21.69
是	1906	79.22	20.78	1256	77.94	22.06	1922	71.13	28.87	2365	66.54	33.46
饮酒												
否	4343	88.78	11.22	4115	87.41	12.59	4689	83.34	16.66	6473	78.31	21.69
是	1880	78.52	21.48	1978	74.09	25.91	2353	69.44	30.56	2906	64.51	35.49
睡眠障碍												
否	3948	88.48	11.52	3953	86.01	13.99	4610	82.28	17.72	7369	73.99	26.01
是	2275	69.71	30.29	2140	64.39	35.61	2432	58.55	41.45	2010	53.08	46.92
FI		0.20 ± 0.40			0.22 ± 0.41			0.26 ± 0.44			0.30 ± 0.46	

三、我国老年人衰弱的发展轨迹

1. 无条件模型

为探查我国老年人衰弱的发展轨迹,分别构建3个无条件潜变量增长模型:(1)线性无条件潜变量增长模型;(2)二次函数无条件潜变量增长模型;(3)不定义曲线类型的潜变量增长模型。从拟合指标可以看出(见表3-3),不定义曲线类型的潜变量增长模型对数据的拟合优于其他两种模型,其中 c^2(3)=33.18,CFI =0.995,TLI = 0.994,RMSEA =0.023,SRMR = 0.019。因此,老年人的衰弱轨迹符合不定义曲线类型的潜变量增长模型,表明其衰弱的发展轨迹呈曲线变化。根据不定义曲线类型的潜变量增长模型的结果,模型截距即老年人的衰弱水平为11.81,显著大于0($P<0.001$),衰弱在四次调查期间呈上升趋势(斜率 = 0.94,$P<0.001$),此外,截距的变异(σ^2=56.86,$P<0.001$)、斜率的变异(σ^2=2.13,$P<0.001$)都显著大于0,表明老年人衰弱的起始水平存在显著的个体差异,发展速度也存在显著的个体差异。截距和斜率之间显著相关(r=0.52,$P<0.001$),表明衰弱发展速度和起始水平存在显著的相关性。如图3-1所示。

表3-3 我国老年人衰弱发展轨迹的无条件潜变量增长模型的拟合指标

模型	c^2(df)	P	CFI	TLI	RMSEA	SRMR	系数 截距	系数 斜率	变异 截距	变异 斜率
线性无条件模型	97.61(5)	<0.01	0.961	0.903	0.091	0.043	10.11	0.65	52.17	2.25
二次函数无条件	58.06(1)	<0.01	0.971	0.978	0.131	0.033	12.23	0.75	76.08	9.78
不定义曲线无条件	33.18(3)	<0.01	0.995	0.994	0.023	0.019	11.81	0.94	56.86	2.13

注:LGM= 潜变量增长模型,CFI= 比较拟合指数(参考范围:>0.90),TLI= 非规范拟合指数(参考范围:>0.90),RMSEA= 近似均方根误差(参考范围:<0.08),SRMR= 标准化均方根残差(参考范围:<0.08)。

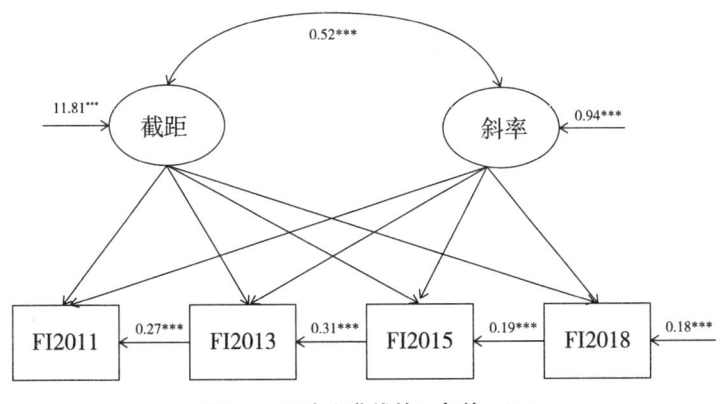

图3-1 不定义曲线的无条件LGM

2. 有条件模型

在条件潜变量中，纳入性别、教育、婚姻、户籍、地域作为时间不变因素以及身体活动、吸烟、饮酒、睡眠作为时间变化因素，构建不定义曲线类型的条件潜变量模型。模型分析结果如表3-4、图3-2所示。在时间不变因素的预测中，性别、教育、婚姻、户籍、地域对模型截距和斜率的估计均显著为负，表明女性、受教育程度低、未婚、农村、中西部地区的老年人衰弱的初始水平较高，且发展速度较快。

身体活动、吸烟、饮酒、睡眠作为时间变化因素纳入，结果显示：身体活动与睡眠对老年人衰弱具有显著的负向影响，这一影响在四期调查中都表现一致，即老年人的身体活动水平越高，睡眠良好，其衰弱水平越低，表明中高水平身体活动和睡眠质量有助于老年人衰弱水平的降低。此外，吸烟与饮酒对老年人的衰弱存在正向影响，即长期吸烟、饮酒过多将增加老年人的衰弱水平，但仅分别在第1、3、4期和第2、3期调查中存在显著的作用。

表3-4 条件潜变量增长模型（时间不变因素估计）

时间不变因素		
截距与斜率		0.243***
固定效应	截距	2.264***
	斜率	1.096***
随机效应	截距	0.861***
	斜率	0.662***
时间不变变量对截距的影响	性别	−0.141***
	教育	−0.104***
	婚姻	−0.134***
	户籍	−0.129**
	地域	−0.109*
时间不变变量对斜率的影响	性别	−0.187***
	教育	−0.131***
	婚姻	−0.125***
	户籍	−0.188**
	地域	−0.182*

注：+P<0.10，*P<0.05，**P<0.01，***P<0.001。

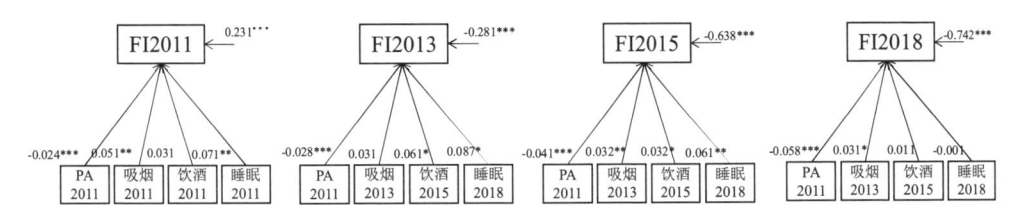

图 3-2　条件潜变量增长模型（时间变化因素估计）

第三节　我国老年人身体活动历时变化和影响因素

人口老龄化世界各国面临的重大挑战，2020 年第七次全国人口普查的统计数据显示，我国老年人口数量已达 2.64 亿，较上一个十年增加了 5.44%[145]。预计今年，我国将步入深度老龄化时代[215]，未来将成为全球老龄化程度最为严重的国家[216]，直接面临的老龄化压力也更大[217]。身体活动是健康老龄化的重要促进因素，被视为公共卫生的优先发展事项[218~220]。随着身体活动相关流行病学研究的不断深入以及新的健康促进模式的提出，即由运动处方模式转向日常身体活动模式，身体活动的促进在世界范围内得到越来越多的重视。老年人是最不活跃的群体，却也是能从身体活动中获得较大健康效益的群体[221]，正如身体活动相关流行病学开创者之一的 Morris 教授所言，想办法增加人们的身体活动可能是当前"最划算的买卖"[222]。但老年人身体活动情况并不理想，并且由于数据的代表性、抽样差异以及调查时间等不同，以往研究结果存在差异与矛盾。同时，数据内部的结构性问题，也会对最后的结果产生影响。因此，在我国老年人身体活动的研究中，应注重数据内部的结构问题。利用同一机构的调查数据进行考察，不仅能够避免数据结构不同而造成的结果差异，还能揭示相同总体下某现象的变化趋势，并且探索同一影响因素的稳定性或变化性。

我国四次全国群众体育现状的调查显示，老年人的体育参与比例有较大幅度的提升[200]，但目前还鲜有我国老年人身体活动及其影响因素的历时变化研究。基于上述发现，本研究将从纵向的角度，利用同一机构执行的调查数据——中国老年人健康与养老追踪调查（China Health and Retirement Longitudinal Study，CHARLS），考察我国老年人身体活动及其影响因素的历时变化，描述不同特征的老年人身体活动的差异及其分化趋势，以从各个方面揭示老年人身体活动的异质性特征，为促进我国老年人身体活动，实现健康老龄化，建设健康中国提供必要的证据支持与理论依据。

身体活动是指在基础状态之上增加能量的消耗，有助于增进健康的任何身体动作[25]。相比于单一的体育锻炼，身体活动的生活化、可操作性强、易获得性等优点，对于老年人而言更具成本效益。因此各国的身体活动指南都建议人们增加身体活动以改善健康[21, 223, 224]，但多数老年人仍旧缺乏健康所需的身体活动量[176, 225]。世界卫生组织2015年全球健康调查的数据显示，大约有30%的70~79岁和50%的80岁及以上的老年人未达到所推荐的身体活动标准[226]。据悉，经济发达国家的老年人更不愿意进行身体活动，如澳大利亚老年人身体活动充足的比例只有一半[227]，美国老年人更是仅有20%[228]，而与中国相邻的韩国，80%的60~70岁老年人和90%的70岁及以上老年人不进行中高强度的身体活动[229]。在巴西的调查同样显示，老年人身体活动不足的比例较高，达到87.2%[230]。我国各地区的研究差异较大，江苏省的研究显示超过半数以上的老年人身体活动不足[231]，在南京的两项调查则显示仅有17%~36%的老年人达到WHO的身体活动推荐量[232, 233]。但有调查显示了中等偏上的结果，来自河南省的调查显示该地区老年人身体活动达到推荐标准的比例为58.7%[234]，而南京市老年人身体活动达标率达到了74.7%[235]，天津市老年人身体活动达标率高达87.1%[236]。造成以上结果的不一致可能与样本来自截面数据、调查总体的差异以及抽样方式不同有关，从而导致各研究之间缺乏可比性。

相对于利用截面数据进行的分析而言，国内取自纵向调查数据的历时研究较少，仅有少数调查采用的是同一数据来源，并基于纵向的角度作出相应的比较。苏畅等人利用"中国健康与营养调查"1997—2009年5轮调查数据，统计了18~49岁人群身体活动量，发现该年龄段人群的身体活动量存在大幅下降的趋势[237]。戚圣香等人利用2011年和2017年南京市死因监测、慢性病及其危险因素监测数据却发现，尽管全人群身体活动不足的比例逐年上升，但老年人身体活动不足的比例却与全人群相反，有下降的趋势[238]。与此不一致的是来自泸州市健康城市健康村镇建设居民评估调查，该调查显示老年人身体活动不足的比例上升[239]。可见上述国内老年人身体活动情况以及变化趋势并不一致。此外，在促进老年人身体活动的过程中，探究影响因素至关重要，可以正确定义干预措施和应针对的人群，但在以往研究中，无论是年龄[240, 241]、性别[242~244]，还是受教育程度[245, 246]、婚姻[247, 248]等对身体活动的影响也都存在差异。可能是不同的研究因其样本来源、研究范围、数据结构等的不同，造成研究结果的差异，从而也无法了解老年人身体活动及其影响因素的变化情况。

纵观我国相继出台《全民健身计划（2010—2015）》《全民健身计划（2016—

2020)》《全民健身计划（2021—2025）》以及《"健康中国2030"规划纲要》，从政策层面对全民健身提出了一系列发展目标，相应的群众体育也取得了令人瞩目的成绩，经常参加体育锻炼的总人数增多[200]，全国各社区、农村也已经普遍建有体育场地和体育健身设施，人均体育场地面积达到1.66 m²[249]，已进入全民健身的新时期。按照政策颁布的情况，我国于2011年颁布了《中国成人身体活动指南》[250]，身体活动的促进活动在国内也得到越来越多的重视，那么近年来，我国老年人身体活动现状如何？在政策及指南的引领下，老年人身体活动的情况发生了怎样的变化？相关影响因素的作用是否随时间推移有所变化？这在以往研究中都较少涉猎，同时也是本研究所要探索的议题，即利用全国范围内的大型调查数据（CHARLS），窥探我国老年人身体活动及影响因素的历时变化，以期从微观层面更好地促进老年人身体活动。

一、我国老年人身体活动变化情况

我国老年人身体活动的变化情况如表3-5所示。从整体上看，2011年我国老年人身体活动的达标率为16.91%，2018年上升至48.65%，七年间达标率上升了31.74%。分样本中，我国老年人身体活动达标情况在不同群体的分布中呈现出两个特点，即同增长性和差异增大性。①同增长性。即所有老年群体的身体活动达标率都在增长，如男性老年人的身体活动达标率由2011年的17.59%上升至2018年的49.20%，女性老年人的身体活动达标率由2011年的16.23%上升至2018年的48.13%；城市老年人的身体活动达标率由2011年的15.01%上升至2018年的18.17%，农村老年人的身体活动达标率由2011年的13.38%上升至2018年的22.96%。②差异增大性。如在婚老年人与非在婚老年人身体活动达标率在2011年的调查中相差7.18%，但在2018年的调查中却相差29.48%；西部老年人与中部老年人身体活动达标率在2011年的调查中相差3.11%，中部老年人与东部老年人身体活动达标率相差1.10%，但在2018年的调查中相差的比例都有所增大。

表3-5 2011年与2018年我国老年人身体活动达到推荐量情况

		2011年	2018年
总体		1493（16.91）	5222（48.65）
年龄	60~69岁	1084（19.84）	3624（56.52）
	70~79岁	365（14.29）	1375（43.01）
	80岁及以上	44（5.44）	223（19.84）

续表

		2011 年	2018 年
性别	男	718（17.59）	2590（49.20）
	女	775（16.23）	2632（48.13）
婚姻	在婚	1187（17.84）	1312（22.33）
	非在婚	306（22.33）	4355（51.81）
户籍	城市	966（15.01）	1331（13.38）
	农村	527（18.17）	234（22.96）
教育	未受教育	525（16.49）	1513（45.90）
	小学	648（16.75）	2380（49.97）
	初中	201（17.98）	839（50.63）
	高中及以上	119（18.20）	490（48.18）
地域	西部	573（19.35）	1886（53.29）
	中部	471（16.24）	1612（45.80）
	东部	449（15.14）	1724（46.92）

注：括号内为百分率，括号外为人数。

二、Logistic 回归模型分析

前文的描述性研究表明我国老年人身体活动的达标率有所提升，且同时呈现出同增长性与差异增大性。在解释性研究部分，本研究主要将老年人的人口学特征和社会学特征作为自变量，探索各变量对老年人身体活动达标率的影响程度及变化情况，见表 3-6。

在模型 1 和模型 2 中，年龄、性别、婚姻、户籍、地域等变量对我国老年人身体活动达标的影响系数均显著。受教育程度变量在模型 1 和模型 2 中对我国老年人身体活动达标的影响均不显著。

（1）人口学变量

相比于我国低龄老年人，我国中龄老年人和高龄老年人身体活动达标的可能性显著降低。具体而言，相比于我国低龄老年人，我国中龄老年人身体活动达标的概率比低龄老年人减少 35%（$e^{-0.437}=0.65$），我国高龄老年人身体活动达标的概率比低龄老年人减少 69%（$e^{-0.176}=0.31$）；性别对我国老年人身体活动达标的影响系数在模型 1 和模型 2 中分别为 0.135（$P<0.05$）和 -0.029，表明在 2011 年的调查中，相比于女性老年人，我国男性老年人身体活动达标的可能性高于女性老年人，佐证了前文描述性统计中的男性老年人身体活动达标率高于女性老年人的数据。但在

2018年的调查中,尽管性别的回归系数仍为正,但未通过显著性检验,表明性别变量在2018年的调查中,对我国老年人身体活动达标的影响不具有显著性;婚姻对老年人身体活动达标的影响系数在模型1和模型2中分别为0.252(P<0.01)和0.294(P<0.01),表明在2011年和2018年的调查中,相比于未在婚的老年人,在婚老年人身体活动达标的可能性高于未在婚老年人,也佐证了前文描述性统计中的在婚老年人身体活动达标率高于非在婚老年人的数据。

(2)社会学变量

户籍对我国老年人身体活动达标的影响系数在模型1和模型2中分别为-0.633(P<0.001)和-0.377(P<0.005),表明在2011年和2018年,我国城市老年人身体活动达标的可能性低于我国农村老年人;地域变量对我国老年人身体活动达标的影响系数在模型1和模型2中均显著,在2011年的调查中,相比于我国西部老年人,我国中部和东部老年人身体活动达标的可能性较低。具体而言,相比于我国西部老年人,我国中部老年人身体活动达标的概率比西部老年人减少22%($e^{-0.245}$=0.78),我国东部老年人身体活动达标的概率比西部老年人减少16%($e^{-0.167}$=0.84),这一影响在2018年的调查中也是如此。此外,在2011年和2018年,受教育程度的系数虽然均为正值,表明受教育程度越高的老年人身体活动达标的可能性越高,但未呈现统计学意义上的显著性(P>0.05)。

表3-6 我国老年人身体活动的Logistic回归模型

变量	模型1 2011年	模型2 2018年
年龄(60~69岁=0)		
70~79岁	-0.437***	-0.515***
	(0.0695)	(0.0448)
80岁及以上	-1.176***	-1.538***
	(0.1539)	(0.0827)
性别(女性=0)	0.135*	-0.029
	(0.0635)	(0.0439)
婚姻(未在婚=0)	0.252**	0.294**
	(0.0802)	(0.0527)
户籍(农村=0)	-0.633***	-0.377***
	(0.0859)	(-0.0508)
教育(文盲=0)		
小学	0.057	0.072
	(0.0703)	(0.0504)

续表

变量	模型 1 2011 年	模型 2 2018 年
初中	0.055	0.077
	(0.1077)	(0.0689)
高中及以上	0.141	0.119
	(0.1395)	(0.0828)
地域（西部 =0）		
中部	−0.245**	−0.326***
	(0.0709)	(−0.0495)
东部	−0.167*	−0.303***
	(0.0717)	(−0.0491)
常数项	−1.181***	−0.271***
	(0.0924)	(0.0644)
样本量	7528	10733
Pseudo R^2	0.033	0.051

注：*** 表示 $P<0.001$，** 表示 $P<0.01$，* 表示 $P<0.05$。

三、历时分析 1：平均偏效应模型

根据表 3-7 中各变量的平均偏效应可知，除性别、受教育程度外的各变量在 2011 年和 2018 年的调查中均是显著的且方向一致，假设 2 未得到完全证实。

表 3-7 Logistic 回归平均偏效应

变量	模型 3 2011 年	模型 4 2018 年
年龄（60～69 岁 =0）		
70～79 岁	−0.070***	−0.126***
	(0.0105)	(0.0109)
80 岁及以上	−1.151***	−0.341***
	(0.0138)	(0.0148)
性别（女性 =0）	0.022*	−0.007
	(0.0101)	(0.0103)
婚姻（未在婚 =0）	0.040**	0.069***
	(0.0127)	(0.0122)
户籍（农村 =0）	−0.101***	−0.088***
	(0.0136)	(−0.0117)
教育（文盲 =0）		
小学	0.009	0.017
	(0.0112)	(0.0118)

续表

变量	模型 3 2011 年	模型 4 2018 年
初中	0.009	0.018
	（0.0165）	（0.0161）
高中及以上	0.023	0.028
	（0.0233）	（0.0193）
地域（西部=0）		
中部	−0.040**	−0.076***
	（0.0115）	（−0.0115）
东部	−0.028*	−0.071***
	（0.0118）	（−0.0114）
样本量	7528	10733

注：*** 表示 $P<0.001$，** 表示 $P<0.01$，* 表示 $P<0.05$。

年龄方面，年龄对我国老年人身体活动达标效应始终为负，且比较平均偏效应，年龄对我国老年人身体活动达标的影响程度在增加；婚姻方面，婚姻对我国老年人身体活动达标的效应始终为正且统计显著（$P<0.01$），且 2018 年平均偏效应大于 2011 年，表明婚姻对我国老年人身体活动达标的影响程度增加，这提示我们随着社会的发展，婚姻的作用增加，处于婚姻状态的老年人身体活动达标的可能性更大。户籍方面，户籍对我国老年人身体活动达标的效应始终为负，表明我国城市老年人身体活动达标的可能性不及农村老年人，但比较平均偏效应后，发现户籍对我国老年人身体活动达标的影响程度减小。地域方面，地域对我国老年人身体活动达标的影响始终为负且统计显著（$P<0.001$），表明相比于我国西部老年人，我国的中部和东部老年人身体活动达标的可能性减少，平均偏效应的大小则表明地域对我国老年人身体活动达标的影响程度增加，即相比于西部老年人，我国中部和东部老年人身体活动达标的可能性随着社会的发展而进一步减小。

四、历时分析 2：交互模型

本研究通过构建交互模型探讨我国老年人身体活动的群体分化情况。由此将 2011 年和 2018 年数据合并，生成虚拟年份变量，将 2011 年的数据编码为 0，2018 年的数据编码为 1，将自变量分别与年份相乘形成交互项录入模型，具体结果如表 3-8 所示。

1. 人口学变量与年份的交互分析

在模型 5 中，年龄、年份以及年龄和年份相乘后的交互项系数均显著，且交互项系数为正，表明在两个年份中，我国低龄老年群体身体活动达标的可能性显著高于高龄老年群体，且高龄老年群体和低龄老年群体间身体活动达标的差异随时间推移而扩大；在模型 6 中，性别、年份以及性别和年份相乘后的交互项系数均显著，且交互项系数为正，表明在两个年份中，不同性别老年群体身体活动达标的可能性也存在着显著差异，且差异随时间推移而扩大，男性老年群体身体活动达标的可能性高于女性老年群体；在模型 7 中，婚姻、年份的系数均显著，表明在婚老年群体和非在婚老年群体身体活动的达标情况存在显著差异，但婚姻与年份的交互项为正且不显著，表明在婚老年人和非在婚老年人身体活动的群体分化有所加剧但不显著。

2. 社会学变量与年份的交互分析

在模型 8 中，教育的系数为正但不显著，表明教育对我国老年人的身体活动的影响不显著，但年份以及教育与年份的交互项系数为正且显著，表明在两个年份中，受教育程度较高的老年群体和受教育程度较低的老年群体间身体活动达标的可能性有着显著差异，且差异随时间推移而扩大。在模型 9 中，户籍的系数为负且显著，表明相比于我国农村老年人，我国城市老年人身体活动达标的可能性更低，但年份以及户籍和年份的交互项均为正且显著，表明在两个年份中，这两类老年群体的身体活动差异随时间推移有所扩大。在模型 10 中，地域变量的系数为负且显著，表明相比于我国西部老年人，我国中东部的老年人身体活动达标的可能性更低，但地域和年份的交互项为负且不显著，表明我国西部和中东部老年人身体活动达标的差异有所减少但不显著。

表 3-8　带有交互项的我国老年人身体活动 Logistic 回归模型估计结果

变量	模型 5	变量	模型 6	变量	模型 7
年龄	−1.159***	性别	0.125*	婚姻	0.242**
年份	1.408***	年份	1.442***	年份	1.320***
年龄 × 年份	0.389*	性别 × 年份	0.146*	婚姻 × 年份	0.056

变量	模型 8	变量	模型 9	变量	模型 10
教育	0.066	户籍	−0.636***	地域	−0.269***
年份	1.340***	年份	1.315***	年份	1.424***
教育 × 年份	0.065*	户籍 × 年份	0.267**	地域 × 年份	−0.126

注：*** 表示 $P<0.001$，** 表示 $P<0.01$，* 表示 $P<0.05$。

第四节　我国老年人身体活动和衰弱的关联性分析

一、横断面分析

1. 基准模型分析

前文的潜变量增长模型表明在时间变化因素中，身体活动对于老年人衰弱的发展有着重要作用，为此，接下来以最新的2018年横断面调查数据为基础，考察老年人身体活动和衰弱的剂量-效应关系及异质性。

模型1以是否衰弱为因变量、身体活动水平二分类（低水平、中高水平）为自变量，年龄、性别、教育、婚姻、居住地等为控制变量进行Logistic回归分析。结果发现，控制其余因素后，相比于从事低水平身体活动的老年人，老年人从事中高水平身体活动将使衰弱风险下降68%（OR=0.32，95%CI：0.29~0.37，$P<0.001$）。模型2以是否衰弱为因变量、身体活动能耗（MET-h/d）为自变量，年龄、性别、教育、婚姻、居住地等为控制变量进行Logistic回归分析。结果发现，控制其余因素后，身体活动每增加1MET-h/d，老年人的衰弱风险下降5%（OR=0.95，95%CI：0.94~0.98，$P<0.001$），见表3-9。

表3-9　老年人身体活动和衰弱的剂量-效应关系

变量	模型1 身体活动水平 OR	95%CI	模型2 身体活动能耗 OR	95%CI
身体活动	0.32	（0.29~0.37）***	0.95	（0.94~0.98）***
年龄段（60~69岁）				
70~79岁	1.53	（1.38~1.72）***	1.46	（1.32~1.63）***
80岁及以上	2.26	（1.92~2.67）***	2.13	（1.81~2.05）***
性别（女）				
男	0.79	（0.69~0.87）***	0.81	（0.71~0.90）***
受教育程度（文盲）				
小学毕业	0.93	（0.82~1.06）	0.89	（0.78~1.02）
初中及以上	0.77	（0.68~0.87）***	0.72	（0.63~0.81）***
婚姻（未婚）				
已婚	0.85	（0.76~0.96）***	0.88	（0.78~0.99）*
户籍（农村）				
城市	0.84	（0.74~0.95）***	0.72	（0.64~0.82）***

续表

变量	模型1 身体活动水平 OR	95%CI	模型2 身体活动能耗 OR	95%CI
地域（西部）				
中部	1.05	（0.94~1.17）	1.01	（0.90~1.13）
东部	0.67	（0.59~0.76）***	0.65	（0.57~0.72）***
吸烟（否）				
是	0.98	（0.93~1.04）	0.96	（0.94~1.03）
饮酒（否）				
是	1.03	（0.96~1.11）	1.08	（0.95~1.05）
睡眠问题（否）				
是	2.40	（2.15~2.68）***	2.43	（2.18~2.71）***
N		9379		9379
R^2		0.1140		0.1128

注：+$P<0.10$，*$P<0.05$，**$P<0.01$，***$P<0.001$，括号内为标准误。

2. 异质性分析

前文的分析证实了身体活动会降低老年人的衰弱风险，考虑到相同年龄的老年人在生理年龄上存在较大的异质性，随着年龄的增加，有些老年人仍然保持健康且精力充沛，而不少老年人的健康状况和社会适应能力却不断下降。因此，以下考察不同特征老年人身体活动水平对其衰弱产生的不同影响。

（1）中高水平身体活动对降低低龄老年人衰弱风险的作用大于中高龄老年人。从表3-10可以发现，尽管中高水平身体活动对于降低全年龄段老年人的衰弱风险均有帮助，但是在不同年龄段，其作用大小依次为低龄＞中龄＞高龄。

（2）中高水平身体活动对减小女性老年人的衰弱风险优于男性老年人。从表3-10可以看出，控制其他因素后，虽然中高水平身体活动均有助于男性和女性老年人衰弱风险的降低，但相比于男性老年人，中高水平身体活动对女性老年人衰弱风险的降低更多。

表3-10 年龄、性别异质性分析

变量	年龄 60~69岁	70~79岁	80岁及以上	性别 女性	男性
身体活动	0.25 （0.18~0.34）***	0.45 （0.32~0.59）***	0.47 （0.39~0.62）***	0.28 （0.23~0.34）***	0.35 （0.29~0.40）***
其余变量	控制	控制	控制	控制	控制
N	5595	2834	950	4781	4598
R-sq	0.0478	0.0789	0.1110	0.0608	0.0774

（3）中高水平身体活动对于受教育程度较高老年人衰弱风险的降低帮助更大。从表3-11可以看出控制其他因素后，相比于教育程度较低的老年人，中高水平身体活动对教育程度较高老年人衰弱风险的降低帮助更大。

（4）中高水平身体活动对于不处于婚姻关系中的或未在婚老年人衰弱风险的降低帮助更大。从表3-11可以看出控制其他因素后，中高水平身体活动对不处于婚姻关系中的或未在婚老年人衰弱风险作用的降低作用大于处于婚姻关系中的老年人。

表3-11　教育、婚姻异质性分析

变量	教育			婚姻	
	文盲	小学毕业	初中及以上	未婚	已婚
身体活动	0.35 （0.29~0.34）***	0.33 （0.27~0.44）***	0.23 （0.34~0.34）***	0.27 （0.21~0.34）***	0.34 （0.29~0.38）***
其余变量	控制	控制	控制	控制	控制
N	2936	2210	4233	1995	7384
R-sq	0.0753	0.0544	0.0753	0.0963	0.0684

（5）中高水平身体活动对于城市老年人衰弱风险的降低帮助更大。从表3-12可以看出控制其他因素后，中高水平身体活动对城市老年人衰弱风险作用的降低作用大于农村老年人。

（6）中高水平身体活动对于降低中部和西部地区老年人衰弱风险的作用趋于一致，但与中西部老年人相比，中高水平身体活动对东部老年人衰弱风险降低的帮助更大。从表3-12可以看出，身体活动均能降低东中西部老年人的衰弱风险，三者相比，对东部老年人的帮助较中西部老年人大。

表3-12　地域、户籍异质性分析

变量	地域			户籍	
	西部	中部	东部	农村	城市
身体活动	0.35 （0.21~0.48）***	0.36 （0.29~0.45）***	0.30 （0.25~0.37）***	0.33 （0.29~0.38）***	0.27 （0.21~0.35）***
其余变量	控制	控制	控制	控制	控制
N	3109	3065	3205	7340	2039
R-sq	0.0914	0.0731	0.0927	0.0817	0.0911

综合以上结果分析，即中高水平身体活动对不同特征老年人衰弱风险的影响存在差异，具体而言，中高水平身体活动对于降低低龄、女性、受教育程度较高、未婚、城市以及东部地区老年人衰弱风险的帮助更大。

二、纵向追踪分析

1. 追踪期衰弱和身体活动的转变情况

基于追踪数据,主要关注老年人身体活动水平变化对其衰弱状态转变的影响,2011—2018七年间老年人身体活动水平和衰弱变化情况见表3-13、表3-14。衰弱转变方面,除保持基线状态不变的老年人外(即仍维持正常状态或衰弱状态),老年人衰弱逆转的比例为19.89%,小于衰弱恶化的比例(26.00%)。身体活动变化方面,除维持基线身体活动水平不变的老年人外(即仍维持基线身体活动水平),81.57%的老年人身体活动水平由低水平提升至中高水平,其比例高于身体活动水平下降的老年人(17.02%)。

表3-13 样本人群的衰弱变化

2011年衰弱情况	2018年衰弱情况		
	正常	衰弱	总数
正常	1594(74.00)	559(26.00)	2154
衰弱	75(19.89)	302(80.11)	377
总数	1669(65.97)	861(34.03)	2530

注:括号内数据为百分数;括号外数据为人数。

表3-14 样本人群的身体活动变化

2011年身体活动情况	2018年身体活动情况		
	MVPA	LPA	总数
LPA	1359(81.57)	307(18.43)	1666
MVPA	717(82.98)	147(17.02)	864
总数	2076(82.06)	454(17.94)	2530

注:LPA:低水平身体活动;MVPA:中高水平身体活动;括号内数据为百分数;括号外数据为人数。

2. 身体活动变化对衰弱转变的影响

以衰弱转变为因变量、身体活动水平变化为自变量进行Logistics分析(见表3-15),结果发现:控制其余因素后,以中高水平身体活动为参照,仍维持低水平身体活动或身体活动转变为低水平的老年人状态恶化为衰弱的风险是中高水平老年人的2.18倍(OR=2.18,95%CI:2.01~3.54);仍维持低水平身体活动或身体活动转变为低水平的老年人会使其衰弱逆转的可能性下降54%(OR=0.46,95%CI:0.33~0.57)。

表 3-15　身体活动变化对老年人衰弱状态转变的 Logistics 回归分析

变量	衰弱恶化（OR, 95%CI）	衰弱逆转（OR, 95%CI）
身体活动（MVPA）	—	—
LPA	2.18*** （2.01~3.54）	0.46*** （0.33~0.57）
其余变量	控制	控制

注：***$P<0.001$，**$P<0.01$，*$P<0.05$；括号内为参照组。

3. 衰弱及身体活动的转变

观察总体 2011—2018 七年间老年人身体活动水平和衰弱变化情况。在衰弱转变方面，75% 的老年人保持基线状态不变（即仍维持基线调查中的无衰弱状态或衰弱状态），其中 63% 的老年人仍旧维持基线调查时的无衰弱状态，12% 的老年人仍旧维持基线调查时的衰弱状态；25% 的老年人状态在改变，其中 22% 的老年人身体状态由无衰弱状态转变为衰弱状态，3% 的老年人由衰弱状态改善为无衰弱状态。身体活动方面，40% 的老年人身体活动水平保持不变，其中 28% 的老年人仍旧维持中高水平的身体活动，12% 的老年人仍旧维持低水平的身体活动；60% 的老年人身体活动水平有所变化，其中 54% 的老年人身体活动水平由低水平提升至中高水平，6% 的老年人身体活动由中高水平下降为低水平。（见图 3-3）

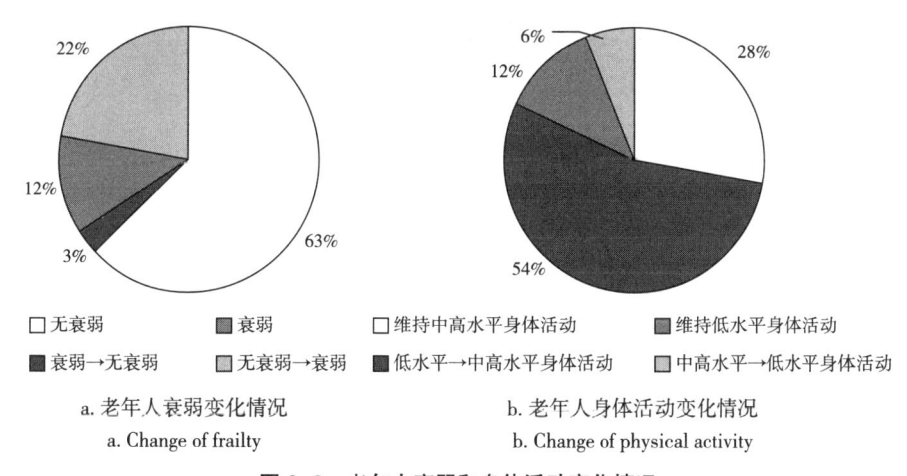

a. 老年人衰弱变化情况　　　　b. 老年人身体活动变化情况
a. Change of frailty　　　　b. Change of physical activity

图 3-3　老年人衰弱和身体活动变化情况

此外，在基线衰弱老年人中，衰弱状态改善为无衰弱的比例为 19.89%，小于在基线无衰弱老年人中转变为衰弱状态的比例（26.00%）。在基线中高水平身体活动的老年人中，身体活动水平下降的比例占 17.02%，在基线低水平身体活动的老年人中，身体活动水平上升的比例为 81.57%。（见图 3-4）

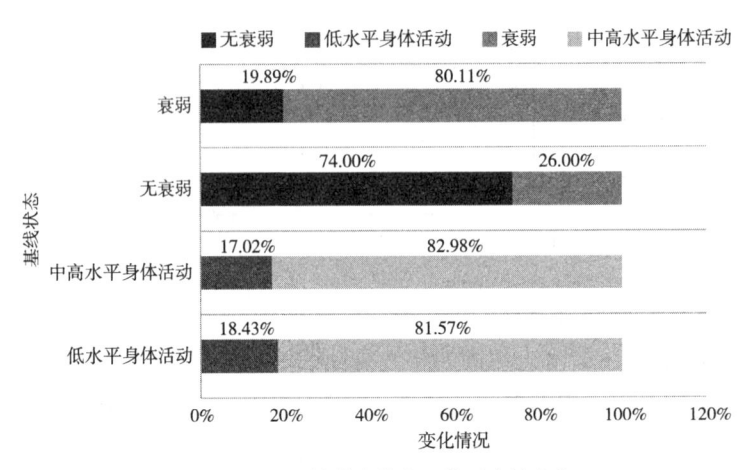

图 3-4 不同的基线状态和其对应的变化

图 3-5 和图 3-6 为按年龄和性别进行分层的衰弱和身体活动水平分析。各个年龄组中，男性老年人由衰弱状态改善为无衰弱状态或保持无衰弱状态的比例都高于女性老年人，而在无衰弱状态转变为衰弱状态方面，女性老年人的比例高于男性老年人，各年龄组中男性老年人的身体活动达到中高水平的比例高于女性老年人，女性老年人处于低水平的比例高于男性老年人。同时也可以发现，无论是男性老年人还是女性老年人，由无衰弱状态转变为衰弱状态的比例都随年龄增长上升，其身体活动转变为低水平的比例也随年龄增长而增加。

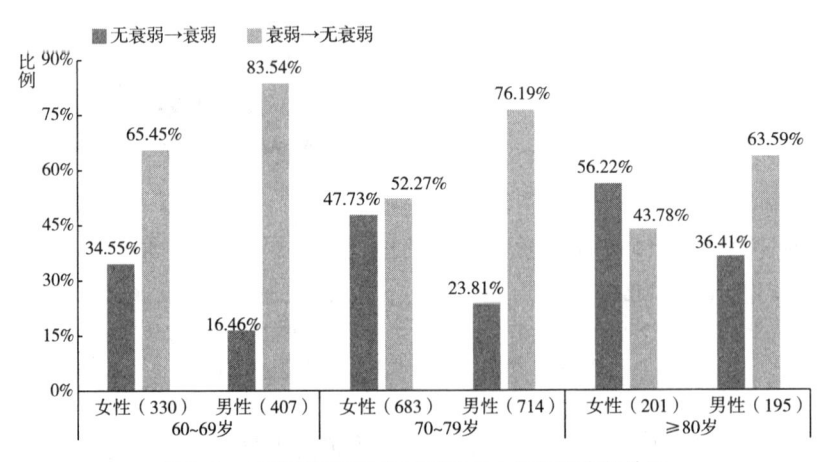

图 3-5 按性别和年龄分层后老年人的衰弱变化情况

注：衰弱→无衰弱中无衰弱包含仍旧维持无衰弱状态、无衰弱→衰弱中衰弱包含仍旧维持衰弱。

第三章　我国老年人衰弱和身体活动现状及其关联性研究

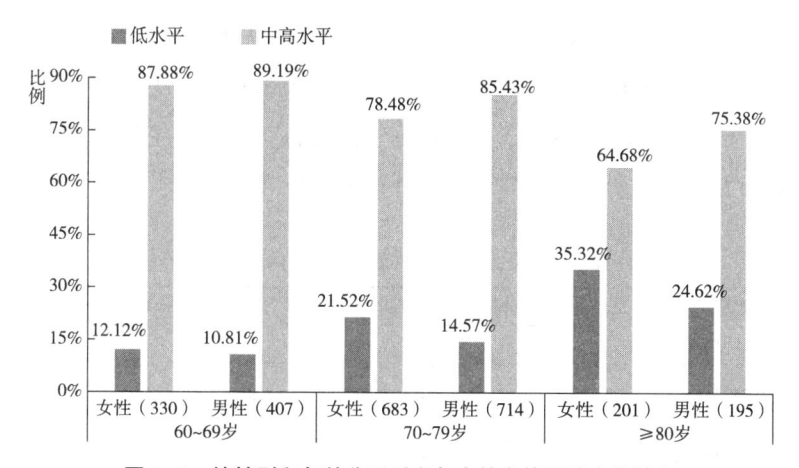

图 3-6　按性别和年龄分层后老年人的身体活动变化情况

注：低水平包括转变为低水平或仍旧维持低水平、中高水平包括仍旧维持中高水平或转变为中高水平。

4. 身体活动水平变化对老年人状态转变的影响

考虑控制因子后，对老年人身体活动水平与衰弱的关系进行 Logistics 回归分析。结果显示，不同年龄组的老年人由无衰弱状态转变为衰弱状态的风险以及衰弱状态改善为无衰弱状态的可能性分别与身体活动水平下降或提升有关，见图 3-7。

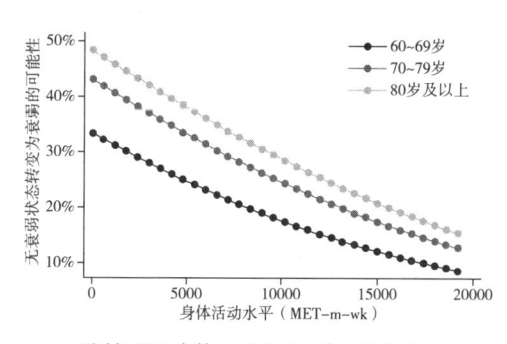

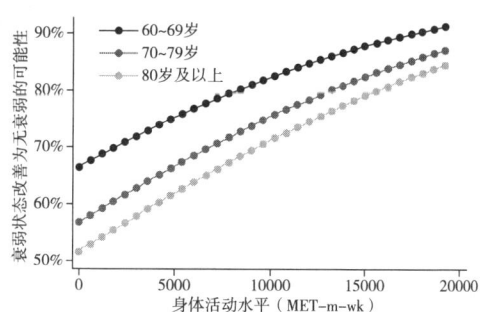

a. 不同年龄组身体活动水平下降对衰弱的影响
a. Effects of decreased physical activity on frailty by age group

b. 不同年龄组身体活动水平提升对衰弱的影响
b. Effect of elevated physical activity on frailty by age group

图 3-7　不同年龄组身体活动水平对衰弱的影响

以衰弱转变为因变量、身体活动水平变化为自变量，年龄、性别、教育、婚姻、居住地为控制变量进行 Logistics 回归分析（见表 3-16）。结果发现，控制其他因素后，以中高水平的身体活动为对照组，仍维持低水平身体活动或身体活动转变为低水平的老年人由无衰弱状态转变为衰弱状态的风险是中高水平身体活动老年人的 2.59 倍（OR=2.59，95%CI：2.08~3.23），仍维持低水平身体活动或身体活动转变为低水平的老年人会使其衰弱状态改善为无衰弱状态的可能性下降 62%（OR=0.38，95%CI：0.30~0.47）。除婚姻与衰弱的变化没有统计学意义上的显著性（$P>0.05$）外，其余变量都与衰弱显著相关（$P<0.05$）。

表 3-16 身体活动对老年人衰弱的 Logistics 回归分析

变量	无衰弱→衰弱（OR，95%CI）	衰弱→无衰弱（OR，95%CI）
身体活动［中高水平］		
低水平	2.59*** （2.08~3.23）	0.38*** （0.30~0.47）
年龄［60~69 岁］		
70~79 岁	1.61*** （1.31~2.00）	0.62*** （0.49~0.76）
80 岁及以上	2.08*** （1.56~2.76）	0.48*** （0.36~0.64）
性别［女］		
男	0.47*** （0.39~0.58）	2.08*** （1.71~2.54）
教育［文盲］		
小学及以下	0.80+ （0.63~1.01）	1.24+ （0.98~1.57）
初中及以上	0.47*** （0.37~0.61）	2.08*** （1.56~2.63）
婚姻［其他］		
已婚	0.94 （0.76~1.16）	1.06 （0.86~1.31）
居住地［农村］		
城市	0.77+ （0.64~0.95）	1.29+ （1.12~1.54）

注：***$P<0.001$，**$P<0.01$，*$P<0.05$，+$P<0.10$；中括号内为对照组；其他：未婚、分居、离异或丧偶。

5. 稳健性检验

（1）倾向得分匹配法分析

在 Logistic 回归模型分析中，身体活动对老年人衰弱的影响可能受到混淆变量的影响，即样本自选性所带来的偏误，从而导致模型估计与研究结果真实性受到影响。倾向得分匹配法（PSM）能在一定程度上缓解这一问题，因此为减小自选偏误导致的模型估计偏误，增强研究结果的科学性和稳健性，研究运用倾向得分匹配的方法来评估身体活动对老年人衰弱的净效应。分别采用了卡尺内最近邻匹配（Nearest-neighbor Matching within Caliper）、半径匹配（Radius Matching）和核匹配（Kernel Matching）3 种方法来修正选择性偏差。

首先，需要对样本进行共同支撑假设检验以及平衡性检验，以确定所选控制变量是否有显著的差异，并且这些差异在匹配后是否有明显缩小。从图 3-8 中可以看出，从事高水平身体活动和低水平身体活动的老年人在倾向得分中的分布情况基本一致，表明匹配效果较好，满足共同支撑的假设。图 3-9 是匹配前后两组倾向得分的核密度函数图。可以发现在样本进行匹配后，实验组和控制组的核密度方程曲线差距减小，且走势接近一致。同时表 3-17 样本的平衡性检验结果表明：匹配之前各变量的标准化偏差分布较为分散，匹配之后各变量的标准化偏差大都集中在 0，变量偏度明显下降，多数变量的标准化偏差都小于 5%，表明样本在匹配后的平衡性良好，通过了平衡性检验，符合倾向得分匹配方法的要求。同时实验组和控制组的差异不显著，说明通过倾向得分匹配后的样本偏差问题在很大程度上得到了解决，也说明使用倾向得分匹配法来控制模型的内生性是科学合理的。

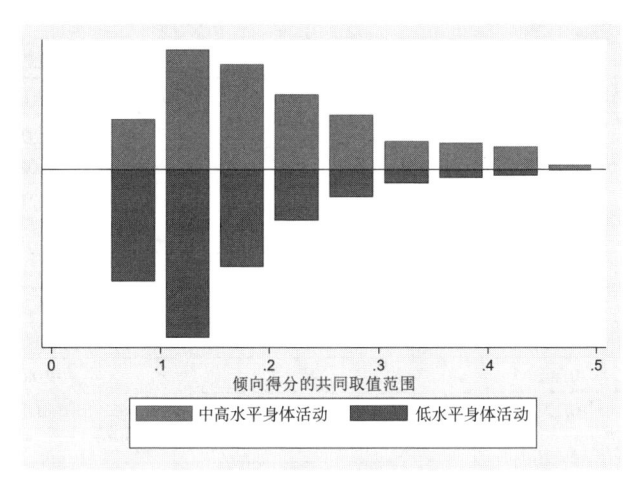

图 3-8 共同支撑假设

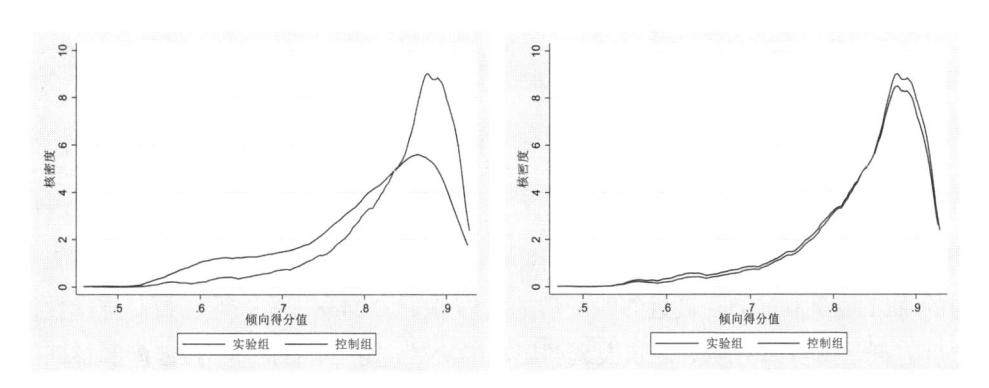

图 3-9 匹配前（左）和匹配后（右）的核密度分布比较

表 3-17　样本平衡性检验

变量	实验组	控制组	标准偏差	偏差缩减	T 值	P 值
年龄						
匹配前	1.7716	1.4518	45.2	—	17.39	<0.001
匹配后	1.7716	1.7387	4.8	89.4	1.23	0.218
性别						
匹配前	0.4388	0.5004	−12.4	—	−4.44	<0.001
匹配后	0.4388	0.4462	−1.5	88.0	−0.42	0.677
教育						
匹配前	1.9846	2.1688	−21.2	—	−7.71	<0.001
匹配后	1.9846	2.0047	−2.3	89.0	−0.64	0.522
婚姻						
匹配前	0.7084	0.8029	−22.1	—	−8.34	<0.001
匹配后	0.7084	0.7207	−2.9	87.0	−0.76	0.449
户籍						
匹配前	0.1982	0.2241	−6.4	—	−2.26	0.024
匹配后	0.1982	0.2006	−0.6	90.5	−0.17	0.863
地域						
匹配前	2.1242	1.9876	16.8	—	6.01	<0.001
匹配后	2.1242	2.1180	0.8	95.5	0.21	0.833
吸烟						
匹配前	0.2078	0.2609	−12.6	—	−4.41	<0.001
匹配后	0.2078	0.2123	−1.1	91.5	−0.31	0.759
饮酒						
匹配前	0.2027	0.3311	−29.3	—	−10.05	<0.001
匹配后	0.2027	0.2108	−1.9	93.6	−0.56	0.574
睡眠						
匹配前	0.2374	0.2097	6.7	—	2.43	0.015
匹配后	0.2374	0.2334	1.0	85.4	0.27	0.791

注：除年龄的标准偏差为 5.7%，其他匹配结果在匹配后的标准偏差都在 5% 以内的水平，所有样本都是匹配前显著，匹配后不显著。

其次，再用卡尺内的最近邻匹配、半径匹配和核匹配三种方法进行检验，如果三种方法得到的平均处理效应结果一致（ATT 值），则证明回归结果的科学性。全样本的平均处理效应如表 3-18 所示，最近邻匹配的结果表明，匹配前老年人衰弱的 ATT 值是 0.2885，最近邻匹配后的 ATT 值是 0.2438，这表明在控制选择性偏差后，低水平身体活动对老年人衰弱影响的净效应是 24.38%，半径匹配和核匹配的结果类似，三种匹配方法得到的回归系数显著性和符号一致，可见通过倾向得分匹配的结果具有稳健性，同时也说明如果没有处理模型存在的选择性偏差问题，会高估身体活动对老年人衰弱的作用。总体而言，在控制了样本中混淆变量的影响后，低水平身体活动老年人的衰弱风险更高。

表 3-18 倾向得分匹配估计结果

	ATT 值	标准误	T 值
匹配前	0.2885	0.0124	23.21***
匹配后			
最近邻匹配	0.2438	0.0145	16.74***
半径匹配	0.2429	0.0140	17.35***
核匹配	0.2502	0.0138	18.04***

注：K 近邻匹配选取 K=4；半径匹配根据数据的实际情况将 ε 值设为 0.01；核匹配中核函数和带宽函数使用默认值。***$P<0.001$。

（2）遗漏变量检验

不可观测变量的存在是否会对结果产生影响是本研究的又一个关注点，通过以下对遗漏变量的检验，以验证结果的稳健性。根据表 3-19 遗漏变量的检验结果，就身体活动对我国老年人衰弱的影响而言，方法一的实际检验结果为（-0.4410，-0.4013），且落于 99.5% 置信区间（-0.4921，-0.3888）内，表明不太可能存在与可观测变量同等重要的不可观测变量对结果产生显著影响。方法二的实际检验结果为 $\delta=4.52$，即不可观测变量产生的影响至少 4.52 倍于可观测变量才使得 $\beta=0$，换言之，即至少存在现有可观测变量的 4.52 倍数量的不可观测变量，才能影响最后结果。通常认为 $\delta>1$ 检验通过。以上结果都表明不太可能存在不可观测变量对结果产生的显著影响，再一次验证了基准回归结果。

表 3-19 遗漏变量检验

因变量	检验方法	验证标准	实际结果	是否通过检验
衰弱	方法一	$\beta_1=\beta_1(R_{max}, \delta) \in (-0.4921, -0.3888)$	(-0.4410, -0.4013)	是
	方法二	$\delta>1$	4.52	是

第五节　炎症在老年人身体活动和衰弱关联中的中介作用

由于 CHARLS 项目组是每隔一期对样本人群的血液进行采集，因此本研究利用已有的血液采集数据，即 2011 年和 2015 年的数据，通过个人 ID 匹配对已采集血液数据的老年人进行分析。方差分析的结果显示，无论是2011年的数据还是2015年的数据，不同身体活动水平下的老年人CRP浓度均存在显著差异，并且CRP浓度超过正常值和未超过正常值的两类老年人间的FI也存在显著差异（见表3-20、表3-21）。

表3-20　不同身体活动水平与CRP浓度的方差分析

身体活动		CRP		F 值	c^2	P
		平均值	标准差			
2011年	低水平	3.12	6.80	1.59	168.11	<0.001
	中水平	2.89	4.66			
	高水平	2.76	5.74			
2015年	低水平	3.92	9.18	3.64	24.64	<0.001
	中水平	3.47	8.63			
	高水平	2.79	7.46			

注：CRP单位：mg/L。

表3-21　不同CRP浓度与FI的方差分析

CRP		FI		F 值	c^2	P
		平均值	标准差			
2011年	≤8	0.14	0.10	41.9	24.64	<0.001
	>8	0.18	0.12			
2015年	≤8	0.13	0.10	15.90	11.73	<0.01
	>8	0.15	0.11			

注：CRP单位：mg/L。

进一步构建的中介模型显示，以2011年为例，根据逐步回归程序，模型1为控制其余变量后，身体活动对老年人衰弱影响的估计结果，该结果显示：在控制其他变量后，身体活动对老年人衰弱具有显著的负向影响（$P<0.001$），表明身体活动的增加有助于衰弱风险的降低。模型2是核心自变量对中介变量的估计结果，该结果显示：在控制其他特征后，身体活动对老年人炎症水平具有显著的负向影响（$P<0.001$），表明身体活动的增加有助于炎症水平的降低。模型3为控制其余变量后，同时纳入自变量身体活动和中介变量后形成的，结果显示：自变量和中介变量均对因变量有着显著影响（$P<0.001$）。纵观3个模型中自变量的显著性和模型解释力的变化，模型1、模型2和模型3中自变量的系数均显著，且模型1中自变量的回归系数小于模型2、3中自变量的系数，可以见得CRP在身体活动和衰弱间起着部分中介的作用，中介效应为18.58%（-0.272×0.606/-0.887）。2015年结果同2011年，中介效应为11.80%（-0.193×0.315/-0.515）。见表3-22。

表 3-22　中介模型

	2011 年			2015 年		
	模型 1	模型 2	模型 3	模型 1	模型 2	模型 3
变量	衰弱	炎症	衰弱	衰弱	炎症	衰弱
身体活动	−0.887***	−0.272*	−0.869***	−0.515***	−0.193*	−0.485**
—	(0.142)	(0.121)	(0.143)	(0.134)	(0.084)	(0.133)
炎症	—	—	0.606***	—	—	0.315***
—	—	—	(0.178)	—	—	(0.022)
其他变量	控制	控制	控制	控制	控制	控制
N	4427	4427	4427	5061	5061	5061
R^2	0.1667	0.043	0.1685	0.1686	0.089	0.1738

注：+$P<0.10$，*$P<0.05$，**$P<0.01$，***$P<0.001$，括号内为标准误。

第六节　分析与讨论

一、我国老年人衰弱现状及变化轨迹

社会快速发展所带来的医疗卫生条件改善以及疾病谱的改变，使得衰弱代替了多种疾病，逐渐成为老年人公认的健康问题，会增加不良后果的风险。在近几年迅速成为国内外研究的热点话题，不仅引起了临床护理人员的重视，也在预防医学、运动科学等领域得到了广泛关注。国内缺少对衰弱进行的大范围系统的、长期的研究，大多是围绕地区性数据的研究以及综述类研究，可能与我国目前的大型社会调查项目如中国老年社会追踪调查（China Longitudinal Aging Social Survey，CLASS）、中国老年健康影响因素跟踪调查（Chinese Longitudinal Healthy Longevity Survey，CLHLS）等均没有衰弱指标的观测有关。从其他国家的相关文献来看，符合衰弱标准的人口比例为 3.5%～27.3%，发达国家的老年人衰弱率明显低于发展中国家[93]。本研究基于 CHARLS 数据，采用 FI 评估我国老年人的衰弱状况，发现我国老年人的衰弱率在 2011 年、2013 年、2015 年、2018 年依次为 18.38%、21.58%、25.92%、30.45%，呈逐年上升趋势，并与尹佳慧等人基于 CHARLS 三期数据的研究结果相似，再一次表明了我国老年人的衰弱状况不容乐观。对比国内其他地区所调查的衰弱率，本研究的结果偏高，可能与研究样本的年龄结构等特征有关。阮晔等人在对上海市老年人的调查中就选择了 50 岁及以上

的老年人作为研究对象，并且将 FI>0.2 定义为衰弱[251]，Fang 等人对北京市老年人衰弱的调查中，纳入的研究对象年龄为 55 岁以上[252]。而 Liu 等人的研究则排除了高龄老年人[253]，这可能在一定程度上影响了衰弱率的评估，因为与年龄相关的衰弱率有所增加[76,95]。还可能和研究所使用的评估工具不同有关，在过去的 20 年中，已经开发了数十种衰弱评估工具，并对老年人的衰弱和不良健康结果之间的关联进行了部分验证[254]，但工具与工具之间所评估的结果方面存在差异[255]。如以 3 种不同的测量工具（FP、FI 和 FRAIL）的分析显示我国社区老年人的衰弱率分别为 8%、12% 和 15%[75]，倘若对同一对象采用不同的评估工具，其结果同样存有差异[96]。尽管关于衰弱的研究已经持续了几十年并仍在不断进行中，但学界尚未形成公认的评估工具，已经开发的多种评估工具各有利弊。如针对住院老年人多运用简易衰弱问卷，来进行衰弱的快速诊断，对居住在养老机构的老年人则多采用 FP 进行评估。因此在工具的选择上需要客观判断评估对象的身体状态及其他具体特征。本研究所选择的评估方法（FI）充分考虑到了研究对象的特征及问卷结构，一方面在于 FI 纳入了多维度的健康评估，虽然在临床实践中并不常见，但常用于流行病学的大规模人群调查，适合整体人群的健康状况评估[256]和预期寿命的计算[206]，而且对健康状况的评估呈现出较高的有效性和稳定性。另一方面在于问卷维度的多样性和丰富性，不仅涵盖所患的疾病种类和数量、失能情况、基础性日常活动能力、工具性日常活动能力、认知能力以及抑郁状况，而且对于各维度的评估均采用的是国际通用量表，如此为调查我国老年人的衰弱提供了较为细致而全面的窗口。各维度的结果也显示出，随着时间的推移，我国老年人的患病数量、失能水平、抑郁情况以及认知障碍均有所增加，在一定程度上解释了衰弱率的提升。

　　四期横断面的数据表明我国老年人的衰弱率虽有增长的趋势，但由于每期数据存在新补充样本和失访者，在严格意义上仍属于时点分析。因此本研究进一步通过个体的 ID 匹配，选取同时参与四期调查的老年人群，构建潜变量增长模型分析这部分人群的衰弱发展轨迹。其结果显示，在四次追踪调查中，我国老年人的衰弱发展呈现曲线增长的轨迹，其中衰弱的初始水平与增长速度均呈现出显著的个体差异，进一步提示我国老年人的衰弱程度并非是随着年龄的增加而直线上升，这意味着预防和延缓衰弱成为可能[257,258]。Stow 等人在其研究中观察到英国老年人的衰弱发展轨迹存在较大的个体差异性[259]。Stolz 等人使用欧洲健康老龄化与退休调查（SHARE）数据的研究同样显示欧洲老年人的衰弱发展具有很大的个体异质性，同时以非线性增长的模式发展[260]，这与本研究一致。Hoogendijk等人跟踪了阿姆斯特丹纵向衰老研究中老年人在17年期间衰弱的发展，结果发现其衰弱随着时间的推移呈线性增长的发展趋势，同样Aguayo等人的研究也显示老年人的衰弱轨迹呈线性增长的趋势[261]，结果的不同可能与研究样本、各国国情不同有关。2017年，Stolz等人使用跨国的代表性面板数据的研究表明，相较于欧洲北部国家，欧洲南部国家老年人衰弱发展的轨迹更快[262]。两年后的2019年，Stolz等人进一步推进了研究，他们使用贝叶斯混合效应位置尺度回归模型对长期衰弱轨迹和波动进行建模后发现，老年人衰弱的发展与较高的衰弱初始水平显著相关，不仅各国的平均衰弱水平不同，瑞士水平最低，西班牙最高，而且衰弱的发展轨迹也不同，瑞士老年人的衰弱增长水平最低，西班牙最高[263]。Roger等人在对英国老年人衰弱发展轨迹的研究中发现，对于那些从事剧烈身体活动的人来说，衰弱的发展在所有年龄组中都显著减慢，这表明诸如身体活动之类的生活方式因素可能是改善衰弱轨迹的重要因素。本研究也有一致的发现，在对时间变化因素的预测中，身体活动对衰弱及发展速度的影响均在7年的追踪调查阶段保持一致，表明在衰弱的发生与发展过程中，身体活动扮演了重要的角色。对此，国际衰弱和肌肉减少症研究协会认为身体活动是目前预防衰弱发生和延缓衰弱状态的首选方式，该机构发布的2019版国际衰弱临床实践指南将身体活动推荐为改善衰弱的手段之一[70]，究其原因，身体活动能够促进个体身心健康，逆转疾病的不利影响，保持老年人的功能性、自主性[59, 60]，从而在延缓衰弱的发生以及抑制衰弱的进展过程中发挥重要作用[62]。它以剂量依赖的方式更好地控制了血压的升高，降低心血管和代谢疾病的风险[63]，也有助于维持腿部肌肉的外周运动神经元的数量[66]，改善平衡和协调，以降低跌倒风险[264]。如果发生跌倒，经常锻炼的人不太可能骨折，因为他们的骨骼更强壮，骨密度更高[68]。

在时间因素不变时对衰弱水平及发展速度的预测中，女性、受教育程度低、未婚、农村、中西部地区老年人衰弱的初始水平较高，且发展速度较快。年龄方面，年龄的增长与衰弱的发生相关，与国外研究一致，对此可能的解释应该与年龄增长带来的个体机能退行性改变有关。在对衰弱的水平和发展速度的预测中，性别也是一个重要的因素，女性老年人衰弱水平和发展速度较男性更高更快，这可能与女性在绝经后体内雌性激素的下降等生理性原因有关[265]，同时也从侧面反映了衰弱的性别不平等正在加剧。教育也是一个不可忽略的因素，研究表明教育一方面通过提高个体的认知水平从而间接影响衰弱的发生，另一方面认知水平的提升不仅影响老年人记忆力，同时也影响老年人自理能力和社交活动[266]。由此可见教育除带来认知等短期效应外，对老年期的健康保障也有显著影响，教育优势影响了衰弱的初始水平，更通过累积优势影响老年期衰弱的发展速度。婚姻方面，与已婚老年人相比，未婚老年人衰弱的水平较高而且发展速度较快，这可能与配偶之间的互相扶持有关[267]，步入老年期后，社交圈逐渐缩小，因此配偶间的互相支持显得尤为重要，这体现了社会支持的重要性，配偶作为非正式社会支持对于老年期身心健康的改变起着重要的作用。户籍和地域层面对衰弱水平和发展速度也有显著的差异，具体来说，城市和东部地区老年人的衰弱发展水平更低，发展速度更慢，这表明了我国城乡和地区间的二元结构差异依旧存在，在本研究中则在衰弱情况上有所体现。

二、身体活动对老年人衰弱的影响

衰弱的可逆性给预防和延缓衰弱提供了可能。这些干预手段包括运动干预、营养干预、多因素干预、制定个体化老年护理模型4种。遗憾的是，衰弱老年人群中只有半数进行了有效干预。身体活动干预是目前预防衰弱发生和延缓衰弱发展最有效的首选方式，也是国内外专家一致推荐的。尽管如此，国内关于二者关系的研究尚属起步阶段，可能与研究衰弱的学者主要来自护理或养老等领域有关，研究深度和广度明显不足。如主要是基于FP评估工具，针对社区[268]、医院[96]、养老院[209]等机构的老年人身体活动和衰弱关系开展的调查，基于大范围的调查较少[7]，虽然表明低水平的身体活动与衰弱的发生显著相关[270]，但由于是小范围的研究，限制了研究的代表性，其结果难以外推。本研究利用全国性的调查数据CHARLS，基于FI评估工具对我国老年人身体活动和衰弱的剂量－效应关系展开分析，验证了身体活动对降低我国老年人衰弱风险的作用。具体表现为，在对横截面数据的研究中，发现在控制其他因素后，身体活动能有效降低老年人的衰弱风险，身体活动每增加1MET-h/d，老年人的衰弱风险下降5%，相比中高水平身体活动，低水平身体活动老年人的衰弱风险更大，与衰弱风险成正相关，这与国外的研究结果相互印证[103]，一项基于NHNES数据的大型横断面研究表明中高水平身体活动与衰弱程度呈负相关[106]。当然，也有研究与此不同，Nagai等人的调查虽然显示了中高水平的身体活动对于降低衰弱风险有更大的效应值，但不存在统计学的差异，反而是低水平的身体活动显著降低了老年人的衰弱风险[108]。

由于横断面研究不可避免地存在因果倒置情况，本研究还基于纵向数据，对身体活动转变和衰弱变化的关系展开分析，结果发现，控制其余因素后，以中高水平身体活动的老年人为参照组，仍维持低水平身体活动的老年人或身体活动转变为低水平的老年人衰弱恶化的风险是中高水平老年人的2.18倍；仍维持低水平身体活动或身体活动转变为低水平的老年人会使其衰弱逆转的可能性下降54%。这与在马来西亚进行的一项研究结果一致，该研究通过对1855名60岁以上的马来西亚老年人进行一年的追踪研究后发现，22.9%的老年人衰弱恶化，而19.9%的老年人衰弱逆转，低水平身体活动的老年人衰弱恶化的风险是中高水平身体活动老年人的2.9倍，衰弱逆转的可能性则降低了70%[114]。这是追踪期较短的研究，从时间更长的追踪研究中，也发现相似的结论，一项长达10.5年的追踪研究表示，相比中高水平身体活动的老年人，低水平身体活动将使老年人的衰弱风险增加1.49倍[113]。与横断面研究相同的是，目前在纵向追踪研究中，结论也无法达成一致。如一项追踪了1333名老年人后的研究发现，较高比例的久坐行为与较高的衰弱风险密切相关，但与中高水平的身体活动无关[116]。在具有较高经济地位老年人的调查中同样也发现了此类情况[117]。目前的国际衰弱和肌肉减少症研究协会并没有对干预衰弱的身体活动水平进行提示。尽管如此，本研究基于我国老年人横断面和纵向追踪数据，分析了我国老年人身体活动和衰弱的剂量-效应关系，并同时采用可观测变量和不可观测变量偏误的处理，为丰富我国老年人衰弱领域的研究，指导我国老年人衰弱的身体活动干预提供了理论依据，同时也为身体活动防治衰弱的相关研究提供了来自中国的证据，但未来仍需通过多学科协作，开展更多的身体活动防治衰弱的相关研究，以期提供更多的证据。

除了表明身体活动的积极作用外，本研究还针对身体活动对于不同特征老年人衰弱的作用大小进行了异质性分析，结果显示了从事中高水平身体活动，对于低龄、女性、受教育程度较高、未婚、城市以及东部地区老年人衰弱风险的降低作用更大，这和不同老年人的个体差异性有关。相比年龄较大的老年人，低龄老年人由于其个体机能的优势，如各器官、系统的机能老化程度较小，促使其参与身体活动的可能性更大，从而在研究中表现为中高水平身体活动对于降低低龄老年人衰弱风险的作用更大；性别方面，相比男性，中高水平身体活动会使女性的衰弱风险更低，原因可能是老年期的女性体内雌激素水平下降[271]，维生素D缺失后影响钙离子的代谢，使肌容积减少，从而致使神经-肌肉平衡系统及肌肉力量下降[272]，身体活动水平的提高可以帮助肌肉收缩能力增强，从而更好地抵御衰弱；教育方面，教育除带来阶层、收入等短期效应，在更长远的生命历程来看，对老年期的健康保障也有着显著影响，受教育程度高的老年人相应的健康素养也高，更懂得如何更好地利用身体活动增强体质，由此也造成了中高水平身体活动对于应对衰弱风险中受教育程度的作用不同；婚姻方面，配偶支持是老年人重要的社会支持，尤其在老年期彼此互相扶持对老年人有巨大帮助[267]，也与老年人的身心健康关系密切，因此在对衰弱的影响上，配偶的作用不能忽视，未婚老年人由于没有配偶的照顾与扶持，其身体和心理都受到一定的负面影响，已婚老年人衰弱风险不仅能由身体活动的增加而减少，其配偶的存在也在一定程度上降低了衰弱发生的风险，由此也可能造成了中高水平身体活动对于已婚老年人应对衰弱的帮助更大。至于身体活动对衰弱影响的城乡及地域层面的差异，可能和经济发展有关。在经济发达的城市和东部地区有着便捷的交通出行方式，在一定程度上使得老年人的身体活动有所减少，因此当这部分老年人进行中高水平身体活动后更有助于降低其衰弱风险。

三、炎症在老年人身体活动和衰弱关联中的中介作用

衰弱发生的生理机制还没有清晰的认识，众多研究都表明衰弱的发生往往伴随着炎性状态的改变，老年人体内炎症水平和细胞因子水平的上升是衰弱发生的重要因素。目前研究最广泛的衰弱生物标志物大多也都涉及炎症领域，CRP、IL-6和肿瘤坏死因子（TNF-α）水平升高为标志的炎症是导致衰弱的关键病理因素[273, 274]，其中IL-6和CRP是被研究较多的与衰弱关系密切的炎症。本研究尝试以CRP为中介变量，构建以身体活动、衰弱和CRP为基础的中介模型，研究结果表明，无论是利用2011年基线样本还是2015年追踪样本，身体活动的增加与老年人体内CRP水平的下降有显著关系，这与目前大量流行病学调查一致，身体活动与相关炎症（以CRP为主）之间存在着密切的关系，随着身体活动水平的提高，相关炎症水平表现出下降的趋势[275, 276]，不管是对单个还是多个炎症的测量，都表明两者之间存在一定的关系[277]。尽管衰弱的发病机制目前尚无明确定论，但以炎症升高为特点的慢性炎症引起的炎性衰老在衰弱的发生和发展中发挥着重要作用[278]。本研究也有此类发现，老年人的炎症水平与其衰弱有着显著的关系，具体来说，CRP水平的下降进一步致使老年人衰弱指数的下降，并且CRP在身体活

动对衰弱的影响中起到了部分中介作用。但鉴于血清 CRP 作为急性期反应产物，也有国外学者表示这种非特异性的炎性生物标志物不一定与衰弱相关。墨西哥的一项研究表明，当炎症标志物的数量≥4 时，该人群与衰弱具有显著相关性。随着异常生物标志物数量的增加，衰弱的发生风险也随之上升[279]。这也解释了衰弱的多维性以及各系统在衰弱的发生机制中的协同作用。

第四章 社区老年人身体活动和衰弱的剂量-效应关系研究

衰弱是一种临床常见的老年综合征，以机体的多个系统储备功能降低为特征，可导致老年人自理能力和抗应激能力下降，增加跌倒、死亡等不良结局的发生风险，严重影响其生活质量，缩短预期寿命，并增加家庭、社会的医疗负担。我国是世界上老年人口最多的国家，自1999年进入老龄化社会后，截至2019年，我国老年人口已达2.53亿，未来将会面临庞大的老年人群，衰弱问题不容小觑。

衰弱的发生与许多危险因素密切相关，其中缺乏身体活动是导致衰弱的主要危险因素之一。身体活动是指能增加能量消耗的任何身体动作，又称体力活动。身体活动被证明能够保存或改善机体许多与衰弱有关的生理系统的功能，预防老年人和衰弱者常见的慢性疾病，在促进健康老龄化中发挥重要作用。即便身体活动对老年人衰弱的预防、改善和延缓作用已被广为熟知，但是目前国内外关于身体活动与老年人衰弱之间剂量-效应关系的研究还存在着诸多不足：一是目前身体活动和衰弱关系的研究主要集中在医院和养老机构环境，对社区老年人的衰弱研究较少；二是衰弱评估工具大多采用的是简化工具，如TFI、TGI等，而基于FP衰弱评估工具分析社区老年人身体活动和衰弱关系的研究较少。

衰弱的发生和发展还与抑郁密切相关。抑郁是一种以显著持久的情绪低落、兴趣减退、生活满意度低为特征的精神障碍。作为老年人常见的不良心理健康状态，抑郁通常伴随着自主神经功能紊乱、疲乏等症状，不仅会严重影响老年人身心健康和生活质量，还会增加心血管疾病、阿尔茨海默病的患病风险。衰弱和抑郁在老年人群中高度重叠，与健康老年人相比，衰弱老年人更加容易出现抑郁，而抑郁也可导致衰弱发生风险的增加。身体活动被广泛证明是抑郁症的有效治疗手段，但对于身体活动是否通过改善抑郁从而减少衰弱的发生，目前尚未明确。

因此，采用信效度更好的FP评估社区老年人衰弱发生率，探究社区老年人身体活动与衰弱的剂量 – 效应关系以及抑郁在二者之间的中介机制，对于预防和改善社区老年人衰弱，实现健康老龄化具有重要意义。

第一节　研究设计

一、研究目的

本研究旨在阐明社区老年人身体活动水平与衰弱发生风险之间的剂量 – 效应关系，确定预防社区老年人衰弱的身体活动推荐量，并探讨抑郁在身体活动与衰弱之间的中介作用，为预防和延缓社区老年人衰弱提供科学的身体活动建议，以降低老年人衰弱及其不良结局的发生风险，提高老年人的生活质量。

二、研究对象

1. 研究对象

研究以社区老年人身体活动和衰弱的剂量 – 效应为研究对象，以社区老年人为调查测量对象。2022 年 3 月至 8 月，以湖南省株洲市天元区、荷塘区、芦淞区和石峰区等四个区为调查范围，采用简单随机抽样法从每个城区中选取 2 个社区，每个区调查测量人数为 110～120 人。

2. 纳入标准

①年龄≥60 岁；②在被调查的城区居住时间超过半年；③具有自主活动能力，表述清晰，精神状态良好；④自愿参加本研究者。

3. 排除标准

无法进行身体功能测试者。

4. 样本量计算

在本研究中，采用横断面设计调查的样本量计算公式进行所需样本量的计算，计算公式为：$N=u^2α/2π(1-π)/δ^2$。其中，$α/2$ 为指定检验水平下 $α$ 的双侧 u 值，本研究取 $α$ 为 0.05，则 $uα/2$ 为 1.96；$π$ 为预期概率的估计值，选取既往国内使用 FP 评估社区老年人的衰弱患病率为 9.6%，则 $π$ 为 0.096；$δ$ 为容许误差，本研究取 $δ$ 为 3%。根据公式计算得出所需样本量 N 为 371，考虑到 20% 的无效样本，最终确定样本量为 445。为保证样本量充足，共发放调查问卷 470 份。

三、研究方法

1. 研究工具及评分方法

本研究所使用的研究工具共包括4部分：一般资料调查表、衰弱表型、国际身体活动量表短问卷、简版老年抑郁量表。

（1）一般资料调查表

一般资料调查表由调查人员在明确研究目的，查阅相关文献资料的基础上自行设计，共包括12个条目：年龄、性别、身高、体重、婚姻状况、受教育程度、个人平均月收入、居住状况、吸烟史、饮酒史、慢性病状况、睡眠状况。

（2）衰弱表型（Frailty Phenotype，FP）

FP是由Fried等人[280]编制的，是目前在国内外应用最广泛的衰弱评估工具之一，共包括5个项目（见表4-1）：非自主性体重下降、步速减缓、握力降低、疲乏及身体活动量下降。在本研究中，非自主性体重下降、疲乏及身体活动量下降采用直接询问的方式进行评估，步速通过测量行走直线距离为4.6米的所用时间进行评估，握力利用CAMRY EH101弹簧式握力计（广东香山衡器集团股份有限公司）进行测量。符合3项及以上者可诊断为衰弱，1~2项为衰弱前期，0项为非衰弱。

表4-1 衰弱表型评估内容及阳性评估标准

	评估内容	阳性评估标准
非自主性体重下降	测量体重	与1年前相比，无明显诱因的体重下降≥4.5kg或>5%体重
步速缓慢	测量3次研究对象在自然状态下行走4.6米所用时间，取平均值作为行走速度	男性身高≤173cm或女性身高≤159cm：时间≥7s 男性身高>173cm或女性身高>159cm：时间≥6s
握力降低	测量3次研究对象优势手的握力，取最大值为握力值	男性：BMI≤24.0者≤29.0kg，BMI 24.1~28.0者≤30.0kg，BMI>28.0者≤32.0kg；女性：BMI≤23.0者≤17.0kg，BMI 23.1~26.0者≤17.3kg，BMI 26.1~29.0者≤18.0kg，BMI>29.0者≤21.0kg
疲乏	①我感觉做什么都很费力；②我觉得我无法继续我的日常工作。以1周内任一现象出现的频次计分	计分方式：<1天（0分）；1~2天（1分）；3~4天（2分）；5~7天（3分）。任一问题得2分或3分
身体活动量下降	研究对象过去1周的身体活动量	男性：<383kcal/周；女性：<270kcal/周。（散步1小时≈150kcal）

（3）国际身体活动量表短问卷（International Physical Activity Questionnaire，IPAQ-s）采用国内学者屈宁宁等人[211]汉化后的问卷，该问卷按照运动强度划分为有

氧运动等高强度的身体活动、骑自行车等中等强度的身体活动、步行等低强度身体活动以及静坐四个部分，共 7 个问题，其中 6 道题是关于身体活动的情况。除静坐外，其余部分均包含不同强度身体活动的 1 周频率以及每天活动时间。研究对象进行某一强度的 1 周身体活动量[281]为：身体活动的代谢当量（metabolic equivalent of task，MET）赋值 ×1 周频率（d/w）× 每天活动时间（min/d）。其中，高强度身体活动的 MET 赋值为 8.0，中等强度身体活动赋值为 4.0，低强度身体活动赋值为 3.3。1 周的身体活动总量等于 3 种强度活动量相加。依据 IPAQ-s 评判标准，将身体活动水平分为低（小于 600 MET-min/w）、中（600～3000 MET-min/w）、高（大于 3 000 MET-min/w）3 种，本研究不考虑静坐情况。

（4）简版老年抑郁量表（Geriatric Depression Scale，GDS-15）

采用国内学者唐丹[282]于 2013 年进行信效度检验后的 GDS-15 评估研究对象过去 1 周内的抑郁情况。GDS-15 共 15 个条目，总分范围为 0～15 分。研究对象对每个条目回答"是"或"否"，回答"是"计 1 分，"否"计 0 分，得分≥8 分为存在抑郁症状，得分越高，症状越严重。

2. 资料收集方法

在资料收集前课题组与将要调查的 8 个社区负责人进行联系，征得其同意，并由指导教师对问卷调查人员进行规范化培训。在资料收集过程中，向研究对象解释本研究的目的和问卷填写方法以及相关注意事项，获得知情同意后现场发放问卷，由问卷调查人员协助研究对象进行填写，填写完毕后现场回收问卷。资料收集后，问卷调查人员对所回收的问卷进行仔细检查，严格按照无效问卷的评判标准，剔除无效问卷。

3. 质量控制

（1）研究工具准备阶段

根据研究目的及内容，查阅大量国内外相关文献资料，选择具有良好信效度的研究工具，设计调查问卷并检验其合理性，对不合理的问卷内容进行修改和调整，确保调查能有效进行。

（2）资料收集阶段

在开展调查前，问卷调查人员经由指导教师的统一培训和考核，充分了解本次调查的目的，明确调查问卷的内容和填写时的注意事项。本次调查严格依据纳入标准与排除标准筛选研究对象，并需取得研究对象同意后方可进行。调查人员在回收每份问卷时对其进行仔细检查，若出现填写错误的内容，应及时向研究对象说明并协助其更正。

（3）数据录入阶段

在数据录入前，由两人逐一对问卷进行核对，若有问卷出现缺失条目达到 10% 的情况，则将其判定为无效问卷并剔除。采用 Excel 电子表格，将调查数据导入并整理，如果发现数据缺失或异常则需及时将其与相应的纸质问卷进行校正，确保录入数据的准确性。

4. 数据处理及分析

本研究采用 SPSS 26.0 和 R 软件对数据进行统计分析，具体统计方法如下。

（1）描述性分析：对社区老年人的一般资料基本特征、衰弱现状、身体活动现状和抑郁现状进行描述性分析，其中计数资料采用频数（n）和构成比（%）进行描述，计量资料采用均数 ± 标准差（$\bar{x} \pm s$）进行描述。

（2）单因素分析：社区老年人身体活动、抑郁在一般资料上的差异采用 t 检验或单因素方差分析，衰弱、衰弱前期与非衰弱老年人在一般资料、身体活动以及抑郁上的差异采用 t 检验或 χ^2 检验。

（3）多因素分析：社区老年人的一般资料、身体活动和抑郁与衰弱之间的关系采用 Logistic 回归分析。

（4）剂量 - 效应关系分析：采用 Logistic 回归结合限制性立方样条模型分析社区老年人身体活动总量与衰弱之间的剂量 - 效应关系。

（5）中介效应分析：社区老年人抑郁在身体活动和衰弱之间的作用采用中介效应分析。本研究以身体活动为自变量（X），衰弱为因变量（Y），抑郁为中介变量（M）。M 的中介效应可用图 4-1 所示的模型图和公式来说明，其中 c 为 X 对 Y 的总效应，c' 为 X 对 Y 产生的直接效应，a 和 b 分别代表 X 对 M 以及 M 对 Y 的效应，a 与 b 的乘积为 M 产生的中介效应。

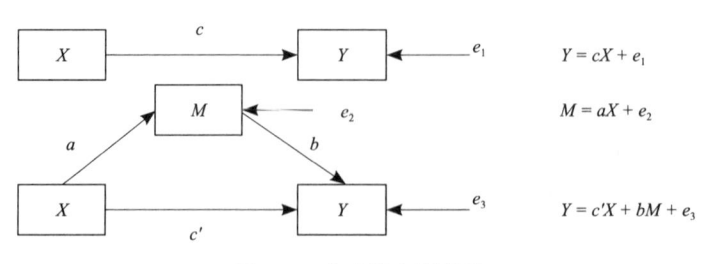

$$Y = cX + e_1$$
$$M = aX + e_2$$
$$Y = c'X + bM + e_3$$

图 4-1　中介效应模型图

中介效应分析分为三个步骤：①首先做 X 对 Y 的 Logistic 回归分析，得到 c，$SE(c)$。再做 X 对 M 的回归分析，得到 a，$SE(a)$。最后做 X 和 M 对 Y 的

Logistic 回归分析，得到 b，c'，$SE(b)$，$SE(c')$。②利用乘积分布法检验中介效应的显著性。③将回归分析不同的系数标准化，计算中介效应占总效应的比值。

5. 伦理原则

本研究已通过湖南工业大学伦理委员会审查获批，遵循以下伦理原则：①知情同意原则：问卷调查前，调查人员向研究对象说明本次调查的目的和内容，获得同意后方能进行；②保密原则：本次调查为匿名调查，将涉及老年人隐私的调查内容进行严格保密；③调查所收集到的数据仅用于此次研究，不另作他用。

6. 技术路线

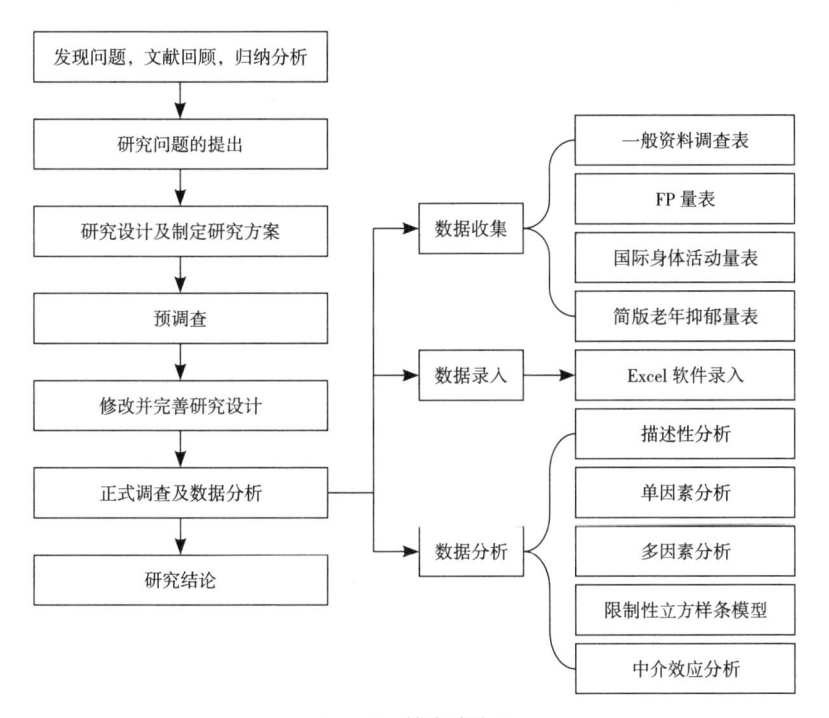

图 4-2　技术路线图

第二节　研究结果

一、社区老年人一般资料基本特征

本研究共发放问卷 470 份，回收 470 份，剔除无效问卷后最终得到 450 份，有效回收率为 95.74%。在本研究的对象中，60~64 岁年龄段的老年人有 155 人，占比最多（34.4%），其次是65~69岁年龄段的老年人有126人，占比28.0%；从性别结构来看，女性人数居多，有279人（62.0%），男性则有171人（38.0%）；婚姻状况方面，有配偶的老年人有356人，占总人数的比值达到79.1%；受教育程度为初中的人数最多，占比41.3%，而仅有9个老年人（2.0%）的受教育程度为大学本科及以上；个人月平均收入方面，有60.7%的老年人收入为2000~4000元；95.8%的老年人非独居，仅有4.2%的老年人处于独居状况；无吸烟史和饮酒史的老年人较多，分别占80.0%和73.6%；慢性病情况方面，有56.0%的老年人患有一种或多种慢性病；较多的老年人睡眠状况良好（55.1%）。详情见表4-2。

表4-2 社区老年人一般资料基本特征（$N=450$）

项目	分类	n（%）
性别	男	171（38.0%）
	女	279（62.0%）
年龄（岁）	60~64	155（34.4%）
	65~69	126（28.0%）
	70~74	88（19.6%）
	75~79	55（12.2%）
	≥80	26（5.8%）
婚姻状况	有配偶	356（79.1%）
	无配偶（未婚、丧偶、离异）	94（20.9%）
受教育程度	小学及以下	130（28.9%）
	初中	186（41.3%）
	高中（含中专）	85（18.9%）
	大学专科	40（8.9%）
	大学本科及以上	9（2.0%）
个人月平均收入（元）	<2000	101（22.4%）
	2000~4000	273（60.7%）
	>4000	76（16.9%）
居住状况	独居	19（4.2%）
	非独居	431（95.8%）
吸烟史	有	90（20.0%）
	无	360（80.0%）
饮酒史	有	119（26.4%）
	无	331（73.6%）
慢性病情况	有	252（56.0%）
	无	198（44.0%）
睡眠状况	睡眠良好	248（55.1%）
	睡眠障碍	202（44.9%）

二、社区老年人身体活动现状

1. 社区老年人身体活动现状

如表4-3所示，就身体活动情况而言，中等身体活动水平的社区老年人占比最多为50.2%，其次是低身体活动水平的老年人占比38.9%，高身体活动水平的老年人仅占10.9%。

表4-3 社区老年人身体活动水平现状（N=450）

项目	分类	n（%）
身体活动水平	低水平	175（38.9%）
	中水平	226（50.2%）
	高水平	49（10.9%）

2. 社区老年人身体活动在一般资料上的单因素分析

社区老年人身体活动水平在性别、年龄、婚姻状况、个人月平均收入、慢性病情况及睡眠状况上存在显著性差异（$P<0.05$），而在受教育程度、居住状况、吸烟史和饮酒史上的差异不显著（$P>0.05$）（见表4-4）。

表4-4 社区老年人身体活动在一般资料上的单因素方差分析（N=450）

项目	分类	身体活动量	t/F	P
性别	男	524±18.3	3.128	0.001
	女	485±16.5	—	—
年龄（岁）	60~64	626±13.4	25.135	<0.001
	65~69	567±15.5	—	—
	70~74	489±16.5	—	—
	75~79	436±14.4	—	—
	≥80	412±12.6	—	—
婚姻状况	有配偶	723±11.1	-4.356	<0.001
	无配偶（未婚、丧偶、离异）	523±11.2	—	—
受教育程度	小学及以下	512±12.3	1.642	0.154
	初中	503±11.3	—	—
	高中（含中专）	507±12.7	—	—
	大学专科	531±12.5	—	—
	大学本科及以上	521±12.7	—	—
个人月平均收入（元）	<2000	601±14.5	5.893	0.004
	2000~4000	620±12.6	—	—
	>4000	616±13.3	—	—

续表

项目	分类	身体活动量	t/F	P
居住状况	独居	589 ± 14.5	0.632	0.512
	非独居	588 ± 13.6	—	—
吸烟史	有	523 ± 13.7	−1.644	0.085
	无	521 ± 11.9	—	—
饮酒史	有	545 ± 16.4	−0.125	0.780
	无	543 ± 13.8	—	—
慢性病情况	有	512 ± 12.3	9.346	<0.001
	无	675 ± 13.5	—	—
睡眠状况	睡眠良好	702 ± 16.5	5.635	<0.001
	睡眠障碍	578 ± 15.6	—	—

三、社区老年人抑郁现状

1. 社区老年人抑郁现状

GDS-15量表调查结果显示，得分≥8分为80人，显示样本已经具有抑郁症状的社区老年人的比例为17.8%（见表4-5）。

表4-5 社区老年人抑郁现状（$N=450$）

项目	分类	n（%）
抑郁得分	<8分	370（82.2%）
	≥8分	80（17.8%）

2. 社区老年人抑郁的人口社会学影响因素分析

社区老年人抑郁在年龄、婚姻状况、个人月平均收入、慢性病情况和睡眠状况上的差异具有显著性（$P<0.05$），而在性别、受教育程度、居住状况、吸烟史和饮酒史上不存在显著差异（$P>0.05$）（见表4-6）。

表4-6 社区老年人抑郁在一般资料上的单因素方差分析（$N=450$）

项目	分类	抑郁得分	t/F	P
性别	男	4.8 ± 1.3	3.128	0.062
	女	5.4 ± 1.5	—	—
年龄（岁）	60~64	3.2 ± 1.4	25.135	<0.001
	65~69	3.7 ± 1.5	—	—
	70~74	3.5 ± 1.5	—	—
	75~79	3.4 ± 1.4	—	—
	≥80	4.7 ± 1.6	—	—

续表

项目	分类	抑郁得分	t/F	P
婚姻状况	有配偶	3.3 ± 1.1	−4.356	<0.001
	无配偶（未婚、丧偶、离异）	3.9 ± 1.2	—	—
受教育程度	小学及以下	4.0 ± 1.3	1.642	0.154
	初中	3.2 ± 1.3	—	—
	高中（含中专）	3.1 ± 1.7	—	—
	大学专科	2.5 ± 1.5	—	—
	大学本科及以上	2.4 ± 1.7	—	—
个人月平均收入（元）	<2000	3.3 ± 1.5	5.893	0.004
	2000～4000	2.4 ± 1.6	—	—
	>4000	2.5 ± 1.3	—	—
居住状况	独居	5.1 ± 1.5	0.632	0.512
	非独居	4.5 ± 1.6	—	—
吸烟史	有	5.4 ± 1.7	−1.644	0.085
	无	4.3 ± 1.9	—	—
饮酒史	有	5.2 ± 1.4	−0.125	0.780
	无	4.5 ± 1.8	—	—
慢性病情况	有	6.1 ± 1.3	9.346	<0.001
	无	4.8 ± 1.5	—	—
睡眠状况	睡眠良好	4.2 ± 1.5	5.635	<0.001
	睡眠障碍	6.8 ± 1.6	—	—

四、社区老年人衰弱现状

1. 社区老年人衰弱现状

本研究结果显示，社区老年人中不存在衰弱的有237人，占比52.7%，处于衰弱前期的有155人（34.4%），而有58人（12.9%）发生衰弱（见表4-7）。

表4-7 社区老年人衰弱现状（N=450）

项目	分类	n（%）
衰弱情况	无	237（52.7%）
	衰弱前期	155（34.4%）
	衰弱	58（12.9%）

2. 衰弱、衰弱前期与非衰弱社区老年人的特征比较

（1）衰弱、衰弱前期和非衰弱社区老年人的一般资料特征比较

分析结果显示，衰弱、衰弱前期和非衰弱的社区老年人在年龄、婚姻状况、受教育程度、吸烟史、饮酒史、个人月平均收入、睡眠状况和慢性病情况

上存在显著性差异（$P<0.05$），而在性别和居住状况上的差异不具有统计学意义（$P>0.05$）。此外，年龄大、无配偶、受教育程度为小学及以下、个人月平均收入<2000元、独居、有吸烟史和饮酒史、患有慢性病和睡眠障碍的老年人衰弱和衰弱前期的发生率较高（见表4-8）。

表4-8 衰弱、衰弱前期和非衰弱社区老年人的一般资料特征比较（$N=450$）

项目	分类	例数	衰弱	衰弱前期	无衰弱	χ^2	P
性别	男	171	25	59	87	0.027	0.894
	女	279	33	96	150	—	
年龄（岁）	60～64	155	6	24	125	127.523	<0.001
	65～69	126	5	33	88		
	70～74	88	15	54	19		
	75～79	55	15	36	4		
	≥80	26	17	8	1		
婚姻状况	有配偶	356	42	115	199	16.984	<0.001
	无配偶（未婚、丧偶、离异）	94	16	40	38		
受教育程度	小学及以下	130	20	45	65	15.468	0.006
	初中	186	22	62	102		
	高中（含中专）	85	10	28	47		
	大学专科	40	5	18	17		
	大学本科及以上	9	1	2	6		
个人月平均收入（元）	<2000	101	20	43	38	26.954	<0.001
	2000～4000	273	34	90	149		
	>4000	76	4	22	50		
居住状况	独居	19	0	0	19	2.678	0.154
	非独居	431	58	155	218		
吸烟史	有	90	19	31	40	8.471	0.003
	无	360	39	124	197		
饮酒史	有	119	22	48	49	6.459	0.017
	无	331	36	107	188		
慢性病情况	有	252	38	111	103	60.782	<0.001
	无	198	20	44	134		
睡眠状况	睡眠良好	248	19	52	177	34.132	<0.001
	睡眠障碍	202	39	103	60		

（2）衰弱、衰弱前期与非衰弱社区老年人的身体活动特征比较

调查结果显示，衰弱、衰弱前期和非衰弱社区老年人在身体活动方面的差异具有显著性（$P<0.001$）（见表4-9）。与高身体活动水平的老年人相比，中身体活动水平和低身体活动水平的老年人衰弱和衰弱前期发生率较高。

表 4-9 衰弱、衰弱前期和非衰弱社区老年人的身体活动特征比较（$N=450$）

项目	分类	例数	低水平 $n(\%)$	中水平 $n(\%)$	高水平 $n(\%)$	χ^2	P
衰弱情况	衰弱	58	29	29	0	7.322	$P<0.001$
	衰弱前期	155	91	64	0		
	非衰弱	237	55	133	49		

（3）衰弱、衰弱前期与非衰弱社区老年人的抑郁特征比较

调查结果显示，衰弱、衰弱前期和非衰弱社区老年人在抑郁情况上具有显著性差异（$P<0.001$）（见表4-10）。一方面，与非衰弱老年人相比，衰弱和衰弱前期老年人抑郁发生率较高。另一方面，与无抑郁症状的老年人相比，患有抑郁症的老年人衰弱发生率较高。

表 4-10 衰弱、衰弱前期与非衰弱社区老年人的抑郁特征比较（$N=450$）

项目	分类	例数	衰弱 $n(\%)$	衰弱前期 $n(\%)$	非衰弱 $n(\%)$	χ^2	P
抑郁情况	抑郁	80	40	33	7	9.562	$P<0.001$
	无抑郁	370	18	122	230	—	—

3. 社区老年人衰弱影响因素的 Logistic 回归分析

根据单因素分析结果显示，社区老年人衰弱在年龄、婚姻状况、受教育程度、吸烟史、饮酒史、个人月平均收入、慢性病情况、睡眠状况、身体活动水平和抑郁情况上的差异具有统计学意义（$P<0.05$）。以衰弱为因变量，上述差异具有统计学意义的因素为自变量，采用多元 Logistic 回归分析社区老年人衰弱的影响因素。变量赋值说明见表4-11。Logistic 回归分析结果显示，年龄、吸烟史、睡眠状况、慢性病情况、身体活动水平和抑郁情况是社区老年人发生衰弱的主要影响因素（见表4-12）。

表 4-11 变量赋值说明

变量名	赋值方法
性别	男 =0，女 =1
年龄（岁）	60～64=1，65～69=2，70～74=3，75～79=4，≥80=5
婚姻状况	无配偶 =0，有配偶 =1
受教育程度	小学及以下 =1，初中 =2，高中（含中专）=3，大学专科 =4，大学本科及以上 =5
吸烟史	否 =0，是 =1
饮酒史	否 =0，是 =1
个人月平均收入（元）	<2000=1，2000～4000=2，>4000=3

续表

变量名	赋值方法
睡眠状况	睡眠良好=0，睡眠障碍=1
慢性病情况	否=0，是=1
身体活动水平	连续性变量
抑郁情况	无抑郁=0，抑郁=1

表4-12 社区老年人衰弱影响因素的 Logistic 回归分析

自变量	β	SE	Wald χ^2	P	OR	95%CI
性别	1.568	0.325	12.128	<0.001	4.215	[1.855, 9.544]
年龄	1.600	0.420	12.512	<0.001	4.454	[1.930, 10.506]
吸烟史	2.323	0.423	19.566	0.032	1.230	[1.017, 1.437]
睡眠状况	2.106	0.087	24.521	0.002	0.104	[0.013, 0.399]
慢性病情况	2.305	0.596	19.235	<0.001	13.214	[4.125, 42.918]
身体活动水平	-1.765	0.588	9.852	<0.001	0.172	[0.056, 0.523]
抑郁情况	2.256	0.059	18.945	<0.001	0.005	[0.000, 0.050]
常量	19.230	6.632	8.720	0.003	—	—

五、社区老年人身体活动与衰弱之间的剂量－效应关系

根据 Logistic 回归分析结果，结合限制性立方样条分析社区老年人身体活动与衰弱之间的剂量－效应关系。由于本研究样本量较大（$N=450$），因此选取身体活动总量的5个百分位数 $P5$、$P27.5$、$P50$、$P72.5$ 和 $P95$ 为节点，拟合身体活动和衰弱与衰弱之间的剂量－效应曲线。以身体活动总量为横坐标，衰弱发生风险为纵坐标，上下虚线代表95%置信区间。

限制性立方样条分析结果显示，身体活动总量与衰弱发生风险之间呈非线性负关联（非线性 $P<0.05$）；在调整了性别、年龄、婚姻状况、受教育程度等混杂因素后，这种非线性的剂量－效应关系并没有改变（见图4-3）。随着每周身体活动总量的增加，衰弱发生风险逐渐降低。与每周身体活动量为1600 MET-min/w 的老年人相比（限制性立方样条分析中身体活动量参比值为1600 MET-min/w）：当身体活动总量达到2400 MET-min/w 时，衰弱发生风险降低33%（$OR=0.67$，95%CI：0.46～0.88）；当身体活动总量达到3200 MET-min/w 时，衰弱发生风险降低49%（$OR=0.51$，95%CI：0.42～0.59）；当身体活动总量超过4800 MET-min/w 时，差异未发现统计学意义（$P>0.05$）。

对性别分层后分析结果显示，男性身体活动总量与衰弱发生风险之间非呈线

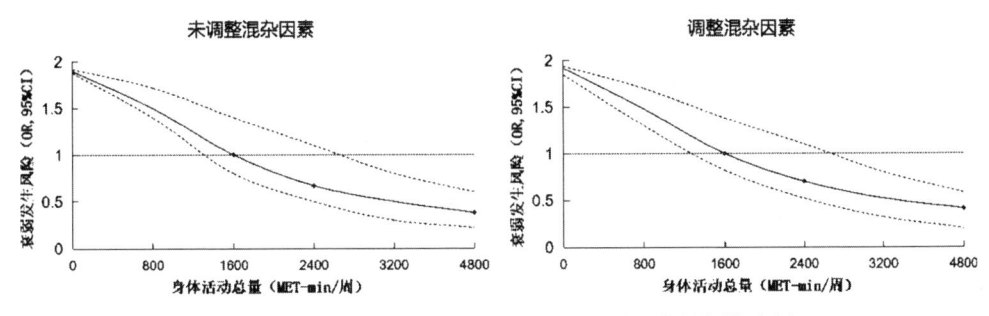

图 4-3　社区老年人身体活动和衰弱的限制性立方样条模型分析

性负关联（非线性 $P<0.05$），女性身体活动总量与衰弱发生风险之间呈非线性负关联（非线性 $P<0.05$），见图 4-4；对年龄分层后分析结果显示，60~64 岁、65~69 岁、70~74 岁、75~79 岁和 ≥80 岁的老年人身体活动总量与衰弱发生风险之间均呈非线性负关联（非线性 $P<0.05$），见图 4-5。

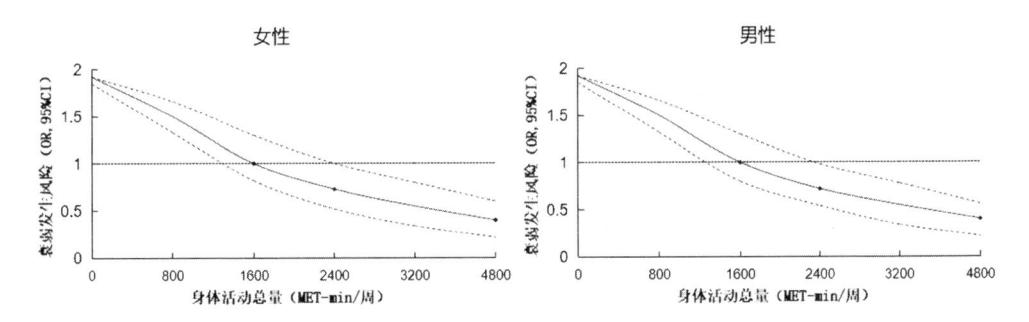

图 4-4　不同年龄社区老年人身体活动和衰弱的限制性立方样条模型分析

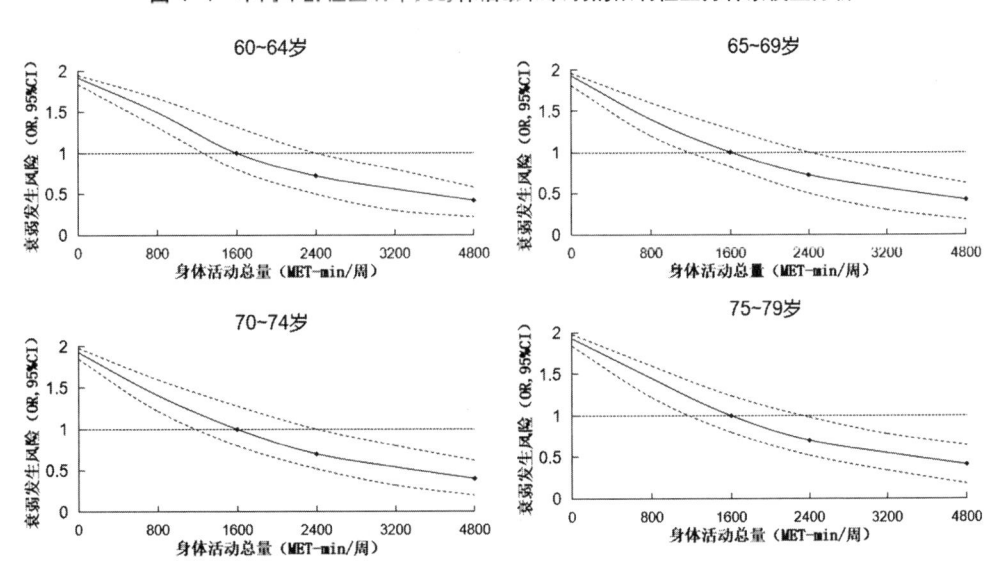

107

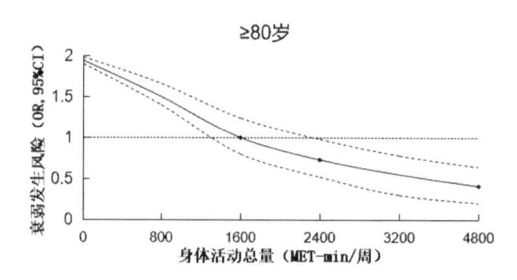

图 4-5 不同年龄段社区老年人身体活动和衰弱的限制性立方样条模型分析

六、抑郁在社区老年人身体活动与衰弱之间的中介效应

以身体活动为自变量（X）、衰弱为因变量（Y）、抑郁为中介变量（M）进行中介效应分析，分析结果显示。

①X对Y的Logistic回归分析：c=-0.126，$SE(c)$=0.021；X对M的回归分析：a=-0.184，$SE(a)$=0.024；X及M对Y的Logistic回归分析：b=0.334，c'=-0.075，$SE(b)$=0.048，$SE(c')$=0.024。

②X对Y的总效应（$P<0.001$）和直接效应（$P<0.001$）均具有统计学意义。由乘积分布法得到中介效应的95%置信区间为[-0.062, -0.024]，不包括0。因此，抑郁在社区老年人身体活动与衰弱之间的中介效应显著。

③由SPSS 26.0软件计算得$SD(X)$=7.523；$SD(M)$=3.254；$Var(X)$=52.611；$Var(M)$=11.287；$Cov(X, M)$=6.243。

分别由公式$Var(Y')=c^2Var(X)+\pi^2/3$和$Var(Y'')=c'^2Var(X)+b^2Var(M)+2bc'Cov(X, M)+\pi^2/3$计算得到$Var(Y')$=5.744，$Var(Y'')$=6.541，则$SD(Y')$=1.982，$SD(Y'')$=2.463，$aSTD$=-0.284；$bSTD$=-0.502；$c'STD$=-0.256；$cSTD$=-0.437。则抑郁的中介效应占总效应的比例为35.77%[($aSTD \times bSTD$)/($aSTD \times bSTD+c'STD$)]（见图4-6）。

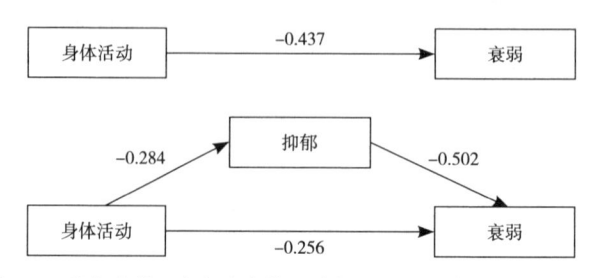

图 4-6 抑郁在社区老年人身体活动与衰弱之间的中介效应路径图

第三节 讨论与分析

一、社区老年人身体活动现状分析

本研究从一般资料结果来看,女性人数较多为 279 人,占比为 62.0%。从年龄结构来看,60~64 岁年龄段的人数较多,占比 34.4%。有配偶的老年人占比 79.1%,这与本研究纳入较多年龄相对较小的研究对象有关。受到初中和小学及以下教育程度的老年人分别占比 41.3% 和 28.9%,这可能是由其当时所处年代的教育相对落后导致的,因此社区卫生工作人员应注重加强社区的健康知识宣传,提高老年人健康意识。个人月平均收入在 2000~4000 元的老年人相对较多,其收入可能来源于退休金或子女。居住状况方面,绝大多数老年人(95.8%)为非独居,可能是与其配偶健在或子女的赡养有关。无吸烟史和饮酒史的人数较多,占比分别为 80.0% 和 73.6%。有 56.0% 的老年人患有慢性病,慢性病容易使老年人的行动受限,影响其身心健康,降低生活质量,因而社区卫生工作人员可提供慢性病筛查服务,并帮助老年人及老年慢性病患者做好慢性病管理,从而提高老年人的生存质量。有 44.9% 的老年人存在睡眠障碍,因此社区卫生工作人员可通过创造良好的社区环境,鼓励老年人进行适量运动,并通过对患有睡眠障碍的老年人进行及时的心理干预等方法来提高老年人的睡眠质量。

身体活动是积极应对人口老龄化的有效手段,也是老年人增强体质、延缓衰老、预防慢性病以及维持身心健康的重要方式。本研究中,中等身体活动水平的社区老年人占多数,为 50.2%,高身体活动水平的老年人仅占 10.9%。从单因素分析结果来看,社区老年人身体活动受性别、年龄、婚姻状况、个人月平均收入、慢性病情况和睡眠状况等因素的影响。

男性较女性老年人身体活动量更大,且有配偶的老年人身体活动量也相对较大。这与杨凡等人[192]的研究结果一致,其表明相较于女性,男性更加愿意参与身体活动,且有配偶的老年人对身体活动参与的积极性比无配偶老年人高。这可能是由于性别差异,男性大多从事重体力劳动工作,而女性则偏向于进行轻体力劳动,因此,男性的身体活动水平相对更高,此外,配偶可以与老年人相互关照和支持,提高了其参与身体活动的积极性。

随着年龄的增大,老年人的身体活动量减少,这与 Aro 等人[283]的研究结果一致，其表明年龄会影响老年人身体活动的参与积极性，较为年轻的老年人更能坚持进行定期的身体活动。亦有研究表明，年龄的增大使老年人身体功能衰退，导致其身体活动参与度逐渐减小[284]。

个人月平均收入越多，老年人身体活动量越大。老年人的收入越多，可能会有更多的空闲时间去进行身体活动。此外，更高收入的老年人不会过多考虑身体活动的成本问题，到更好的运动场所、有更专业的指导人员等因素均会提高老年人参与身体活动的积极性。

慢性病是影响老年人身体活动的重要影响因素。患有慢性病的老年人因需长期服药和进行自我管理等原因，易产生不良情绪，对身体活动的参与积极性随之降低。此外，慢性病会导致老年人的活动功能受限，增加其受伤风险，对进行身体活动丧失信心。

睡眠良好的老年人相较于存在睡眠障碍的个体身体活动量更大。这与李森等人[285]的研究结果相似，表明睡眠不足和睡眠过度均会降低老年人的身体活动程度。另外，睡眠障碍会增加老年人发生躯体衰弱和心血管疾病的风险，致使其机体功能减退，从而使老年人产生恐惧或抵触心理，不愿意进行身体活动。

综上所述，社区老年人身体活动在一般资料上的危险因素较多，能从多个方面影响老年人的身体活动行为。身体活动可以改善老年人睡眠质量、增加机体抵抗力、减少慢性病的产生，从而改善老年人的身心健康。因此，社区卫生工作人员可以通过对影响老年人身体活动的相关因素进行有效干预，使老年人养成规律的身体活动习惯。

二、社区老年人抑郁现状分析

在本研究中，有17.8%的社区老年人患有抑郁，年龄、婚姻状况、个人月平均收入、慢性病情况和睡眠状况是老年人抑郁的影响因素。多项研究表明，年龄会显著影响老年人抑郁的发生，随着年龄的增长，老年人抑郁的患病风险增加，与本研究结果一致。此外，老年人由于年龄较大、身体机能衰退、社会适应能力下降，若无配偶给予照顾和鼓励，且月收入低，这种情况下极易产生抑郁。且随着年龄的增长，老年人身体活动量逐渐减小、罹患慢性病等原因使老年人睡眠质量降低、心理调节能力减弱，老年人抑郁发生率会显著提高。

三、社区老年人衰弱现状分析

1. 社区老年人衰弱现状分析

衰弱是评估老年人健康状况的指标，预防、改善和延缓老年衰弱是实现健康老龄化的重要途径。本研究结果显示，社区老年人衰弱发生率为12.9%，衰弱前期发生率为34.4%，这与国内外调查结果存在些许差别。一项研究结果显示，重庆市社区老年人的衰弱发生率为29.4%，衰弱前期发生率为41.2%[286]。另外，上海市社区老年人的衰弱发生率为5.6%，衰弱前期发生率为49.3%[287]。而北京市的调查结果显示有11.1%社区老年人发生衰弱，45.7%的老年人处于衰弱前期[288]。英国一项社区调查结果显示，约有3.0%的老年人发生衰弱，而衰弱前期发生率为38.0%[289]。这些研究结果的不一致是由不同国家、不同地区的卫生医疗、经济水平等原因导致的，但其均显示社区老年人衰弱前期的发生率比衰弱发生率高。而衰弱是可逆的，衰弱经干预后能转变为衰弱前期[290]。因此，社区可通过开展老年人健康状况评估服务，及时识别、筛查老年人衰弱并给予有效的干预，从而降低不良结局的发生，延长老年人寿命，改善其生活质量，对实现健康老龄化有着积极的意义。

2. 衰弱、衰弱前期和非衰弱社区老年人的特征比较分析

本研究结果显示，年龄、婚姻状况、受教育程度、吸烟史、饮酒史、个人月平均收入、慢性病情况和睡眠状况均为社区老年人衰弱的影响因素。社区老年人的年龄越高，其衰弱发生风险越大，这与既往研究结果一致。Fried等人[35]研究发现，65~74岁的老年人衰弱发生率仅为3.9%，但85岁以上则增加到25.0%。这可能是由于随着年龄的增长，老年人多个系统失调、功能退化、肌肉质量和力量下降，致使机体易损性提高，对应激事件的敏感性增加从而发生衰弱。具体而言，老年人大脑的老化会伴随着能调节应激反应的大脑结构的改变，导致老年人应对应激反应失常[291]；肌肉质量和力量的下降可能会导致老年人骨质疏松，使老年人出现体重下降、疲乏、步速减慢等衰弱表现，进而导致衰弱的发生[292]。因此，应对高龄老年人进行及时的衰弱评估、筛查和干预，避免身体功能增龄性退化导致的衰弱状况。

有配偶的老年人衰弱程度轻，与李淑杏等人[293]的研究结果一致。有配偶的老年人在日常生活中能得到配偶的帮助，也能够在精神上相互支持。伴侣间的交流不仅可以增进夫妻之间的情感，还可以使家庭氛围和睦、稳定，对改善老年人

的身心健康具有重要作用。

多种慢性病,如心血管疾病、糖尿病等与老年人衰弱密切关联,二者常同时发生并互为因果。本研究结果显示,患有慢性病是社区老年人衰弱的危险因素,与 MA 等人[294]的研究结果一致。其研究指出,当社区老年人患有 1 种、2 种至 4 种慢性病时,其衰弱发生率分别增加 2 倍和 11 倍,而当老年人患有超过 5 种慢性病时,其衰弱发生率将增加 50 倍。可见,慢性病不仅会导致衰弱,还会使衰弱发生风险大幅度提高。另有研究发现,对罹患多种疾病的老年人进行衰弱程度的评估有利于识别高危、多病共存患者[286]。因此,社区卫生工作人员应定期对老年人进行慢性病普查,明确原发病并进行治疗,从而改善老年人衰弱。个人月平均收入越高,社区老年人发生衰弱的发生率越低,这可能是高收入的老年人不会在身体健康状况不良时由于医疗费用问题的困扰而延误就诊,并且会定期进行体检,保持良好的健康状态。

睡眠障碍是老年人常见的健康问题,包括失眠、入睡困难和早醒等症状。本研究结果显示,睡眠质量良好的老年人衰弱发生率较低,这与余静雅等人[295]的研究结果一致。目前,有关睡眠质量与老年衰弱之间关系的研究相对较少,二者的相互作用机制尚不明确,可能是通过其他因素导致的,如睡眠质量差会造成焦虑、抑郁等负面情绪以及心血管疾病等,进而导致衰弱的发生。这提示社区可通过评估老年人的睡眠情况,对存在睡眠障碍的老年人采取相应干预方法,从而改善其衰弱状态。

本研究显示不同衰弱程度老年人群的文化程度存在明显差异。该结果与卫尹等人[296]的研究结果相似。OP HET VELD 等人[297]采用衰弱表型评估老年衰弱综合征的发病率,发现低教育水平、中等教育水平、高教育水平的老年人发病率分别是 78.8%、16.2%、5.0%,受教育时间越长或教育水平越高的老年人群衰弱综合征的发病率越低,可能是因为文化程度较高的老年人群具备一定的医学知识及自我保健意识。这对指导临床医务人员针对不同文化程度人群采取不同的个性化宣传教育方式,进行有效的衰弱管理,为减少老年人群不良事件的发生提供帮助。

有吸烟史和饮酒史的老年人衰弱发生风险提高,其原因可能是吸烟和饮酒导致老年人患有肺部疾病、高血压和糖尿病等,导致衰弱的发生。此外,吸烟和饮酒还会引起老年人的大脑功能受损,如记忆力迟缓和认知障碍,致使老年人衰弱患病风险提高[298,299]。

本研究结果显示,规律的身体活动可以降低衰弱风险,身体活动水平越高的老年人，其衰弱发生率越低，与既往研究一致。有研究显示，低活动水平和久坐时间与衰弱呈正相关[103]。AHMAD 等人研究发现，低身体活动的老年人其衰弱发生的风险比中高身体活动水平的老年人增加近 3 倍[127]。此外，与低身体活动人群相比，中高身体活动人群具有较高的身体功能水平和较低的衰弱程度，从事中高身体活动的时间越长，身体功能水平越高，衰弱程度越低；从事低身体活动的时间与久坐时间比值越高，身体功能水平越高，衰弱程度也越低[176]。Pahor 等人[300]将 1635 例 70~89 岁久坐不动的老年人分为实验组（818 例，进行适度身体锻炼）和对照组（817 例，进行健康教育），2 年后发现，实验组老年人发生重大伤残率较对照组低 5.4%，不良事件发生率低 5.1%，衰弱发生率低 9.1%，并且在实验结束后，实验组中存在失能风险的老年人并未出现失能。因此，社区卫生工作人员可通过健康知识普及，加强宣传身体活动的益处，提高老年人健康意识，促进其参与身体活动。此外，政府应加大社区体育设施和场地建设的资金投入，为老年人提供安全、舒适的身体活动环境，也是提高老年人身体活动参与积极性的有效方式。

本研究结果显示，一方面，抑郁老年人的衰弱发生风险较高，另一方面，衰弱老年人的抑郁发生风险也较高。其原因可能是抑郁与衰弱具有共同的发病机制，如患有抑郁的老年人其体内促炎细胞因子水平会升高，这将导致肌肉质量和力量的下降，从而影响握力和行走速度，进而导致衰弱的发生。抑郁还会导致机体神经内分泌系统功能紊乱，情绪调控能力下降，从而导致衰弱。此外，抑郁引发老年人对身体活动、社交活动的兴趣减退，增加机体营养不良和功能退化的风险，也可导致衰弱发生。因此，社区可针对老年人心理健康进行有效干预，从而预防和延缓老年人衰弱。

3. 社区老年人衰弱影响因素的 Logistic 回归分析

分析结果显示，社区老年人衰弱在年龄、吸烟史、睡眠状况、慢性病情况、身体活动水平和抑郁上的差异具有显著性。其中，年龄、吸烟史、睡眠状况、慢性病情况和抑郁情况能够正向预测衰弱的发生，而身体活动水平则可负向预测衰弱的发生。本研究结果提示，社区老年人应当坚持进行有规律的身体活动，增强自身体质，从而预防衰弱。此外，社区卫生工作人员可通过开展健康教育，改善老年人不良生活习惯，并定期评估老年人心理状况，制定相关干预方案，减少老年人负面情绪，从而改善老年人衰弱发生率。

四、社区老年人身体活动与衰弱之间的剂量-效应关系分析

研究表明,身体活动能够降低衰弱的发生风险,老年人身体活动与衰弱之间存在着剂量-效应关系。在 Mcphee 等人[176]的研究中,控制了年龄、性别和受教育程度等因素后,身体活动每增加 1 MET-h/周,衰弱发生率降低 6%。在一项我国探究身体活动对老年人衰弱影响的研究中,身体活动每增加 1 MET-h/周,衰弱的发生风险下降 4%[301]。一项为期 4 年的纵向研究显示,衰弱老年人中高强度身体活动水平出现明显的下降,同时出现久坐时间的增加。4 年后基线中高强度身体活动水平与衰弱程度呈显著负相关,该研究结果提示,基线中高强度身体活动水平能预测衰弱的发展程度,早期增加中高强度身体活动能有效阻止衰弱的发展进程[302]。

本研究结果显示,在控制了年龄、性别等因素后,社区老年人身体活动与衰弱之间同样存在着剂量-效应关系,并且随着身体活动量的增加,衰弱风险呈下降趋势。与每周身体活动量为 1600 MET-min/周的老年人相比:当身体活动总量达到 2400 MET-min/周时,衰弱的发生风险降低 33%;当身体活动总量达到 3200 MET-min/周时,衰弱的发生风险降低 49%;当身体活动总量超过 4800 MET-min/周时,差异无统计学意义。本研究结果说明中高水平身体活动对预防老年人衰弱症状出现有积极的作用,当身体活动总量为 2400~3200 MET-min/周时,出现衰弱症状的风险明显降低。

世界卫生组织身体活动指南中推荐老年人需要达到的身体活动量,即每周应至少 150min 中等强度身体活动,或每周至少 75 min 高强度身体活动,或两种活动量的组合,即每周推荐身体活动量为 7.5 MET-h;为获得更多的健康效益,应增加到每周 300 min 中等强度身体活动,或每周 150 min 高强度身体活动,或两种活动量的组合,即每周推荐身体活动量为 15.0 MET-h。然而,有研究表明,当身体活动水平达到推荐量的 3 至 5 倍时,不良解决的发生风险不会再随身体活动量的增加而降低[303]。且由于老年人的身体功能衰退,参与身体活动的强度以低、中强度为主,达到身体活动推荐量的难度较大。因此,建议可以先从参与低强度的身体活动做起,待身体适应活动强度时,逐渐提高活动水平以获得更多健康效益。

老年人衰弱综合征在中国老龄化社会中更加凸显,如何预防老年衰弱,改善老年人的衰弱程度、延缓衰弱老年人进一步失能是当今社会亟须解决的问题。由于目前国内对衰弱的研究起步较晚,有关身体活动与衰弱关系的研究相对较少,

因此，未来的研究应拓宽对老年人衰弱的研究方向，深入揭示身体活动改善衰弱的机制，为老年人制定安全有效的个性化身体活动方案，从个人、家庭、社区等不同层面共同关注老年人的身体活动。

五、抑郁在社区老年人身体活动与衰弱之间的中介效应分析

本研究结果显示，抑郁在社区老年人身体活动与衰弱之间发挥显著的中介作用，中介效应占总效应的35.77%。提示身体活动不仅能够直接对衰弱产生影响，还能够通过抑郁的中介作用改善衰弱。这与既往的研究结果一致。MAMMEN等人[304]研究发现，通过提高身体活动水平，能够显著降低老年人抑郁的患病风险。有规律的身体活动可以促使机体分泌内啡肽等因子从而产生正向、积极的情绪，降低不良心理健康状态的影响[305]。此外，经常参与身体活动和体育锻炼能够扩大社交网络，获得社会支持，可以有效缓解心理压力，对抑郁情绪也具有积极的改善作用。Win等人[306]通过10年追踪来自美国四个社区的5888位抑郁患者，结果显示，身体活动不足在由抑郁所导致的老年人死亡率中占很大一部分。大量研究结果显示了运动锻炼对老年人抗抑郁的积极作用，其效果与抗抑郁治疗相当[307]。身体活动在改善老年人重度抑郁症中也有显著效益。Harris等人[308]研究发现，身体活动与并发抑郁的下降具有相关性。由此可知，身体活动在改善健康问题和生活压力中发挥重要作用。因此鼓励、支持抑郁的老年患者参与身体活动对抑郁症状的改善具有潜在的益处。

第四节　结论与建议

1. 结论

（1）社区老年人衰弱发生率相对较高，年龄、吸烟史、睡眠状况、慢性病情况、身体活动水平及抑郁是社区老年人发生认知衰弱的主要影响因素。社区老年人身体活动以中、低等水平为多数，且较多老年人患有抑郁。

（2）社区老年人身体活动与衰弱之间存在着剂量-效应关系，并且随着身体活动量的增加，衰弱风险呈下降趋势。

（3）抑郁在身体活动和衰弱间的中介效应显著，说明身体活动不仅能直接影响社区老年人衰弱，还能通过改善抑郁起间接作用。

2. 建议

一是重视社区老年人衰弱问题，扩大衰弱防治的工作力度。一方面要研制适合社区场景下老年人衰弱的筛查工具，以便开展快速筛查和精准识别；另一方面要扩大筛查范围。以往老年衰弱的筛查对象多是针对入院老年人，包括医院和养老院中的特定老年群体，忽略了社区居家老年人的衰弱筛查，由于衰弱是一种"亚健康"状态，发生衰弱的老年人应激能力下降，可引发多种不良结果，并且本研究显示我国老年人衰弱率呈上升趋势，因此不仅要将衰弱筛查和评估纳入医院和养老机构的老年人中，同时在社区也要定期开展衰弱筛查，以能够发现衰弱老年人，及时进行干预。

二是积极创造条件，引导社区老年人进行中高水平身体活动。研究发现，身体活动和社区老年人衰弱风险具有剂量－效应关系，中高水平身体活动有助于衰弱风险的降低。因此，促进社区老年人开展身体活动是衰弱风险预防和干预的重要手段。最新的 WHO 身体活动指南同样推荐老年人应从事中高水平身体活动以获得健康益处，推荐的身体活动水平不仅能将老年人髋部骨折、糖尿病、心血管和慢性呼吸系统疾病的风险水平降低，还能缓解认知功能下降和死亡风险。因此在日常生活中，本研究同样表明中高水平身体活动有助于降低社区老年人衰弱风险的水平，同时以连续性资料纳入的结果也说明了只要增加身体活动就能使衰弱风险下降，这与最新版中国成人身体活动指南中"动则有益，多动更好"的推荐不谋而合。因此社会要加强衰弱防治知识的宣传工作，利用多种宣传手段和渠道，广泛开展身体活动防治衰弱的科普宣传，积极引导广大老年人增加身体活动，如引导老年人进行快走、跳舞、打太极拳等运动。

第五章 社区衰弱老年人身体活动的社会生态学因素分析

本研究可进一步促进社会生态学理论在衰弱老年人领域的应用与扩展。当前，社会生态学理论在社会、生态、环境等领域的应用有一定的进展，本研究分析社区衰弱老年人参与身体活动的个人层面、人际层面、社区层面以及政策层面的影响因素，利用AMOS构建模型，直观地分析各层面影响因素与社区衰弱老年人身体活动之间的关系，从而丰富社会生态学理论的深层含义。

现有的大多数关于老年人身体活动的研究都考察了个人层面的影响因素，但忽略了社会和环境因素等很多其他方面的因素对老年人身体活动的影响。另外，衰弱这一概念是在老龄化的背景之下提出的，对于衰弱老年人身体活动的探究少之又少。本研究基于社会生态学理论，将个人、人际和社区多个层面影响因素纳入其中，研究社会生态学的不同要素与体育活动行为之间的关系，并构建一个理论模型，以提高研究结果的真实性，拓宽衰弱老年人身体活动行为影响因素的理论研究机制。

党的十九大报告提出要高度重视老年人健康问题，衰弱老年人的健康问题受到社会各界的广泛关注，积极参与身体活动、进行体育锻炼成为逆转老年人衰弱状态、提高老年人生活质量最有效的方式。如何有效提高老年人身体活动参与积极性，已成为当前我国一个重要的公共卫生任务。因此，探索社区衰弱老年人身体活动参与的影响因素对于制定有效的老年人体育锻炼行为干预策略与措施、完善社区的健康发展模式、推进健康老龄化具有重要意义。

第一节 研究设计

一、研究目的

本研究出发点来自社会生态学视角，通过实地调研与分析，以株洲市为范围，分析影响社区衰弱老年人身体活动水平的各方面要素，从个人、社区、人际、政策等多个层面设计潜在影响因素，并根据人群资料特点，探讨对老年人身体活动具有明显促进作用的社会生态学要素，以促进衰弱老年人参与身体活动，提升老年人对体育锻炼的积极性，将能提高老年人生活质量并为政府制定更有效的老年人体育锻炼干预策略和措施提供依据。

二、研究对象

本研究以社会生态学视角下社区衰弱老年人身体活动参与的影响因素为研究对象，选取株洲市主城区（荷塘区、天元区、石峰区、芦淞区）社区衰弱老年人为调查对象。纳入标准：（1）年龄为60～80周岁，FP衰弱评分量表得分为≥1分（衰弱前期与衰弱期）；（2）株洲市常住人口，本地居住时间超过半年；（3）具有自主活动能力，表述清晰，精神状态良好，沟通正常，能配合完成问卷调查，无躯体残疾以及认知功能障碍等严重疾病。排除标准：（1）有严重的基础病（如心脑血管疾病等）；（2）行走有障碍。提前告知受试者研究目的与内容。本次研究共招募社区老年人470名，根据筛查标准，最终一共纳入450位社区老年人。

本研究遵循的道德伦理原则：知情同意权：告知研究对象研究目的，征得其同意后进行调查；保密原则：本研究所有调查均为匿名，对研究对象的所有问题进行严格保密；研究数据仅适用于本次调研。

三、研究方法

1. 文献资料法

通过检索中文期刊网站：知网、万方等和EBSCO、Web of Science、Pubmed等外文期刊网站，以"社会生态学（Social Ecology）""身体活动（Physical Activity）""体育锻炼（Exercise）""衰弱老年人（Frail elderly）"等内容为关键词。通过搜索查阅大量的文献、期刊、专著以及出台的政策法规，获取关于社会生态学、老年人身体活动等一系列研究和理论成果，追踪把握国内外研究进展，归纳总结出影响老年人身体活动的因素，并结合社会生态学理论分析社区衰弱老年人身体活动行为的影响因素，通过理论来指导实践。

2. 德尔菲法

在社会生态学个人、人际、社区以及政策等影响因素的基础上，初步构建各水平因素的指标问卷，向老年人健康促进、身体活动研究领域的专家学者发放调查表，征询意见，进行修改，最终专家意见达成一致后，确定社会生态学各水平要素维度的指标体系。

3. 问卷调查法

根据株洲市的具体情况，结合研究目的以及社区衰弱老年人的实际情况，并查阅相关文献研究，编制完善本次研究的调查问卷。使用FP衰弱评估工具筛选出衰弱以及衰弱前期的老年人，并使用身体活动评估问卷评估其身体活动量。

本课题研究把调查问卷的信息分为四部分，第一部分是老年人基本资料；第二部分是通过FP衰弱表型评估对社区老年人进行筛选；第三部分是社区衰弱老年人身体活动参与的社会生态学影响因素量表；第四部分是身体活动评估问卷（国际身体活动量表，IPAQ）。

（1）老年人人口资料调查

老年人基本情况包括年龄、性别、身体状况、受教育程度、职业类别、月收入、生活方式、居住情况等。

（2）FP衰弱量表

采用Fried基于衰弱表型开发的一种衰弱评估工具，FP衰弱表型量表。具体为以下5项内容（见表5-1）：①体重下降：近半年内体重下降超过3kg，没有节食或锻炼；②握力下降：男性低于26kg，女性低于18kg；测量方法：站立，双脚自然分开，双臂自然下垂，一只手握住握力计用力握紧，握力计显示的数字为握力值，测量两次，取最大值；③疲乏：近一周内有超过3天感到做任何事情都很困难或缺乏动力；④步速减缓：起立行走测试（TUG）超过10秒；TUG测试时，受试者坐在有扶手的椅子上（高45厘米），听到"开始"的指令后站起来，按照平常的步伐和步态走3米，然后转身走回椅子前，再转身坐回椅子上，测试者记录受试者从坐着到站着的时间（以秒计）；⑤身体活动量下降：近一周的身体活动量少于600 MET-min/周。符合3项及以上者可诊断为衰弱，1~2项为衰弱前期，0项为非衰弱[38]。本研究纳入衰弱及衰弱前期的老年人。

表5-1 FP衰弱量表评分标准

序号	指标	男	女
1	体重	近半年内体重下降超过3kg	
2	疲乏	CES-D的任一问题得分为2~3分 <1 d=0分；1~2 d=1分；3~4 d=2分；>4 d=3分	
3	行走时间	身高≤173cm：≥7s 身高>173cm：≥6s	身高≤159cm：≥7s 身高>159cm：≥6s

续表

序号	指标	男	女
4	握力（kg）	BMI ≤24.0：≤29 BMI 24.1~26.0：≤30 BMI 26.1~28.0：≤30 BMI >28.0：≤32	BMI ≤23.0：≤17 BMI 23.1~26.0：≤17.3 BMI 26.1~29.0：≤18 BMI ≥29.0：≤21
5	MLTA	<383kcal/周（约散步2.5h）	<270kcal/周（约散步2h）

（3）衰弱老年人身体活动参与的社会生态学因素调查

此部分基于社会生态学的理论，访问专家后进行确定。量表根据社会生态学理论包括四个分量表：老年人的个人层面影响因素（参加身体活动的意愿、成就感、认同感等）；人际层面影响因素包括家庭（家人的支持、陪同）和朋友（朋友的支持、陪同）；社区层面影响因素（社区锻炼氛围、社区内的体育基础设施）；政策层面影响因素（政策、广告）收集老年人对身体活动的主观感知数据。本研究使用李克特的五分制量表，将"非常不同意"记为1分，"不同意"记为2分，"一般"记为3分，"同意"记为4分，"非常同意"记为5分。

（4）身体活动评估

使用国际身体活动短卷（IPAQ）进行评估，IPAQ共有7个问题，按照运动的强度划分为有氧运动等高强度的身体活动、骑自行车等中等强度的身体活动、步行等低强度的身体活动以及静坐，记录过去一周内老年人在不同运动强度的运动上所花费的时间。通过评估结果计算身体活动量，其计算公式为：该身体活动对应的运动强度系数 × 每周的频率（天/周）× 每天的时间（分钟/天），最后将三种运动强度的能量消耗相加即为这一周总的能量消耗值。其中高强度身体活动的MET系数为8.0，中等强度身体活动的MET系数为4.0，低强度身体活动（步行）的MET系数为3.3[309]。根据最后计算的结果可以将身体活动水平进行划分，身体活动水平分为高、中、低水平，其划分标准见表5-2。

表5-2 一周身体活动水平评价标准

身体活动水平分组	满足以下标准中的任意1个
高身体活动水平（HPAL）	（1）各类高强度身体活动天数≥3天，且这一周的代谢当量≥1500 MET-min/week （2）三种强度身体活动天数≥7天，且这周的身体活动代谢当量≥3000 MET-min/week
中身体活动水平（MPAL）	（1）三种强度身体活动天数合计≥3天，且每天活动时间≥20分钟 （2）各类中等强度和/或步行类活动合计≥5天，且每天活动时间≥20分钟 （3）三种强度身体活动合计≥5天，且一周内总的身体活动量≥600 MET-min/week
低身体活动水平（LPAL）	（1）没有报告任何PA （2）不满足上述高、中分组标准

4. 数理统计法

本研究通过将问卷的调查数据整理进 Excel 电子表格，确保数据没有缺失值和异常值后，使用 SPSS 26.0 软件进行统计分析。分析包括一般性统计、信效度检验以及探索性因子分析。本研究需要通过查阅文献资料与报道制定《社区衰弱老年人参与身体活动的社会生态学影响因素量表》，需要对量表进行信度和效度检验（见图 5-1）。

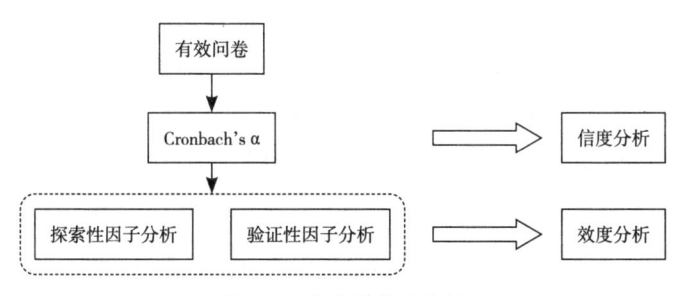

图 5-1 问卷信效度分析

量表的信度分析采用克隆巴赫系数来检测问卷的信度。利用克隆巴赫对量表进行检测时，当结果显示信度系数 α 大于 0.9 时，说明量量表的信度高。当 α 大于 0.7 时，才能对其进行效度检验。效度检验多采用探索性因子分析进行检测。效度分析包括内容效度与结构效度。为了保证量表的内容效度，在问卷设计与确定指标的过程中查阅了大量的文献并结合了实际情况进行分析。本研究通过探索性因子分析来检验量表的效度。探索性因子分析观测变量之间是否存在适当的相关关系，通过 KMO 与巴特利特球形检验进行分析，KMO 越接近 1，变量间的相关性越强，巴特利特球形检验的 x^2 统计值的显著性概率，P 值 <0.05 时，量表适合做因子分析。

5. 结构方程模型

本研究使用了结构方程模型这一多元统计技术，运用 AMOS 软件进行了验证因子分析和结构建模。其中，验证因子分析主要用来检验观察变量和潜在变量之间是否存在显著的关系，确保样本数据的整体质量。而结构建模则能够进行路径分析，更直观地展示各维度之间的影响关系和程度。

四、研究思路

1. 研究假设

影响老年人身体活动行为的因素有很多，社会生态学理论打破了单一影响因素的分析模式，将社会生态分为微观系统、中观系统、宏观系统。本研究通过不同学者对于社会生态学理论模型的研究及自己的调查与研究，系统分析了社区衰弱老年人参与身体活动的影响因素，其主导老年人参与身体活动的内因有自身的身体健康状况、参与身体活动动机、参与身体活动过程中的自我效能、自己的态度与兴趣、自己是否具有身体活动的知识储备等，这属于个人层面，也就是微观系统。老年人参与身体活动影响因素同时受到人际层面、社区层面的影响，如家人朋友的支持、家庭内部环境、社区体育组织以及运动氛围的影响，这属于中观系统的影响。另外，社区衰弱老年人参与身体活动还受到政策层面的影响，如政府体育资源的使用与保证、老年人身体活动的政策发布与执行情况，这属于宏观系统的影响。社会生态学理论中微观系统、中观系统、宏观系统共同影响着社区衰弱老年人参与身体活动。个人层面、人际层面、社区层面和政策层面相互联系，相互促进，相互发展，缺少哪一个层面，社区衰弱老年人身体活动的参与率都无法提高。

本研究通过国际身体活动问卷（IPAQ）评估老年人身体活动，并计算身体活动量，将社会生态学中的四个层面（个人层面、人际关系层面、社区层面、政策层面）的影响因素作为自变量，以计算出来的老年人身体活动代谢当量（MET-minutes/week）作为因变量进行分析。提出科学的研究假设：

H1：个人层面对社区衰弱老年人身体活动行为具有显著性影响；

H2：人际层面对社区衰弱老年人身体活动行为具有显著性影响；

H3：社区层面对社区衰弱老年人身体活动行为具有显著性影响；

H4：政策层面对社区衰弱老年人身体活动行为具有显著性影响。

2. 研究框架

本研究结合国内外学者关于社会生态学理论、老年人身体活动现状等研究内容，主要运用数理统计法、结构方程模型等研究方法，探索社会生态学各层次的影响因素与社区衰弱老年人身体活动参与的关系，根据分析结果，为老年人参与身体活动提出建议，从而有效促进老年人参与身体活动，提高身体素质。

第一阶段为明确社区衰弱老年人身体活动行为相关概念界定及理论基础。前期通过查找相关文献资料收集关于衰弱老年人身体活动的研究，确定衰弱老年人、身体活动等相关概念，明确衰弱老年人、身体活动的定义。通过对比不同老年人衰弱的评估工具，本研究运用衰弱表型量表（FP）对社区衰弱老年人进行筛查评估，量表包含了五个选项：无意识的体重减轻、自我报告的疲劳、握力降低、步行速度慢和身体活动量低。由于研究对象为衰弱前期与衰弱期的老年人，因此符合一个及以上条目的老年人均被纳入，采用国际身体活动问卷（IPAQ）对社区衰弱老年人的身体活动进行评估。其次，社会生态学理论作为全文的理论支撑。分析老年人身体活动的影响因素离不开社会生态学作为理论指导，这是整个研究的基点，它为分析影响老年人身体活动的因素提供理论框架。

第二阶段为制定社区衰弱老年人身体活动行为的社会生态学感知量表。社会生态学理论模型涵盖了个人、人际、社区、政策各水平要素，通过访问专家，访谈经常参与身体活动的老年人等相关人员，了解他们对老年人身体活动问题的见解与建议。最后综合访谈结果，设计社会生态学各要素的量表，并对量表进行信度检验、探索性与验证性因子分析，确定量表各个维度的指标，优化量表。

第三阶段为现状分析。根据 FP 衰弱量表的评估，分析社区老年人的衰弱情况。根据 IPAQ 国际身体活动问卷评估调查对象的身体活动，通过对身体活动量的计算，对社区衰弱老年人身体活动水平进行分析。

第四阶段为实证分析，利用 SPSS、AMOS 对所调查的数据进行分析处理，研究社会生态学各个要素与社区衰弱老年人身体活动的关系。利用结构方程模型对研究假设进行检验，从而得到变量之间是否存在影响关系以及关系程度，探索社区衰弱老年人身体活动参与的主要影响因素。

第五阶段是从不同层面提升社区衰弱老年人身体活动水平的策略。通过社会生态学不同层面对社区衰弱老年人身体活动参与的影响相关性数据，为提升衰弱老年人身体活动参与提供相应策略，对促进衰弱老年人的健康、推动健康老龄化具有重要意义。

第二节 研究结果与分析

一、社区老年人衰弱状况与人口社会学资料

本研究共招募了 470 位老年人，整理数据结果，排除重复以及数据不完整的问卷，最终得到有效问卷 450 份。

在纳入的 450 位老年人中，其中男性 171 位（38.0%），女性 279 位（62.0%）。年龄在 60~64 岁有 155 位（34.4%），65~69 岁有 126 位（28.0%），70~74 岁有 88 位（19.6%），75~79 岁有 55 位（12.2%），80 岁及以上有 26 位（5.8%）。在婚姻状况方面，有配偶的有 356 位（79.1%），无配偶（未婚、丧偶、离异）的有 94 位（20.9%）。在受教育程度方面，小学及以下有 130 位（28.9%），初中有 186

位（41.3%），高中（含中专）有85位（18.9%），大学专科有40位（8.9%），大学本科及以上有9位（2.0%）。在月收入方面，小于2000元的有101位（22.4%），2000~4000元的有273位（60.7%），大于4000元的有76位（16.9%）。在居住状况方面，独居的有19位（4.2%），非独居的有431位（95.8%）。有吸烟史的有90位（20.0%），无吸烟史的有360位（80.0%）。有睡眠障碍的有202位（44.9%），睡眠质量良好的有248位（55.1%）。具有饮酒史的有119位（26.4%），无饮酒史的有331位（73.6%）；具有慢性病的有252位（56.0%），无慢性病的有198位（44.0%）（见表5-3）。

表5-3 社区老年人衰弱状况的人口社会学资料基本特征

项目	分类	n（%）
性别	男	171（38.0%）
	女	279（62.0%）
年龄（岁）	60~64	155（34.4%）
	65~69	126（28.0%）
	70~74	88（19.6%）
	75~79	55（12.2%）
	≥80	26（5.8%）
婚姻状况	有配偶	356（79.1%）
	无配偶（未婚、丧偶、离异）	94（20.9%）
受教育程度	小学及以下	130（28.9%）
	初中	186（41.3%）
	高中（含中专）	85（18.9%）
	大学专科	40（8.9%）
	大学本科及以上	9（2.0%）
个人月平均收入（元）	<2000	101（22.4%）
	2000~4000	273（60.7%）
	>4000	76（16.9%）
居住状况	独居	19（4.2%）
	非独居	431（95.8%）
吸烟史	有	90（20.0%）
	无	360（80%）
饮酒史	有	119（26.4%）
	无	331（73.6%）
慢性病情况	有	252（56.0%）
	无	198（44.0%）
睡眠状况	睡眠良好	248（55.1%）
	睡眠障碍	202（44.9%）

二、社区老年人衰弱现状分析

在被调查的 450 位社区老年人中，通过 FP 衰弱评估量表的筛查，最终纳入衰弱老年人 213 例，其中衰弱前期老年人（FP 得分在 1~3 分）为 155 位，占比 34.4%，衰弱综合征（FP>3 分）的老年人有 58 位，占比 12.9%（见表 5-4）。

表 5-4 社区老年人衰弱状况

项目	分数	分类	样本量	比例
FP 衰弱评分	0 分	无衰弱	237	52.7%
	1~3 分	衰弱前期	155	34.4%
	4~5 分	衰弱	58	12.9%

三、社区衰弱老年人身体活动现状分析

身体活动水平分为高、中、低水平，在纳入的 450 位社区老年人中，低水平有 175 位，中水平有 226 位，高水平有 49 位。在 175 位低身体活动水平中，衰弱前期有 91 位，占比 52%，衰弱有 29 位（16.6%），非衰弱有 55 位（31.4%）。在 226 位中身体活动水平中，衰弱前期有 64 位（28.3%），衰弱有 29 位（12.8%），非衰弱有 133 位（58.9%）。高身体活动水平都为非衰弱，有 49 位（见表 5-5）。

表 5-5 社区老年人身体活动状况

项目	分类	样本量	衰弱 $n(\%)$	衰弱前期 $n(\%)$	非衰弱 $n(\%)$	X^2	P
身体活动水平	低水平	175	29（16.6%）	91（52%）	55（31.4%）	7.322	<0.01
	中水平	226	29（12.8%）	64（28.3%）	133（58.9%）		
	高水平	49	0（0%）	0（0%）	49（0%）		

四、社区衰弱老年人身体活动影响因素问卷的设计和优化

1. 描述性统计分析

描述性统计分析是对量表的数据进行初步的认知过程，本文对数据源进行描述性统计分析，以完整地呈现《社区衰弱老年人身体活动的社会生态学感知量表》中题目的数据分布状况，主要包括了偏度、均值、峰度等。

对《社区衰弱老年人身体活动的社会生态学感知量表》中的36个题目数据进行统计分析，其结果包含了样本量、最大值、最小值、平均值、标准偏差、偏度和峰度，结果有助于验证题目数据是否服从正态分布（见表5-6）。从数据结果可以看出，各个题目的偏度均绝对值小于3，峰度绝对值均小于10，可知量表的各个题目都满足了正态分布的要求。因此，本量表收集的数据可以直接运用于后面研究中的信效度检验等，并对数据进行处理与分析。

表5-6 样本各题目的描述性统计结果

	数字	最小值（M）	最大值（X）	平均值（E）	标准偏差	偏度	峰度
A1	213	1	5	4.00	1.048	−0.933	−0.099
A2	213	1	5	3.91	1.110	−0.950	−0.101
A3	213	1	5	3.84	0.955	−0.814	0.237
A4	213	1	5	3.85	1.090	−0.747	−0.408
A5	213	1	5	3.94	1.045	−0.789	−0.333
A6	213	1	5	3.94	1.022	−0.797	−0.222
A7	213	1	5	3.96	0.953	−0.905	0.455
A8	213	1	5	3.88	0.939	−0.893	0.640
A9	213	1	5	3.99	0.944	−0.956	0.764
A10	213	1	5	4.02	0.947	−0.947	0.574
A11	213	1	5	3.96	1.015	−0.842	0.103
A12	213	1	5	4.09	0.979	−1.215	1.224
B1	213	1	5	4.02	0.908	−0.771	0.421
B2	213	1	5	4.00	0.974	−0.733	−0.029
B3	213	1	5	3.92	1.052	−0.927	0.343
B4	213	1	5	3.92	0.987	−1.405	2.212
B5	213	1	5	3.83	1.032	1.006	0.803
B6	213	1	5	3.88	1.028	−0.972	0.642
B7	213	1	5	3.85	0.979	−0.851	0.547
B8	213	1	5	3.74	0.899	−0.636	0.614
B9	213	1	5	3.78	1.048	−0.815	0.201
B10	213	1	5	3.86	0.944	−0.912	0.912
C1	213	1	5	3.68	1.100	−0.994	0.438
C2	213	1	5	3.75	1.217	−0.861	−0.293
C3	213	1	5	3.77	1.283	−0.882	−0.410
C4	213	2	5	3.76	1.287	−0.660	−0.843
C5	213	1	5	3.72	1.268	−0.630	−0.817
C6	213	1	5	3.73	1.300	−0.510	−1.096
C7	213	1	5	3.71	1.266	−0.577	−0.904
C8	213	1	5	3.65	1.202	−0.521	−0.729
C9	213	1	5	3.69	1.261	−0.775	−0.448
D1	213	1	5	3.70	1.211	−0.692	−0.564
D2	213	1	5	3.76	1.298	−0.725	−0.747

续表

	数字	最小值（M）	最大值（X）	平均值（E）	标准偏差	偏度	峰度
D3	213	1	5	3.68	1.241	−0.514	−0.922
D4	213	1	5	3.65	1.109	−0.840	0.128
D5	213	1	5	3.78	1.202	−.861	−0.177

2. 问卷的信度检验

问卷的信度检验，也就是对问卷是否具有可靠性进行检验与分析，检验问卷实际测量得来的结果与现实情况相符合的程度，反映了测量值与真实值的吻合程度，主要用来评价问卷的有效性和准确性。本研究使用克隆巴赫（Cronbach's Alpha）信度系数来对问卷进行信度的分析检验，一般来说，分析得到的变量克隆巴赫系数越接近于1，数据的信度越高，为了保证各个变量具有较高的信度，其Alpha系数需大于0.7。在研究中，一般通过以减少变量的形式来提高问卷信度，缩减变量的两个条件为：（1）如果被删除的变量与剩余变量的总分之间的相关性（Corrected Item-Total Correlation，CITC）小于0.5，应该删除该题项；（2）如果删除该变量，总体的信度系数增加，则需要删除该变量。在本研究中，以上两点被作为净化题项的依据。

从表5-7可知，在个人层面影响因素的12个题项中，老年人的身体健康状况题项的Alpha系数为0.861，参与动机题项的Alpha系数为0.921，自我效能题项的Alpha系数为0.875，身体活动知识与技能题项的Alpha系数为0.878，均大于0.7的标准，说明个人层面影响因素各个题项的内部信度较高。通过观察每个题项的CITC值，发现每个值均大于0.5，表明分量表符合检验的标准。在删除任一个题项后，个人层面分量表的信度系数不会产生大的变化，表明个人层面量表题项均具有良好的信度。

表5-7　个人层面量表信度分析

变量	题项	CITC	删除项后的克隆巴赫Alpha	Alpha系数
身体健康状况	A1	0.758	—	0.861
	A2	0.758	—	
参与动机	A3	0.801	0.903	0.921
	A4	0.813	0.899	
	A5	0.818	0.896	
	A6	0.841	0.889	
自我效能	A7	0.725	0.856	0.875
	A8	0.747	0.835	
	A9	0.810	0.778	
身体活动知识与技能	A10	0.780	0.814	0.878
	A11	0.754	0.837	
	A12	0.760	0.831	

从表 5-8 可知，在人际层面影响因素分量表中，家人支持题项的 Alpha 系数为 0.836，家庭环境题项的 Alpha 系数为 0.905，朋友支持的 Alpha 系数为 0.872，均大于 0.7 的标准，表明人际层面影响因素分变量内部一致性信度较高。另外，发现其 CITC 值均大于 0.5，符合分析要求。在人际层面中，在分别删除了家人支持、家庭环境、朋友支持各个维度的题项之后，删除任一题项都不会引起克隆巴赫系数的增加。因此，人际层面影响因素分量表具有较好的信度。

表 5-8　人际层面量表信度分析

变量	题项	CITC	删除项后的克隆巴赫 Alpha	Alpha 系数
家人支持	B1	0.680	0.792	0.836
	B2	0.684	0.785	
	B3	0.737	0.734	
家庭环境	B4	0.796	0.874	0.905
	B5	0.766	0.885	
	B6	0.799	0.872	
	B7	0.785	0.877	
朋友支持	B8	0.746	0.830	0.872
	B9	0.783	0.797	
	B10	0.745	0.828	

从表 5-9 可知，在社区层面分量表的信度分析中，社区建成环境题项的 Cronbach's Alpha 系数为 0.909，社区体育组织题项的 Cronbach's Alpha 系数为 0.913，社区文化氛围题项的 Cronbach's Alpha 系数为 0.844，均大于 0.7 的标准，表明社区层面分变量中的 9 个题项的信度较好。另外，观察"删除项后的克隆巴赫值"，我们发现删除任意一题均不会引起 Cronbach's Alpha 的增加，同样证明社区层面影响因素分量表具有较高的可信度。

表 5-9　社区层面量表信度分析

变量	题项	CITC	删除项后的克隆巴赫 Alpha	Alpha 系数
社区建成环境	C1	0.806	0.883	0.909
	C2	0.835	0.854	
	C3	0.822	0.869	
社区体育组织	C4	0.836	0.866	0.913
	C5	0.844	0.860	
	C6	0.797	0.899	

续表

变量	题项	CITC	删除项后的克隆巴赫 Alpha	Alpha 系数
社区文化氛围	C7	0.712	0.779	0.844
	C8	0.667	0.822	
	C9	0.750	0.742	

从表 5-10 可知，在政策层面影响因素的分量表中，变量体育资源保证与体育政策执行的 Cronbach's Alpha 系数分别为 0.927 和 0.860，均大于 0.7，说明政策层面分量表各个题项的内部一致性较高，其 CITC 值均大于 0.5 的标准，表明政策层面分量表中的测量题目符合要求。并且在删除了任一题项之后，其他题项的克隆巴赫系数均不会增加，证明了政策层面分量表的信度较好。

表 5-10 政策层面量表信度分析

变量	题项	CITC	删除项后的克隆巴赫 Alpha	Alpha 系数
体育资源保证	D1	0.814	0.923	0.927
	D2	0.912	0.843	
	D3	0.830	0.911	
体育政策执行	D4	0.757	—	0.860
	D5	0.757	—	

3. 问卷的探索性因子分析

探索性因子分析属于效度检验中结构效度的分析，结构效度是检验实验与理论之间是否具有一致性，探索性因子分析是对后续因子分析的可行性检验。

效度分析是实证分析（Validity Analysis）的一个重要部分。在研究人员没有足够的时间和资源来开发新的测量工具的情况下，为了节约成本，他们会转向现有的测量工具，利用现有的测量工具来帮助研究，以了解相同的测量工具在不同的研究中是否兼容。因此，检查测量工具是否有效，是否能准确地应用和解释于当前的研究人群是很重要的。效度分析通常包括结构效度与内容效度分析，本研究使用了《社区衰弱老年人身体活动的社会生态学感知量表》进行调查，此量表通过查阅大量的文献资料与研究，使用德尔菲法汇集了专家的意见，构建了各个维度变量，因此本量表具有良好的内容效度。

本文使用 SPSS 数据分析软件对各个层面分量表的数据进行探索性因子分析（Exploratory factor analysis，EFA），探索性因子分析包括 KMO 和 Bartlett's 球形检验。一般来说,检验探索性因子分析一般要求:(1)KMO＞0.7;(2)Bartlett's 球形检验显著(*Sig.*＜0.05)。

(1) 个人层面分量表探索性因子分析

表 5-11　KMO and Bartlett's 检验

取样足够度的 Kaiser-Meyer-Olkin 度量		0.855
Bartlett's 的球形检验	近似卡方	1657.682
	df	66
	Sig.	0.000

个人层面分量表的探索性因子分析结果的 KMO 值为 0.855,Bartlett's 球形检验值显著(*Sig.*＜0.05),说明个人层面分量表的数据适合进行下一步的因子分析(见表 5-11)。采用主成分分析法提取因子,并提取了特征根大于 1 的公因子,在因子分析中使用了具有最大方差的正交旋转因子。因子分析的结果共得出 4 个因子,即老年人的身体健康状况、参与动机、自我效能和身体活动知识与技能,4 个因子的总体解释力达到 82.208%,表明所研究的 4 个因子有很好的代表性。4 个因子均具有较大的载荷(＞0.5),每个问题项目都属于相应的因子,表明个人层面分量表具有良好的结构效度。各个因素的负荷系数如表 5-12 所示。

表 5-12　个人层面影响因素探索性因子分析结果

变量	题项	旋转后成分矩阵			
		1	2	3	4
身体健康状况	A1	—	—	—	0.865
	A2	—	—	—	0.863
参与动机	A3	0.833	—	—	—
	A4	0.872	—	—	—
	A5	0.862	—	—	—
	A6	0.872	—	—	—
自我效能	A7	—	—	0.813	—
	A8	—	—	0.871	—
	A9	—	—	0.890	—
身体活动知识与技能	A10	—	0.855	—	—
	A11	—	0.869	—	—
	A12	—	0.844	—	—

（2）人际层面分量表探索性因子分析

表 5-13　KMO and Bartlett's 检验

取样足够度的 Kaiser-Meyer-Olkin 度量		0.873
Bartlett's 的球形检验	近似卡方	1109.823
	df	45
	Sig.	0.000

对人际层面分量表进行了探索性因子分析，结果得到 KMO 值为 0.873，Bartlett's 球形检验结果显著（$Sig.<0.05$），表明问卷数据符合因子分析的条件（见表 5-13）。采用主成分分析法进行因子提取，提取特征根大于 1 的公因子，采用最大方差的正交旋转法进行因子分析，共得到 3 个因子即家人支持、家庭环境与朋友支持，总体解释力为 78.179%，说明所选的 3 个因子具有良好的代表性。3 个因子的载荷均>0.5，且家人支持、家庭环境与朋友支持的每个题项都落在各自的因子内，说明人际关系分量表的结构效度较好（见表 5-14）。

表 5-14　人际层面影响因素探索性因子分析结果

变量	题项	旋转后成分矩阵		
		1	2	3
家人支持	B1	—	—	0.798
	B2	—	—	0.823
	B3	—	—	0.840
家庭环境	B4	0.801	—	—
	B5	0.810	—	—
	B6	0.854	—	—
	B7	0.846	—	—
朋友支持	B8	—	0.823	—
	B9	—	0.867	—
	B10	—	0.820	—

（3）社区层面分量表探索性因子分析

表 5-15　KMO and Bartlett's 检验

取样足够度的 Kaiser-Meyer-Olkin 度量		0.875
Bartlett's 的球形检验	近似卡方	1340.195
	df	36
	Sig.	0.000

由表5-15可知，社区层面影响因素分量表数据的KMO=0.875，Bartlett's球形检验值显著（$Sig.$<0.05），其结果表明社区层面量表的数据可以进行下一步的因子分析。采用因子提取的方法对数据进行分析，通过提取特征根大于1的公因子，采用正交旋转法进行因子分析，分析得到3个因子，即社区建成环境、社区体育组织、社区文化氛围，总解释能力达到了82.442%，代表这3个因子具有良好的代表性。同时，社区层面分量表具有良好的结构效度：社区建成环境、社区体育组织、社区文化氛围中各题项的因子载荷量均大于0.5，每个题项均对应相应的因子（见表5-16）。

表5-16 社区层面影响因素探索性因子分析结果

变量	题项	旋转后成分矩阵		
		1	2	3
社区建成环境	C1	—	0.873	—
	C2	—	0.872	—
	C3	—	0.799	—
社区体育组织	C4	0.869	—	—
	C5	0.845	—	—
	C6	0.852	—	—
社区文化氛围	C7	—	—	0.840
	C8	—	—	0.792
	C9	—	—	0.826

（4）政策层面分量表探索性因子分析

表5-17 KMO and Bartlett's 检验

取样足够度的Kaiser-Meyer-Olkin度量		0.707
Bartlett's的球形检验	近似卡方	746.662
	df	10
	$Sig.$	0.000

由表5-17可得到政策层面影响因素的KMO值为0.707，Bartlett's球形检验值显著（$Sig.$<0.05），表明政策层面分量表的数据适合进行下一步的因子分析。采用主成分分析法提取因子，提取特征值大于1的因子，使用正交旋转法进行因子分析，得到2个因子，即体育资源保证与体育政策执行，2个因子能够解释

政策层面因素达到87.557%，说明这两个因子能够较好地代表政策层面的影响因素。同时，体育资源保证与体育政策执行的每个题项都落在了相应的因子上，因子负荷量较大，因此政策层面分量表的结构效度较好（见表5-18）。

表5-18 政策层面影响因素探索性因子分析结果

变量	题项	旋转后成分矩阵	
		1	2
体育资源保证	D1	0.900	—
	D2	0.950	—
	D3	0.901	—
体育政策执行	D4	—	0.928
	D5	—	0.912

最终，确定了自编《社区衰弱老年人参与身体活动的社会生态学影响因素量表》的题项数量为36个，各分量表的题目数量、公因子数量见表5-19。

表5-19 各分量表的题项数和因子数一览表

量表	题项数目（个）	公因子数目（个）
个人层面影响因素分量表	12	4
人际层面影响因素分量表	10	3
社区层面影响因素分量表	9	3
政策层面影响因素分量表	5	2
小计	36	12

五、问卷的验证性因子分析

验证性因子分析是对自己设计量表时预先设定的架构进行检验，检验自己设定的理论架构、题项设置是否具有科学性，以及检验收集到的数据能否体现真正的结果。使用验证性因子分析来检验各内部变量项目的收敛效度，主要是为了检查实际测量数据与理论框架的一致性。

验证性因子分析应评估模型的拟合度，并修订测量模型以提高模型的拟合度。X^2/DF、GFI、AGFI、NFI、TLI、IFI、CFI和RMSEA被选为模型拟合的主要参数，各指标的标准理想值见表5-20。

表 5-20　模型拟合指标理想标准值

拟合指标	X²/DF	GFI	AGFI	NFI	TLI	IFI	CFI	RMSEA
接受范围	<3	>0.9	>0.9	>0.9	>0.9	>0.9	>0.9	<0.08

（1）个人层面分量表验证性因子分析

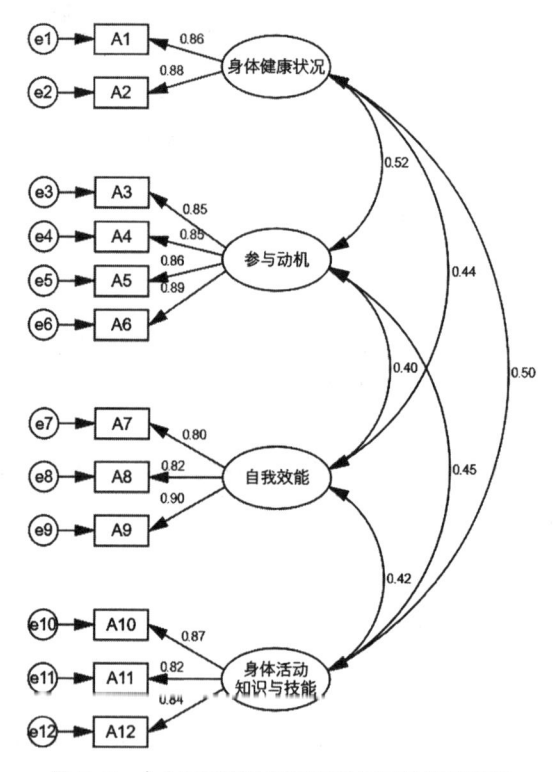

图 5-2　个人层面各变量验证性因子分析模型图

由表5-21可知，CMIN/DF为1.161，小于3以下标准，GFI=0.959，AGFI=0.934，NFI=0.967，IFI=0.995，TLI=0.993，CFI=0.995，如图5-2所示，在个人层面上验证子量表的因子分析结果显示，每个问题的标准化因素负荷都大于0.5，身体健康状况、参与动机、自我效能和身体活动知识与技能的成分信度分别为0.862、0.921、0.879和0.879；均大于0.862。平均变异系数为0.7，平均变异系数分别为0.758、0.746、0.708和0.707；均大于0.5，均符合收敛有效性的标准，拟合度也在可接受的范围内，所以所有题项都被选作进一步分析（见表5-22）。

表 5-21　模型拟合度

拟合指标	可接受范围	测量值
CMIN	—	55.748
DF	—	48.000
CMIN/DF	<3	1.161
GFI	>0.9	0.959
AGFI	>0.9	0.934
NFI	>0.9	0.967
RMSEA	<0.08	0.028
IFI	>0.9	0.995
TLI（NNFI）	>0.9	0.993
CFI	>0.9	0.995

表 5-22　个人层面验证性因子分析结果

构面	题项	非标准化因素负荷	标准误 S.E.	C.R.（t-value）	P	标准化因素负荷	CR	AVE
身体健康状况	A1	1	—	—	—	0.863	0.862	0.758
	A2	1.078	0.098	11.014	***	0.878		
参与动机	A3	1	—	—	—	0.848	0.921	0.746
	A4	1.145	0.074	15.508	***	0.850		
	A5	1.116	0.07	15.943	***	0.865		
	A6	1.125	0.067	16.745	***	0.891		
自我效能	A7	1	—	—	—	0.797	0.879	0.708
	A8	1.012	0.079	12.815	***	0.819		
	A9	1.124	0.082	13.708	***	0.904		
身体活动知识与技能	A10	1	—	—	—	0.867	0.879	0.707
	A11	1.009	0.074	13.714	***	0.816		
	A12	1.001	0.071	14.141	***	0.839		

注：*** 表示 $P<0.001$。

（2）人际层面分量表验证性因子分析

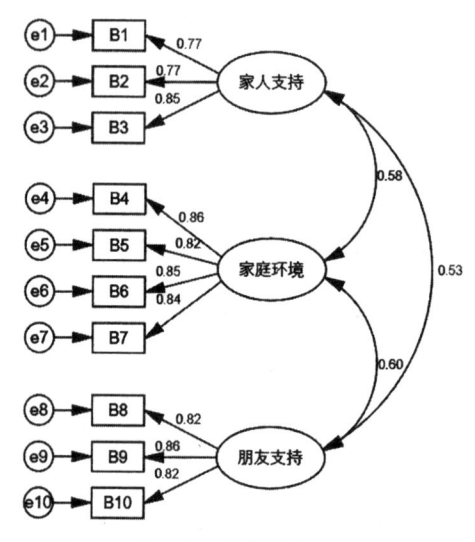

图 5-3　人际层面各变量验证性因子分析

从表 5-23 可知，CMIN/DF 为 1.856，小于 3 以下标准，GFI=0.945，AGFI=0.906，NFI=0.955，IFI=0.979，TLI=0.970，CFI=0.979，均达到 0.9 以上的标准，RMSEA 为 0.064，小于 0.08，大多的拟合指标均符合一般 SEM 研究的标准，因此可以认为这个模型有不错的配适度。人际层面分量表验证性因子分析结果（见表 5-24）显示各题标准化因素负荷均大于 0.5 以上，残差均为正而且显著。如图 5-3 所示。家人支持、家庭环境、朋友支持的组成信度分别为 0.839、0.905、0.875，均大于 0.7，平均变异萃取量分别为 0.634、0.705、0.699；均大于 0.5，均达到收敛效度的标准，配适度也在可接受的范围，因此保留全部题项作为后续分析。

表 5-23　模型拟合度

拟合指标	可接受范围	测量值
CMIN	—	59.377
DF	—	32.000
CMIN/DF	<3	1.856
GFI	>0.9	0.945
AGFI	>0.9	0.906
NFI	>0.9	0.955
RMSEA	<0.08	0.064
IFI	>0.9	0.979
TLI（NNFI）	>0.9	0.970
CFI	>0.9	0.979

表 5-24 人际层面验证性因子分析结果

构面	题项	非标准化因素负荷	标准误 S.E.	C.R. (t-value)	P	标准化因素负荷	CR	AVE
家人支持	B1	1	—	—	—	0.771	0.839	0.634
	B2	1.071	0.099	10.809	***	0.770		
	B3	1.272	0.111	11.491	***	0.846		
家庭环境	B4	1	—	—	—	0.856	0.905	0.705
	B5	0.999	0.069	14.472	***	0.818		
	B6	1.031	0.067	15.282	***	0.847		
	B7	0.970	0.065	14.988	***	0.837		
朋友支持	B8	1	—	—	—	0.824	0.875	0.699
	B9	1.215	0.089	13.694	***	0.859		
	B10	1.052	0.080	13.183	***	0.825		

注：*** 表示 $P<0.001$。

（3）社区层面分量表验证性因子分析

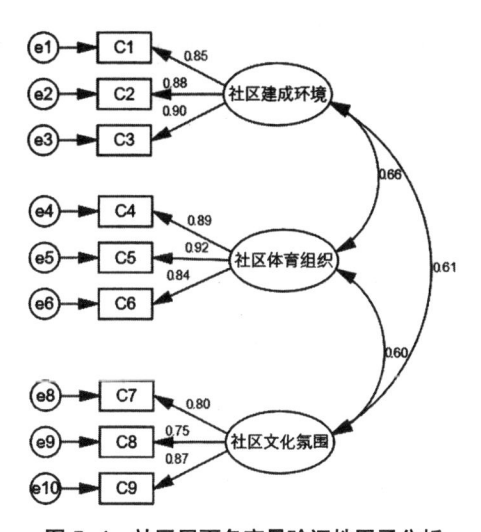

图 5-4 社区层面各变量验证性因子分析

从表 5-25 可知，CMIN/DF 为 1.241，小于 3 以下标准，GFI=0.970，AGFI=0.944，NFI=0.978，IFI=0.996，TLI=0.993，CFI=0.996，均达到 0.9 以上的标准，RMSEA 为 0.034，小于 0.08，大多的拟合指标均符合一般 SEM 研究的标准，因此可以认为这个模型有不错的配适度。社区层面分量表验证性因子分析结果（见表 5-26）各题标准化因素负荷均大于 0.5 以上，残差均为正而且显著。社区建成环境、社区体育组织、社区文化氛围的组成信度分别为 0.910、0.914、0.846，均大于 0.7，平均变异萃取量分别为 0.772、0.779、0.647；均大于 0.5，均达到收敛效度的标准，配适度也在可接受的范围，因此保留全部题项作为后续分析。如图 5-4 所示。

表 5-25 模型拟合度

拟合指标	可接受范围	测量值
CMIN	—	29.777
DF	—	24.000
CMIN/DF	<3	1.241
GFI	>0.9	0.970
AGFI	>0.9	0.944
NFI	>0.9	0.978
RMSEA	<0.08	0.034
IFI	>0.9	0.996
TLI（NNFI）	>0.9	0.993
CFI	>0.9	0.996

表 5-26 社区层面验证性因子分析结果

构面	题项	非标准化因素负荷	标准误 S.E.	C.R.（t-value）	P	标准化因素负荷	CR	AVE
社区建成环境	C1	1				0.847	0.910	0.772
	C2	1.155	0.071	16.272	***	0.884		
	C3	1.245	0.074	16.736	***	0.903		
社区体育组织	C4	1				0.893	0.914	0.779
	C5	1.010	0.053	19.023	***	0.915		
	C6	0.950	0.058	16.436	***	0.839		
社区文化氛围	C7	1				0.797	0.846	0.647
	C8	0.888	0.080	11.029	***	0.745		
	C9	1.084	0.087	12.491	***	0.867		

注：*** 表示 $P<0.001$。

（4）政策层面分量表验证性因子分析

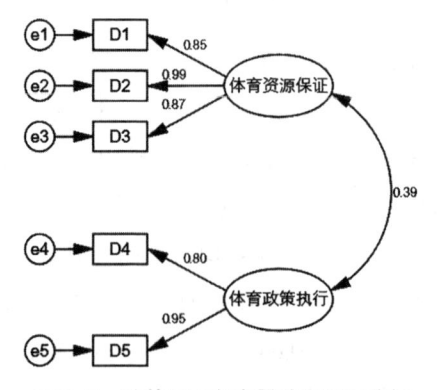

图 5-5 政策层面各变量验证因子分析

表 5-27 显示，CMIN/DF 为 1.258，低于小于 3 的控制值。GFI=0.991，AGFI=0.966，NFI=0.993，IFI=0.999，TLI=0.997，CFI=0.999，都高于 0.9 的控制值。RMSEA 为 0.035，小于 0.08。由于大多数良好的拟合符合典型 SEM 研究的标准，所以认为模型拟合良好。在政策层面进行的因子分析结果（见表 5-28）显示，每个问题的标准化因子负荷都在 0.5 以上。体育资源保证部分和体育政策执行部分的信度均大于 0.7，即分别为 0.930 和 0.868，提取方差的均值也大于 0.5，即分别为 0.817 和 0.767，这意味着收敛效度和拟合度的标准得到满足，因此，所有题项都被选作进一步分析。

表 5-27 模型拟合度

拟合指标	可接受范围	测量值
CMIN	—	5.032
DF	—	4.000
CMIN/DF	<3	1.258
GFI	>0.9	0.991
AGFI	>0.9	0.966
NFI	>0.9	0.993
RMSEA	<0.08	0.035
IFI	>0.9	0.999
TLI（NNFI）	>0.9	0.997
CFI	>0.9	0.999

表 5-28 政策层面验证性因子分析结果

构面	题项	非标准化因子负荷	标准误 S.E.	C.R.（t-value）	P	标准化因素负荷	CR	AVE
体育资源保证	D1	1	—	—	—	0.850	0.930	0.817
	D2	1.243	0.062	19.907	***	0.986		
	D3	1.050	0.061	17.096	***	0.870		
体育政策执行	D4	1	—	—	—	0.801	0.868	0.767
	D5	1.279	0.189	6.758	***	0.945		

注：*** 表示 $P<0.001$。

六、社会生态学影响因素与衰弱老年人身体活动相关性分析

在前面的研究中，利用信效度分析方法检验了《社区衰弱老年人身体活动的

社会生态学感知量表》，并确定了各层面分量表的变量与各维度相对应的指标，要对量表中的各题项之间的相关性进行分析。通过分析各变量之间的相关程度，从而显示变量之间的依存关系。通过分析得到相关系数 r，r 的值一般在 –1 到 1 之间，r 的绝对值越大（越接近于 1）表明量表各变量之间的相关程度越高。

（1）个人层面影响因素与身体活动

表 5-29　个人层面各变量与身体活动相关分析

	身体健康状况	参与动机	自我效能	身体活动知识与技能	身体活动
身体健康状况	0.870	—	—	—	—
参与动机	0.468**	0.863	—	—	—
自我效能	0.402**	0.371**	0.841	—	—
身体活动知识与技能	0.427**	0.397**	0.368**	0.840	—
身体活动	0.386**	0.381**	0.358**	0.378**	1

注：**. 在置信度（双测）为 0.01 时，相关性是显著的。
*. 在置信度（双测）为 0.05 时，相关性是显著的。

由表 5-29 可知，身体健康状况与身体活动的 r 值为 0.386、参与动机与身体活动的相关系数 r 值为 0.381、自我效能为 0.358、身体活动知识与技能为 0.378，且相关性是显著的，表明个人层面中的各维度与身体活动之间均存在显著的正向相关关系。

（2）人际层面影响因素与身体活动

表 5-30　人际层面各变量与身体活动相关分析

	家人支持	家庭环境	朋友支持	身体活动
家人支持	0.796	—	—	—
家庭环境	0.500**	0.839	—	—
朋友支持	0.467**	0.539**	0.836	—
身体活动	0.426**	0.450**	0.455**	1

注：**. 在置信度（双测）为 0.01 时，相关性是显著的。
*. 在置信度（双测）为 0.05 时，相关性是显著的。

由表 5-30 可知，家人支持与身体活动的相关值为 0.426、家庭环境与身体活动的 r 值为 0.450，朋友支持的 r 值为 0.455，且 P 值均显著，表明人际层面影响因素与身体活动之间均存在显著的正向相关关系。

(3)社区层面影响因素与身体活动

表 5-31 社区层面各变量与身体活动相关分析

	社区建成环境	社区体育组织	社区文化氛围	身体活动
社区建成环境	0.878	—	—	—
社区体育组织	0.585**	0.883	—	—
社区文化氛围	0.535**	0.538**	0.804	—
身体活动	0.470**	0.468**	0.460**	1

注：**.在置信度（双测）为 0.01 时，相关性是显著的。
*.在置信度（双测）为 0.05 时，相关性是显著的。

由表 5-31 可知，社区层面中社区建成环境、社区体育组织、社区文化氛围与身体活动之间的 P 值均达到了显著水平，表明社区层面各维度的影响因素与身体活动之间均存在显著的正向相关关系。

(4)政策层面影响因素与身体活动

表 5-32 政策层面各变量与身体活动相关分析

	体育资源保证	体育政策执行	身体活动
体育资源保证	0.903	—	—
体育政策执行	0.377**	0.875	—
身体活动	0.278**	0.361**	1

注：**.在置信度（双测）为 0.01 时，相关性是显著的。
*.在置信度（双测）为 0.05 时，相关性是显著的。

由表 5-32 可知，政策层面的影响因素：体育资源保证、体育政策执行与身体活动均具有相关性，且 P 值显著，表明政策层面各维度与身体活动之间均存在显著的正向相关关系。

七、社区衰弱老年人身体活动的社会生态学因素分析

当 SEM 被应用于验证理论模型时，良好的模型拟合在 SEM 分析中非常重要。因此需要模型所预测的协方差矩阵与样本的协方差矩阵较匹配，更好的匹配意味着模型更接近于样本的协方差矩阵。因此，在构建方程模型的过程中必须考虑到 SEM 所提供的重要相关统计数据。本研究以个人层面、人际层面、社区层面、政

策层面的影响因素以及衰弱老年人身体活动水平分别作为自变量与因变量，构建结构方程模型。选择了包括 CMIN 检验、CMIN/DF 比率、拟合指数（GFI）、调整后的拟合指数（AGFI）、近似均方根误差（RMSEA）、非正常拟合指数（NNFI）、额外拟合指数（IFI）、比较拟合指数（CFI）等几个指标来评估模型的总体拟合度。如果大部分指标得到满足，则认为该模型数据的拟合效果良好。

1. 个人层面影响因素与身体活动的关系

由表 5-33 可知，CMIN/DF 为 1.182，小于 3 以下标准，GFI=0.956，AGFI=0.929，NFI=0.963，TLI=0.992，CFI=0.994，IFI=0.994，均大于 0.9，符合标准。RMSEA 为 0.029，小于 0.08。因此，表明个人层面影响因素的拟合指标均满足了结构方程模型研究的要求。如图 5-6 所示。

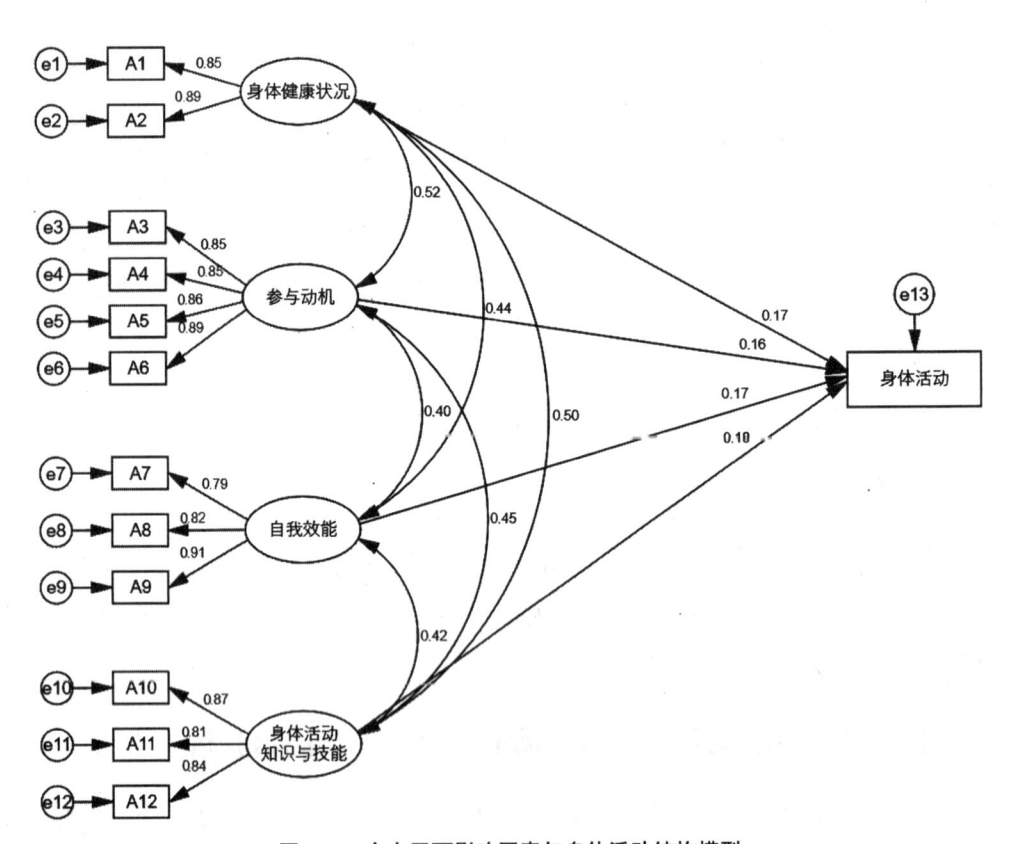

图 5-6 个人层面影响因素与身体活动结构模型

表 5-33　模型拟合度

拟合指标	可接受范围	测量值
CMIN	—	66.170
DF	—	56.000
CMIN/DF	<3	1.182
GFI	>0.9	0.956
AGFI	>0.9	0.929
NFI	>0.9	0.963
RMSEA	<0.08	0.029
IFI	>0.9	0.994
TLI（NNFI）	>0.9	0.992
CFI	>0.9	0.994

表 5-34　个人层面影响因素与身体活动结构方程模型路径系数

路径关系			标准化系数	非标准化系数	标准误差	T 值	P	假设成立支持
身体活动	<---	身体健康状况	0.172	49.494	24.769	1.998	0.046	支持
身体活动	<---	参与动机	0.161	50.925	24.909	2.044	0.041	支持
身体活动	<---	自我效能	0.168	56.974	25.678	2.219	0.027	支持
身体活动	<---	身体活动知识与技能	0.182	56.938	25.138	2.265	0.024	支持

注：***=$P<0.001$。

由表 5-34 可知，个人层面影响因素中四个维度即身体健康状况、参与动机、自我效能以及自身具备的身体活动知识与技能，其对老年人身体活动影响的标准化系数均为正值，且 $P<0.05$，表明个人层面中的四个维度对于衰弱老年人身体活动的正向影响关系显著。

从四个维度对于身体活动的路径关系中，可以看出身体活动知识与技能的影响程度最大，标准化系数为 0.182，这就表明当衰弱老年人自身具备一定的体育知识或掌握一项体育技能时，在身体活动的过程中能够更好地获得成就感，其参与身体活动的频率也会大大提高。另外，衰弱老年人是否身体健康对于身体活动的影响也较大，表明自身身体状况是身体活动的基础，没有运动障碍的老年人更容易进行身体活动。见图 5-7。

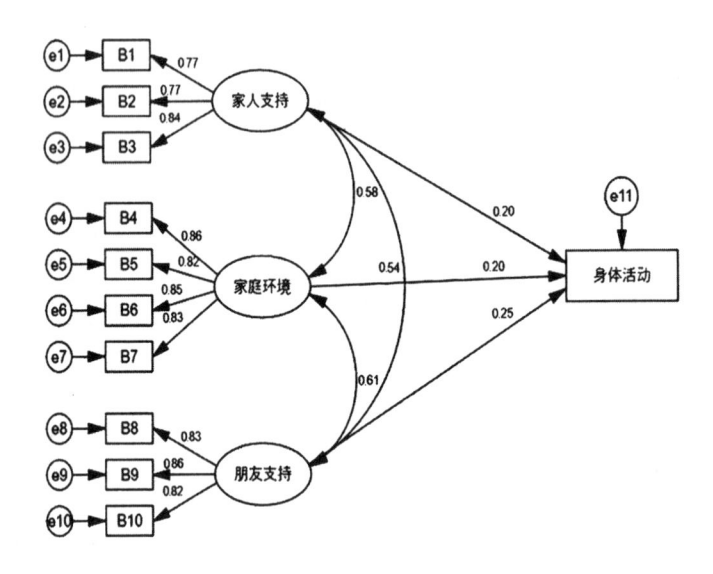

图 5-7 人际层面影响因素与身体活动结构模型

2. 人际层面影响因素与身体活动的关系

从人际层面影响因素的结构模型的结果得出，模型 CMIN/DF 为 1.814，小于 3 以下标准，GFI=0.942，AGFI=0.903，NFI=0.950，IFI=0.977，TLI=0.967，CFI=0.977，均>0.9。RMSEA 为 0.062，小于 0.08，表明人际层面影响因素的各指标拟合度较好。如表 5-35。

表 5-35 模型拟合度

拟合指标	可接受范围	测量值
CMIN	—	70.734
DF	—	39.00
CMIN/DF	<3	1.814
GFI	>0.9	0.942
AGFI	>0.9	0.903
NFI	>0.9	0.950
RMSEA	<0.08	0.062
IFI	>0.9	0.977
TLI（NNFI）	>0.9	0.967
CFI	>0.9	0.977

表 5-36　人际层面影响因素与身体活动结构方程模型路径系数

路径关系			标准化系数	非标准化系数	标准误差	T 值	P	假设成立支持
身体活动	<---	家人支持	0.204	74.657	31.661	2.358	0.018	支持
身体活动	<---	家庭环境	0.204	62.035	27.019	2.296	0.022	支持
身体活动	<---	朋友支持	0.254	87.378	30.028	2.910	0.004	支持

注：***=$P<0.001$。

由表 5-36 可知，在人际层面影响因素中，家人支持、家庭环境与朋友支持对身体活动均具有正向影响（路径系数均大于 0），且影响显著（$P<0.05$）。

从三个维度对身体活动的标准化系数得知，朋友支持对于社区衰弱老年人身体活动的标准化系数为 0.254，其影响程度最大。在社区调查中我们发现，很多独居的老年人时常感到孤单，朋友的陪伴对于他们来说至关重要，在大部分空闲时间，他们喜欢和朋友聚在一起进行活动、聊天等，因此朋友的陪伴对社区衰弱老年人身体活动的参与具有重要的影响。同时，家人支持与家庭环境对于社区衰弱老年人的身体活动影响同等重要，家人支持有助于激发老年人身体活动的兴趣，家庭环境很大程度上决定了老年人参与身体活动的时间长短，与家人共同进行身体活动，有利于家庭成员之间进行沟通交流，增加陪伴时间，增进彼此之间的感情。

3. 社区层面影响因素与身体活动的关系

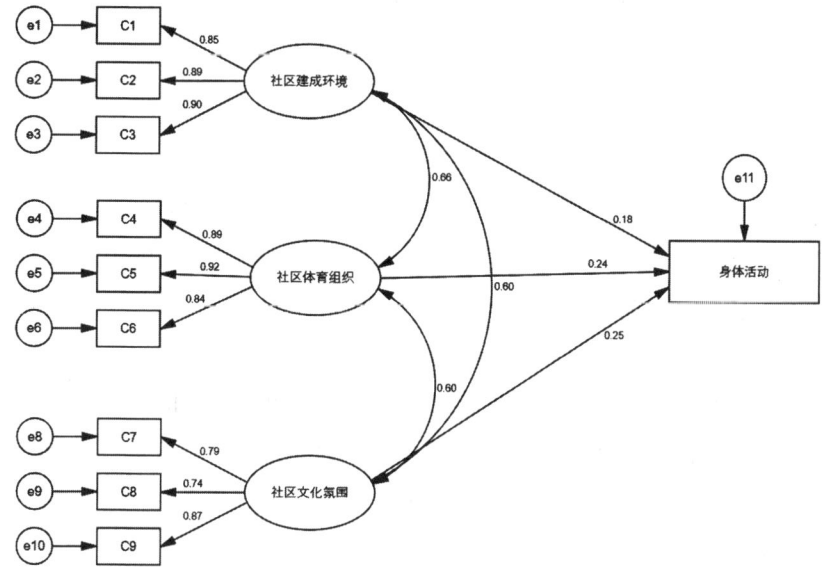

图 5-8　社区层面影响因素与身体活动结构模型

由社区层面影响因素与身体活动的关系模型中，得知 CMIN/DF=1.299（<3），GFI=0.965，AGFI=0.937，NFI=0.973，CFI=0.994，均大于 0.9，RMSEA=0.038<0.08。此结果表明社区层面身体活动结构模型具有良好的拟合度。见表 5-37。

表 5-37 模型拟合度

拟合指标	可接受范围	测量值
CMIN	—	38.966
DF	—	30.000
CMIN/DF	<3	1.299
GFI	>0.9	0.965
AGFI	>0.9	0.937
NFI	>0.9	0.973
RMSEA	<0.08	0.038
IFI	>0.9	0.994
TLI（NNFI）	>0.9	0.990
CFI	>0.9	0.994

表 5-38 社区层面影响因素与身体活动结构方程模型路径系数

路径关系			标准化系数	非标准化系数	标准误差	T值	P	假设成立支持
身体活动	<---	社区建成环境	0.182	50.041	24.876	2.012	0.044	支持
身体活动	<---	社区体育组织	0.235	52.712	20.183	2.612	0.009	支持
身体活动	<---	社区文化氛围	0.250	63.712	22.718	2.804	0.005	支持

注：***=$P<0.001$。

由表 5-38 可知，社区层面分量表的三个维度，即社区建成环境、社区体育组织、社区文化氛围的路径系数大于 0，且 $P<0.05$，社区层面影响因素对衰弱老年人身体活动具有正向影响，且影响显著。

如图 5-8 所示，从各个维度具体的路径系数可知，社区文化氛围的标准化系数为 0.250，对身体活动的影响程度最大。体育文化氛围浓厚的社区，往往社区内的场地配置、环境基础设施等体育资源更充足，这就能够有效提升社区衰弱老年人身体活动参与的频率，激发身体活动的动机。同时，社区体育组织对于身体活动的影响程度也较大，路径系数为 0.235，社区内组成一个好的体育组织，团队组织形式增强了老年人身体活动的依从性，老年人相互督促进步，更有助于坚持锻炼。

4. 政策层面影响因素与身体活动的关系

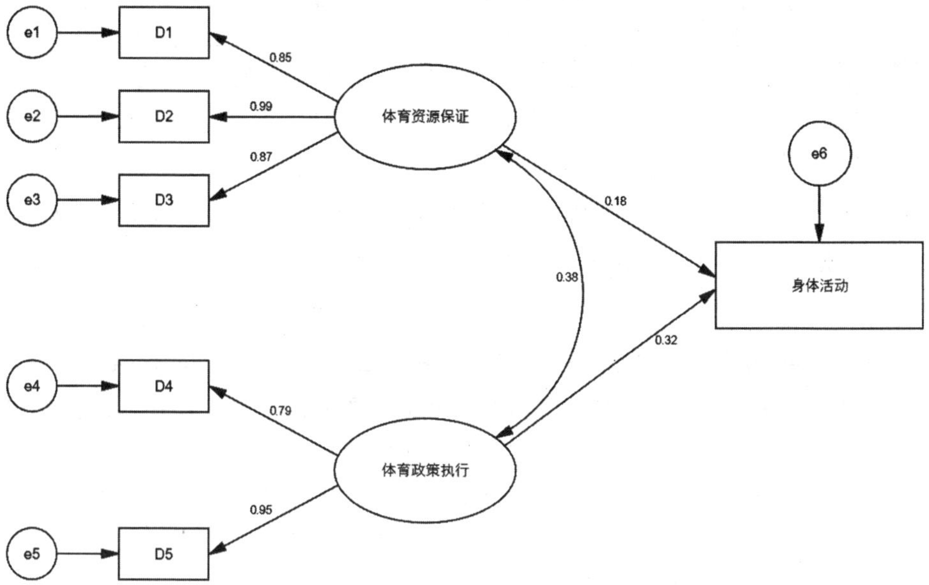

图 5-9 政策层面影响因素与身体活动结构模型

政策层面影响因素与身体活动的关系模型，拟合指标均达到了 SEM 研究的标准，CMIN/DF=1.302＜3，GFI=0.986，AGFI=0.959，NFI=0.989，IFI=0.997，TLI=0.994，CFI=0.997 均达到 0.9 以上的标准，政策层面各指标的拟合效度较好。见图 5-9，表 5-39。

表 5-39 模型拟合度

拟合指标	可接受范围	测量值
CMIN	—	9.112
DF	—	7.000
CMIN/DF	＜3	1.302
GFI	＞0.9	0.986
AGFI	＞0.9	0.959
NFI	＞0.9	0.989
RMSEA	＜0.08	0.038
IFI	＞0.9	0.997
TLI（NNFI）	＞0.9	0.994
CFI	＞0.9	0.997

表 5-40　政策层面影响因素与身体活动结构方程模型路径系数

路径关系			标准化系数	非标准化系数	标准误差	T值	P	假设成立支持
身体活动	<---	体育资源保证	0.178	44.459	17.601	2.526	0.012	支持
身体活动	<---	体育政策执行	0.320	93.225	21.340	4.368	***	支持

注：***=$P<0.001$。

由表 5-40 中政策层面的路径系数可知，体育资源保证与体育政策执行情况的路径系数均大于 0，且 $P<0.05$，表明政策层面影响因素对身体活动具有显著的正向影响。

由表 5-40 可知，体育政策执行对社区衰弱老年人身体活动的影响程度最大，标准化系数为 0.320。为了使国家发布的体育政策更好地落地，政府、社会各部门需要统筹安排、协调合作，社会各界共同关注社区衰弱老年人身体活动状况，对政策的执行情况进行评价，有利于保证社区衰弱老年人每天足够的身体活动量，减缓社区老年人的衰弱速度。

5. 社会生态学各层面影响因素与身体活动的关系

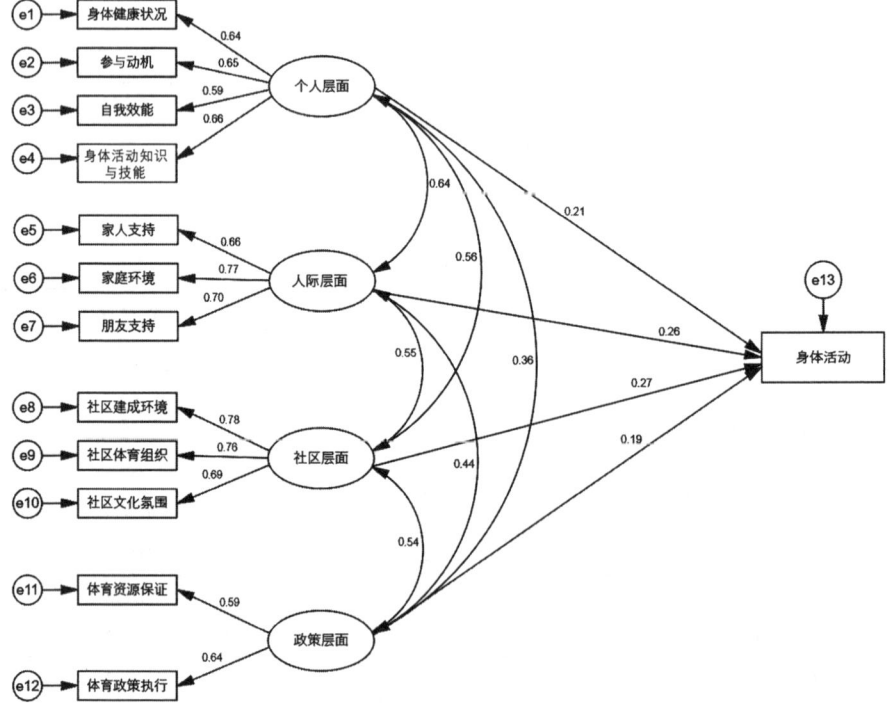

图 5-10　社会生态学各层面影响因素与身体活动结构模型

社会生态学各层面（个人层、人际层、社区层、政策层）影响因素与身体活动的结构模型中的拟合指标均达到了标准，CMIN/DF=1.438（<3），GFI=0.946，AGFI=0.913，NFI=0.909，IFI=0.970，TLI=0.958，CFI=0.970，均大于0.9，因此该模型的拟合效果较好。见图5-10。

表5-41 模型拟合度

拟合指标	可接受范围	测量值
CMIN	—	81.993
DF	—	57.000
CMIN/DF	<3	1.438
GFI	>0.9	0.946
AGFI	>0.9	0.913
NFI	>0.9	0.909
RMSEA	<0.08	0.045
IFI	>0.9	0.970
TLI（NNFI）	>0.9	0.958
CFI	>0.9	0.970

表5-42 社会生态学各层面影响因素与身体活动结构方程模型路径系数

路径关系			标准化系数	非标准化系数	标准误差	T值	P	假设成立支持
身体活动	<---	个人层面	0.205	81.196	38.267	2.122	0.034	支持
身体活动	<---	人际层面	0.257	116.966	44.313	2.640	0.008	支持
身体活动	<---	社区层面	0.268	80.091	28.077	2.853	0.004	支持
身体活动	<---	政策层面	0.192	71.110	35.668	1.994	0.046	支持

注：***=P<0.001。

由表5-41和5-42中的数据结果可知，社会生态学各层面的影响因素对于社区衰弱老年人身体活动行为均具有正向影响（标准系数>0），且影响显著（P<0.05）。

在各个层面的影响因素中，社区层面对社区衰弱老年人身体活动的影响程度最大，社区作为老年人基本的生活单元，对老年人的生活产生重要影响。同时，人际层面、个人层面对衰弱老年人的身体活动的影响较大。因此，为了有效提升衰弱老年人身体活动的频率，需要关注各层面的影响，有效提升衰弱老年人的身体素质。

第三节 结论与建议

1. 结论

（1）社区老年人衰弱状况：本研究共纳入450位社区老年人，包括衰弱老年人213位，其中衰弱前期老年人（FP得分在1～3分）有155位（34.4%），衰弱综合征（FP>3分）有58位（12.9%），社区老年人衰弱率为47.3%。社区衰弱老年人身体活动状况：老年人以低身体活动水平与中等身体活动水平为主，高身体活动水平占比较小。

（2）在社会生态学理论下，社区衰弱老年人身体活动参与的个人层面影响因素有身体健康状况、参与动机因素、自我效能因素、身体活动知识与技能因素；人际层面影响因素有家人支持因素、家庭环境因素、朋友支持因素；社区层面影响因素有社区建成环境因素、社区体育组织因素、社区文化氛围因素；政策层面影响因素有体育资源保证因素、体育政策执行因素。

（3）社会生态学各层面影响因素与老年人身体活动的整体模型拟合度较好。在四个层面中，社区层面影响因素对老年人身体活动的影响最显著；第二位影响因素为人际层面因素，第三位影响因素为个人层面因素；路径系数最小的影响因素为政策层面因素。

（4）个人层面影响因素、人际层面影响因素、社区层面影响因素、政策层面影响因素分别对社区衰弱老年人身体活动呈显著的正相关。人际层面影响因素与老年人身体活动的模型拟合度较好，在人际层面因素中，其影响程度大小排列依次为朋友支持、家人支持，与老年人的家庭环境影响大小相同，均具有显著的影响；社区层面影响因素与老年人身体活动的模型拟合度较好，在社区层面因素中，其影响程度大小排列依次为社区文化氛围、社区体育组织、社区建成环境，均具有显著的影响；政策层面影响因素与老年人身体活动的模型拟合度较好，在政策层面因素中，其影响程度大小排列依次为体育政策执行、体育资源保证，均具有显著的影响。

2. 建议

（1）个人层面：提高主动健康意识，促进衰弱风险老年人积极参与身体活动。老年群体的主动健康意识低，这和老年人较低的健康素养水平有一定的关系，健康素养受到教育体系、文化与社会环境等因素的制约和影响。提高老年人健康素养，应加强老年人健康素养的科普宣传教育和再教育，尤其注意将农村及偏远郊区作为重点区域，将农村老年人口健康教育作为工作重心，重视老年大学工程建设，使再教育成为老年人主动健康意识和健康素养推进的有力推手；加快互联网对老年人主动健康意识的推动作用，加强政策和资源向公益性健康节目、广告和栏目的倾斜保障；逐步探索医患之间的健康教育与健康促进的奖励与约束机制，加强相关医务工作者培训工作使其掌握相应的健康科普知识。逐步对老年人实行优惠的健康体检项目，增加医务人员在基层的走访次数，并在诊疗过程中提供健康指导；加快社区社会指导员队伍建设，招募退休体育工作者组成志愿者组织，促进老年人的体育技能发展。

（2）人际层面：重视家庭和同伴的促进作用，为衰弱老年人身体活动提供支持性环境。首先，营造一个浓厚的家庭运动氛围，家人积极参与身体活动，家人为老年人树立榜样与带头作用，带动老年人参与其中，有了家庭成员的陪伴，老年人坚持身体活动会更有动力，能够有效提高老年人参与身体活动的持续性。另外，家庭成员、朋友通过言语鼓励、称赞等给予老年人精神支持，督促老年人积极参与身体活动。子女、家人可以为老年人添置一些运动器材与设备，使老年人切身体会到家庭对于身体活动的重视，可以在每完成一次身体活动之后给予其奖励，使老年人运动之余产生幸福愉悦感。其次，朋友、同伴的鼓励与支持同样重要，要鼓励老年人积极扩大交际圈。

（3）社区层面：营造良好健身环境，健全社区体育组织。优化社区建成环境首先要严格落实《城市居住区规划设计标准》，保证一定数量和比例的土地用于身体活动设施建设，为人们身体活动提供足够的空间和场地。考虑适宜的社区服务半径，集约建设社区广场或社区文体中心等综合性运动设施，免费或以较低的收费向所有居民开放。落实学校运动场地向社区共享，在着力打造"15分钟生活圈"的社区体育网络的同时提高各场地资源的利用率。其次充分尊崇以人为本的理念，考虑社区老年人出行对公共交通依赖程度，提高公交可达性以增加老年人交通行为。同时构建社区内慢行网络，建立相互连通的自行车道及人行小道，增加绿地、夜间照明设施及其他安全设施建设，按居民意愿与现实需求实施资源配置，使社区建成环境布局适老化、宜居化、网络化，从而促进社区老年人产生更多的身体活动行为。

（4）政策层面：强化政策执行力度，促进体育相关政策在社区的实施。新政策的落实需要广泛宣传和强有力执行。从信息发布角度来看，应建立信息多级发布机制，在医疗、疾控、体育和传媒等健康促进相关部门间建立起健康信息共享与权威发布的联动机制，及时、细致地解读指南，大力开展健康科普；从传播角度来看，应加强健康信息的传播路径，充分发挥传统传媒和新媒体的各自传播优势，深度发掘大众传媒、社交软件、人际传播和社区传播在健康信息及相关指南推广中的潜力；从推进路径来看，应加强跨部门、跨领域合作，如财政支持与卫生教育相呼应、活动组织与场地设施相呼应，各部门各司其职又紧密联系，形成老年人身体活动促进的多元协同治理，将政策落实到每一位老年人的身体活动当中去。

第六章 社会生态学理论下社区衰弱老年人身体活动的促进策略

目前，衰弱已经成为国内外研究的热点话题。尤其在意大利和日本等发达国家的老龄化开始较早且较为严重，衰弱不仅引起了临床护理人员的重视，还受到了公共卫生和预防医学领域的广泛关注，并即将在促进老年人健康的相关政策上面予以体现。我国在老年人衰弱研究领域的研究较少，尚处于国外介绍和研究起步阶段，研究内容的深度和广度明显不足。加强我国老年人衰弱的研究，积极探索预防和干预衰弱的方法和手段，对探索促进老年人健康和推动我国健康老龄化具有重要意义。

本研究发现，我国老年人的衰弱率呈逐年上升趋势，起始水平和发展速度有着显著的个体差异，身体活动和衰弱之间存在剂量－效应关系，其中身体活动能耗每增加 1MET-h/d，衰弱风险下降 5%，相比于低水平的身体活动，中高水平身体活动对于降低我国老年人衰弱的发生也有显著作用，且存在群体异质性，在这一过程中炎症水平起到了部分中介作用。同时，在社区环境中进行的实证研究也证实了社区老年人身体活动与衰弱之间存在着剂量－效应关系，并且随着身体活动量的增加，衰弱风险呈下降趋势。最后，以社会生态学理论为分析框架，探讨了影响社区衰弱老年人身体活动的影响因素，结果发现，社区衰弱老年人身体活动参与的个人层面影响因素有身体健康状况、参与动机因素、自我效能因素、身体活动知识与技能因素；人际层面影响因素有家人支持因素、家庭环境因素、朋友支持因素；社区层面影响因素有社区建成环境因素、社区体育组织因素、社区文化氛围因素；政策层面影响因素有体育资源保证因素、体育政策执行因素。个人层面影响因素、人际层面影响因素、社区层面影响因素、政策层面影响因素分别对社区衰弱老年人身体活动呈显著的正相关。每个层面都会对社区衰弱老年人的身体活动带来影响，因此更要关注社会生态学的各方面，提升老年人参与身体活动的积极性，切实提高老年人身体素质，逆转衰弱状态。

以上研究对进行社区老年人衰弱的预防和管理具有重要价值，基于研究结果，本研究提出了针对社区环境老年人衰弱风险防治和管理的主要策略。

一、重视我国老年人衰弱问题，扩大衰弱防治的工作力度

在研究中，我们发现社区老年人衰弱发生率较高，社会政府应加强关注社区老年人，重视社区老年人衰弱以及衰弱带来的一系列健康问题。社区医护人员需要重视对所属社区衰弱高危人群的筛查和评估，尤其是独居、患有慢性疾病和身体活动水平低的老年人。社区老年人衰弱的发生率与身体活动水平的高低呈负相关，两者相互影响，容易造成恶性循环。

一方面要将老年人衰弱的问题提上日程，研究制定适合我国特点的老年衰弱管理和实践指南。国内对于老年衰弱的研究起步较晚，我国科研人员应参考国外发达国家的跨学科研究模式，通过老年医学、运动科学、营养学等多学科的协作模式，研制适合我国不同场景下老年人衰弱的筛查工具，以便开展快速筛查和精准识别。另一方面要扩大筛查范围。以往老年人衰弱的筛查对象多是针对入院老年人，包括医院和养老院中的特定老年群体，忽略了社区居家老年人的衰弱筛查，由于衰弱是一种"亚健康"的状态，发生衰弱的老年人应激能力下降，可引发多种不良结果，并且本研究显示我国老年人衰弱率呈上升趋势，因此不仅要将衰弱筛查和评估纳入医院和养老机构的老年人中，同时在社区还要定期开展衰弱筛查，以能够发现衰弱老年人，及时进行干预。

二、重视身体活动对衰弱的防治作用，引导老年人增加身体活动

科学、适量的身体活动对于逆转老年人衰弱、改善各类慢性疾病具有积极的影响，社区衰弱老年人积极参与身体活动有助于增强社会生活的能力、提高身体素质，从而更好地融入家庭、社会，有效缓解家庭与社会的疾病负担与经济压力。研究显示，多组分运动（有氧运动、抗阻训练、平衡训练等不同运动形式的组合）对衰弱老年人的干预作用最为显著[310]。多组分的运动形式对于改善老年人的各项身体机能效果更显著，可有效提升衰弱老年人的平衡能力、增加肌肉力量，逐渐成为衰弱老年人干预的重要手段。因此，社区要积极宣传身体活动对于衰弱老年人的干预作用，定期在社区内组织知识讲座，引导社区衰弱老年人重视身体活动。

三、积极创造条件，引导老年人进行中高水平身体活动

身体活动被视为公共卫生的优先事项，相比于单一的体育锻炼，它的生活化、可操作性强、易获得性等优点，对于老年人而言更具成本效益，可谓当前"最划算的买卖"。但老年人却是受身体活动减少、功能性体适能下降影响最大的人群。最新的WHO身体活动指南同样推荐老年人应从事中高水平身体活动以获得健康益处，推荐的身体活动水平可将老年人髋部骨折、糖尿病、心血管和慢性呼吸系统疾病的风险水平降低，还能缓解认知功能下降和死亡风险。因此在日常生活中，本研究同样表明中高水平身体活动有助于老年人衰弱风险水平降低，同时连续性资料纳入的结果也说明，只要增加身体活动能耗就能使衰弱风险下降，这与最新版中国成人身体活动指南中"动则有益，多动更好"的推荐不谋而合。因此社会要加强衰弱防治知识的宣传工作，利用多种宣传手段和渠道，广泛开展身体活动防治衰弱的科普宣传，积极引导广大老年人增加身体活动，如引导老年人进行快走、跳舞、打太极拳等运动。

四、激发衰弱老年人参与身体活动的兴趣，重视身体活动参与

由于老年群体具有特殊性，部分老年人传统思想根深蒂固，很多衰弱老年人以自身年龄较大、身体素质较差、没有时间等原因逃避参与身体活动。这主要是因为他们没有真正意识到参与身体活动的重大意义，个人层面作为社会生态系统的核心层，只有老年人自己的心理发生转变，其他的干预措施才能起作用。转变老年人参与身体活动的态度，提升老年人的重视程度，增强自我效能感迫在眉睫。据调查，我国老年人健康素养水平较低，身体活动主动性不足。健康素养包括基本知识和理念、健康生活方式与行为以及基本运动技能。2019年，国家卫生健康委等8部门联合印发《关于建立完善老年健康服务体系的指导意见》，进一步提出以提高老年人健康素养为工作重点，促进健康老龄化。而目前我国老年人健康素养水平还较低，研究显示，在2012—2017年，东、中、西部的老年人健康素养水平没有超过10%，呈波动性缓慢提升状态，并表现出城市高于农村，东部高于中、西部地区，男性高于女性，文化程度越高健康素养水平越高的特征[36]。到2019年的健康素养监测数据显示，我国60~69岁老年人健康素养水平仅有6.95%[142]，由于老年人总体健康素养偏低，多数老年人在疾病预防、运动损伤处理等健康维护的基本知识和技能上较为缺乏，参与身体活动的主动性不足，不健康的生活方

式较为普遍。如何科普健康知识、帮助老年人了解并评估自身状态以提升老年人健康素养，成为亟待解决的首要问题。

首先，通过网络媒体大力宣传老年人参与身体活动对于自身身体素质的积极作用，如可有效预防老年慢性病的发生，有效治疗慢性病；可有效预防心血管疾病；可提高抵抗力，增强自身免疫力，提高身体素质。其次，由于不同年龄段、不同健康状况、不同职业的老年人参与身体活动的需求存在差异，因此在宣传的过程中，要注意老年人需求的多样化，注意推广宣传的多样化，以切实满足不同老年人的需求。需要注意的是，在宣传的过程中，推广的不仅是参与身体活动的作用与价值，身体活动的技能知识、方法等也同样必不可少，还可以宣传一些明星事迹，从多方面、多角度进行宣传，有利于提升宣传效果，真正转变老年人对于参与身体活动的态度，激发老年人参与身体活动的兴趣。最后，鼓励老年人根据自己情况设置目标定向，在不同时期制定目标与计划，并为之努力和坚持，便于老年人发现自己在这个过程中的进步，在完成每一个目标之后给予自己奖励，有利于产生成就感，增强自信心，提升自我效能感，从而积极参与身体活动。

五、重视同伴和家庭支持的作用，鼓励衰弱老年人进行身体活动

提高60岁及以上老年人的身体活动水平不仅需要关注个人本身，更需要关注老年人所处的社会环境与拥有的社会关系，以便为老年人提供选择积极生活方式的机会。家人、同伴对于身体活动的态度都会直接或者间接地对老年人产生影响，家人、同伴的支持都能有效促进老年人参与身体活动。社会支持可通过提供有益于身心健康的信息、身体锻炼的场地、器材及组织相关赛事等激发、维持或提高老年人身体活动水平。以往人际层面的社会支持研究多从非正式支持进行探讨，由于代际间照料以及人口流动所致老年群体的社会变迁使得家庭成员和朋友的非正式支持效果减弱[45]，推进正式支持的作用便显得尤为重要，更有研究表明正式支持的增加会引致非正式支持的增加[39]，所以如何加强正式支持以促进老年人身体活动已成为新的关注点。从正式支持上来看，以往老年人体育制度支持表述较为宏观，少有量化的指标，在实施上存在一定的难度。《关于进一步加强新形势下老年人体育工作的意见》中提出"要积极为老年人开展体育赛事活动提供服务保障"，但对老年人体育赛事的经费投入和活动场地等缺少具体规定，使得政策难以落到实处。地方研究显示老年人所获得的社区卫生服务整体支持程度不高[33]。制度落实的不深入，目标不明确，使得支持效果大打折扣。

首先，持续营造一个浓厚的家庭运动氛围，家人积极参与身体活动，为老年人树立榜样与带头作用，带动老年人参与其中。有了家庭成员的陪伴，老年人坚持身体活动则会更有动力，能够有效提高参与身体活动的持续性。另外，家庭成员、朋友通过言语鼓励、称赞等给予老年人精神支持，督促老年人积极参与身体活动。子女、家人可以为老年人添置一些运动器材与设备，使老年人切身体会到家庭对于身体活动的重视。可以在每完成一次身体活动之后给予其奖励，使老年人运动之余产生幸福愉悦感。其次，朋友、同伴的鼓励与支持同样重要，要鼓励老年人积极扩大交际圈。社区要充分发挥邻里、朋友等对老年人参与身体活动的支持作用，老年人要积极主动地与同伴进行交流与沟通，共同组织运动锻炼与体育竞赛，不断尝试不同的身体活动项目，建立良好的体育文化氛围，使老年人在活动中逐渐培养参与身体活动的兴趣，与同伴分享自己的乐趣。建立良好的人际组织关系，促使社区老年人积极参与身体活动。

六、完善社区基础设施建设，营造良好的社区文化氛围

随着年龄的增大，老年人的活动范围缩小，社区成为其参与社会交往、进行身体活动的重要空间载体。《"十四五"城乡社区服务体系建设规划》指出要积极推进社区服务设施建设，以发挥社区健康效能，社区建成环境建设及社区资源利用成为老年人身体活动促进的研究热点。我国社区建设与老年人身体活动的相关性研究起步较晚，不同年代社区的建成环境具有时代性，随着经济的发展，社区布局结构和建成环境逐渐发展至规范与统一，但早期社区建设缺乏对老年人健康的关注，社区建成环境存在健康应急能力不足等问题[34]，目前社区建成环境整体呈现出了以老旧住区功能缺失严重，交通、公共服务设施以及绿地广场用地明显不足的不健康状态[35]。新规划建设过程中也常出现因忽略居民的个体需求差异，导致对环境建设缺乏考量，公共服务设施配置在健康支持方面存在不足，空间资源利用缺乏系统性规划等问题[36]。一项苏南地区的实地调查显示，居民对社区体育资源的满意度仅为36.8%[37]，体育资源的配置与居民实际需求不符，存在资源配置无效性和盲目性。

第一，加快促进社区体育基础设施建设。社区应该结合本社区衰弱老年人年龄结构特点、身体健康情况以及老年人自身体育锻炼的习惯，合理配置社区体育设施资源，保证体育设施的充分利用。可在社区街道建设老年人感兴趣的体育场馆，有效缩短老年人参与身体活动的路程，给社区老年人带来便利。针对一些社

区老旧的体育设备，政府应加大体育经费的投入，推动社区体育设施的换代升级，消除安全隐患，保证老年人体育锻炼的安全，促进体育设施的重复使用。另外，社区可积极寻求与附近学校的合作，在不影响学校师生的前提之下，学校有序开放体育场馆，既可以促进体育场馆与设施的利用，又有利于满足不同时间段、不同运动习惯的老年人的锻炼需求。

第二，加强社区体育组织的建设与管理。社区体育组织作为社区老年人参与体育锻炼的重要载体，在宣传体育运动知识、组织与规划体育竞赛、制定社区体育制度、促进老年人参与身体活动等方面有着重要的作用。为了使社区体育组织更好地服务社区人民，达到全社区老年人强身健体的目的，更应该制定管理社区体育组织的制度，从而加强社区体育组织的规范化管理。一个专业的体育指导员在社区体育组织的建设中发挥着重要作用。因此，要加强对体育指导员的培训，努力提升社区体育指导员的专业水平与能力，更好地指导老年人参与体育锻炼，预防运动损伤，促使老年人参与身体活动更加科学化。

社区体育组织应将促进社区内每一位老年人参与身体活动作为出发点，努力激发老年人参与体育锻炼的兴趣，养成健康的锻炼习惯，以各种组织形式促进社区老年人体育锻炼的多样化、活动内容的高质量化，满足老年人的健康需求，提升老年人的身体素质，有效预防与逆转老年人衰弱。

七、促进体育健身政策在社区落地实施，持续优化促进衰弱老年人身体活动参与的环境

政策层面虽然是社会生态学最外层的因素，但有时它对老年人身体活动行为的影响甚至比近端层面的因素所产生的影响更深远与持久。随着我国人口老龄化趋势的不断加剧，国家相关部门更应该重视老年人身体素质与身体健康状况，注重老年人身体活动参与状况，制定出台更多的关于老年人身体活动参与的政策法规，呼吁更多的老年人走向户外，主动参与身体活动，使老年人意识到参与身体活动的重要意义，从而提升老年人的积极性，加快全民健身的进程。在制定政策之前，政府需要切实了解衰弱老年人的健康需求，可以展开老年人访谈调研活动，使出台的政策制度更加深入人心。制定切实可行的老年体育政策是发展老年体育事业的首要保障。鉴于我国人口发展趋势，2030年到2050年，我国人口老龄化将进入最严峻的20年，老年体育政策的顶层设计也面临着进一步的优化与推进。早期老年人身体活动的政治生态环境存在政策制定主体参与不平衡、老年体育专门

性的政策文件缺乏、老年体育政策多涵盖于群众体育政策之中、老年体育政策数量在整个公共体育政策中存在体育利益受损和缺失等问题[41]。多数老年体育政策是在宏观上提出倡导和指出方向，可操作性不强，实施效果更无法量化，使得老年体育发展缓慢。2021年12月29日，由国家卫健委牵头颁布了《中国人群身体活动指南2021》，该指南增加了国内外最新的科学证据，将适用人群从成年人扩展到了儿童青少年、老年人和主要的慢性病患者，对进一步加强不同年龄段人群身体活动的科学分类指导有着重要作用。但新指南生成日短，普及力度不强，短时间难以见效果。

另外，政府在宏观层面制定与发布相关政策的同时，也需要尽可能地结合各相关部门，如体育部门、卫生健康部门、城乡建设与街道办等，创建多部门协作政策执行机制，利用自身优势，共同构建一套规范化、具有可操作性的政策体系，为日后开展的政策宣传引导、业务开展、组织协调等一系列工作打下基础。同时，制定政策可以向社会、经济、医疗等不同领域扩展与探索，根据不同领域的实际情况可以对影响老年人参与身体活动的政策进行更好的调整，使得相关政策通过社区、家庭等的努力进行实施。同时，为了政策更好地执行与实施，除了政府的宏观把控之外，第三方的监管也同样必不可少，监管部门应加大对政策执行监督的力度，保证政策的有效实施，提高老年人对身体活动的重视。

第七章　总结与展望

衰弱是指老年人生理储备下降导致的机体易损性增加、抗应激能力减退的状态或综合征，是介于健康与疾病之间的"亚健康"状态，与跌倒、失能、残疾等负面事件紧密相关。衰弱并不只发生于老年人，年轻人也可能出现衰弱状态，但老年人较年轻人更容易发生衰弱。衰弱老年人的相关研究已成为近年国内外的研究热点。基于以上内容，本研究首先以 CHARLS（China Health and Retirement Longitudinal Study）调查数据为研究对象，在准确把握我国老年人衰弱发展轨迹及影响因素的基础上，重点分析身体活动和衰弱的关联性及中介机制。其次通过以社区为观察环境，以 FP 为衰弱测量供给，深入分析社区老年人衰弱与身体活动之间的剂量-效应关系。最后以社会生态学模型为研究框架，从个人、人际、社区和政策四个层面系统全面分析社区衰弱老年人身体活动的影响因素。据此，提出促进社区衰弱老年人身体活动策略。本章内容对整体研究进行总结，说明创新之处，查找研究的不足，并对未来研究进行了展望。

第一节　研究总结论与创新

一、研究总结论

1. 探讨了我国老年人身体活动和衰弱现状、变化轨迹及其关联性

基于 CHARLS 全国调查数据，以衰弱指数（Frailty index，FI）评估老年人衰弱情况，国际身体活动量表（International Physical Activity Questionnaire，IPAQ）评估老年人身体活动情况，首先利用描述性统计观察老年人衰弱和身体活动情况，分析了我国老年人身体活动的历史变化及其影响因素，继而采用潜变量增长模型分析了老年人衰弱的发展轨迹及影响因素，随后基于横断面数据和纵向追踪数据，利用 Logistics 回归模型分析了身体活动和衰弱的内在关联性，辅以倾向得分匹配法、遗漏变量检验法进行稳健性检验，最后以 C 反应蛋白（C-reactive protein, CRP）为中介变量，分析了炎症在二者间的中介作用。

研究发现，我国老年人的衰弱率呈逐年上升趋势，起始水平和发展速度有着显著的个体差异。身体活动和衰弱之间存在关联性，其中身体活动能耗每增加 1MET-h/d，衰弱风险下降 5%，相比于低水平的身体活动，中高水平身体活动对于降低我国老年人衰弱的发生也有显著作用，且存在群体异质性，在这一过程中炎症水平起到了部分中介作用。

2. 分析了社区老年人身体活动水平和衰弱的剂量 – 效应关系

本研究通过对社区老年人进行横断面调查，旨在分析社区老年人衰弱、身体活动及抑郁的现状并探讨其影响因素；阐明身体活动与社区老年人衰弱发生风险之间的剂量 – 效应关系，确定预防社区老年人衰弱的身体活动水平；分析抑郁在社区老年人身体活动和衰弱之间的中介效应。深入了解身体活动与衰弱间的关系及作用机制，为预防和延缓社区老年人衰弱的发生提供科学依据和指导意见。研究发现，限制性立方样条分析结果显示，身体活动总量与衰弱发生风险之间呈非线性负关联；在调整了性别、年龄、婚姻状况、受教育程度等混杂因素后，这种非线性的剂量 – 效应关系并没有改变。随着每周身体活动总量的增加，衰弱发生风险逐渐降低，社区老年人身体活动水平和衰弱之间存在明显的剂量 – 效应关系。

3. 解析了社区衰弱老年人身体活动的社会生态学因素

制定社区衰弱老年人身体活动参与的社会生态学感知量表。社会生态学理论模型涵盖了个人、人际、社区、政策各水平要素，通过访问专家、访谈经常参与身体活动的老年人等相关人员，了解他们对老年人身体活动问题的见解与建议。最后综合访谈结果，设计社会生态学各要素的量表，并对量表进行信度检验、探索性与验证性因子分析，确定量表各维度的指标，优化量表。然后，利用 SPSS、AMOS 对所调查的数据进行分析处理，研究社会生态学各要素与社区衰弱老年人身体活动的关系。利用结构方程模型对研究假设进行检验，从而得到变量之间是否存在影响关系以及关系程度，探索社区衰弱老年人身体活动参与的主要影响因素。

研究发现，在社会生态学理论下，社区衰弱老年人身体活动参与的个人层面影响因素有身体健康状况、参与动机因素、自我效能因素、身体活动知识与技能因素；人际层面影响因素有家人支持因素、家庭环境因素、朋友支持因素；社区层面影响因素有社区建成环境因素、社区体育组织因素、社区文化氛围因素；政策层面影响因素有体育资源保证因素、体育政策执行因素。研究还发现，社会生态学各层面影响因素与老年人身体活动的整体模型拟合度较好。在四个层面中，社区层面影响因素对老年人身体活动的影响最显著；第二位影响因素为人际层面因素，第三位因素为个人层面；路径系数最小的影响因素为政策层面因素。个人层面影响因素、人际层面影响因素、社区层面影响因素、政策层面影响因素分别对社区衰弱老年人身体活动呈显著的正相关。人际层面影响因素与老年人身体活动的模型拟合度较好，在人际层面因素中，其影响程度大小排列依次为朋友支持、家人支持与老年人的家庭环境影响大小相同，均较为显著；社区层面影响因素与老年人身体活动的模型拟合度较好，在社区层面因素中，其影响程度大小排列依次为社区文化氛围、社区体育组织、社区建成环境，均较为显著；政策层面影响因素与老年人身体活动的模型拟合度较好，在政策层面因素中，其影响程度大小排列依次为体育政策执行、体育资源保证，均较为显著。

4. 提出社区衰弱老年人身体活动的促进策略

根据前文分析身体活动和社区老年人衰弱剂量-效应关系和衰弱老年人身体活动的社会生态学因素的研究结果，从个人、人际、社区和政策等多个层面提出促进社区衰弱老年人身体活动水平的策略。重视我国老年人衰弱问题，扩大衰弱防治的工作力度；重视身体活动对衰弱的防治作用，引导老年人增加身体活动；积极创造条件，引导老年人进行中高水平身体活动；激发衰弱老年人参与身体活动的兴趣，重视身体活动参与；重视同伴和家庭支持的作用，鼓励衰弱老年人进行身体活动；改善社区体育基础设施，营造良好的社区体育文化氛围；促进体育健身政策在社区落地实施，持续优化促进衰弱老年人身体活动参与的环境。

二、研究创新

1. 研究内容的创新

随着人口老龄化的加剧，衰弱逐渐成为一个新兴的、迫在眉睫的公共卫生问题，衰弱日益成为危害老年人健康的重要挑战。虽然目前身体活动对老年人衰弱的预防、改善和延缓作用已被广为熟知，但是国内外关于身体活动与老年人衰弱之间剂量-效应关系的研究还存在着诸多不足。一是目前主要研究身体活动和衰弱关系主要集中在医院和养老机构环境，对社区老年人的衰弱研究较少。二是衰弱评估工具大多采用的是简化工具，如 TFI、TGI 等，而基于 FP 衰弱评估工具分析社区老年人身体活动和衰弱关系的研究较少。三是缺乏从全国层面分析老年人身体活动和衰弱关联性的研究。本研究以身体活动和老年人衰弱为主要出发点，全面深入分析了二者的关联性，以全国样本确认了二者的因果关系，以社区环境和基于客观 FP 测量数据探讨了其剂量 – 效应关系，国内较少全面系统地进行身体活动和衰弱研究，限制了国内学者对此主题的了解和认识。

2. 研究视角的创新

老年人衰弱影响了老年人健康老龄化，虽然国内外研究探讨了衰弱老年人的的运动干预，但多数仅考虑个人层面，具有片面性。社会生态学理论认为，影响个体行为的因素包括个人因素、人际因素、机构因素、社区因素和公共政策五个层面。社会生态学理论逐渐应用到大众健身领域，强调了个人因素和环境因素共同对身体活动的影响，架起了身体活动促进理论和实践的桥梁。研究采用社会生态学理论分析了学龄儿童、青少年、体质弱势青少年、孕期女性身体活动的影响因素；在衰弱老年人身体活动方面，目前的研究主要探讨了自我管理效能、社区环境、社会支持的影响，未见应用社会生态学理论全面、系统、多维度分析衰弱老年人身体活动的影响因素和干预措施。本研究采用社会生态学理论的框架结构分析对社区衰弱老年人身体活动的影响因素，并据此制定促进衰弱老年人身体活动的策略，丰富和发展了社会生态学理论。

3. 研究方法的创新

一是以往我国对老年人衰弱相关因素探讨往往忽略了样本中可能存在的内生性问题，本研究将处理内生性问题的计量分析方法引入，将使结论更为科学。二是针对社区老年人身体活动和衰弱关系的非线性特征，研究采用了限制性立方样条的统计学方法进行了处理，使得预测结果更加准确。三是采用结构方程模型量化分析了社区衰弱老年人身体活动的路径系数，探索出了不同身体活动影响因素的重要程度，对在社区环境进行老年人衰弱风险预防和干预提供了具体可参考的依据，对后期制定社区老年人身体活动促进方案具有重要意义。

第二节　研究不足与研究展望

一、研究不足

1. 在老年人衰弱的评价工具和标准方面存在一定不足

合理地应用衰弱识别工具是对衰弱进行健康管理和干预的基础。虽然，老年人衰弱的相关研究逐渐增多，但目前国际上在衰弱的概念模型和测评工具方面尚未达成共识。美国、欧洲、日本和澳大利亚等国家和地区都开发了适合本地人群的衰弱评估工具。因此，衰弱的评估工具均是发达国家开发设计的，国内的研究基本都是对国外的评估工具进行汉化校验后，用于国内的临床诊断和科学研究，有的测评工具未经过在中国的适用性评估而直接使用。本研究选择了FI构建我国老年人衰弱指数，用于评价我国老年人衰弱现状，在社区层面采用FP的客观测量工具评价社区老年人的衰弱现状。虽然这两种测评工具均是国际公认的衰弱测评工具，但依然非本土的测评工具，未考虑到国内老年人的身体和文化特点，因此，评价工具使用方面存在一定的不足。

2. 身体活动测评工具的使用和研究结果适用范围有待进一步扩大

由于研究的社区实证研究在2020年3—10月进行，株洲市本地区受到多轮新冠疫情的影响，大多数社区实行封闭管理，社区老年人很难到实验室接受测评，研究生出校调研测试也受到严格限制。因此，由原来计划的使用身体活动加速度计变成了使用国际身体活动问卷（IPAQ）。IPAQ问卷采用对老年人提问的方式进行评估，需要老年人对七天内的身体活动进行回忆，其结果与老年人实际情况相比，可能会存在一定的偏差。另外，由于疫情和经费问题，本研究在株洲市4个城区不同社区抽样调查了450人，但无法进行大范围大面积的调查测试，因此研究结果的适用范围受到限制，有待进一步扩大。

3. 社区衰弱老年人身体活动干预研究有待开展探索研究

本研究虽然从社会生态学的理论视角探讨了社区衰弱老年人身体活动影响因素，但由于种种条件限制，未能进行基于社会生态学理论的身体活动干预研究和效果的持续追踪，使应用价值受到限制。建议未来学者可以基于社会生态学理论模型，深入开展研究，探索社区衰弱老年人身体活动促进的干预措施，并通过行动研究或实验研究开展效果跟踪观察，为未来大面积开展衰弱老年人的身体活动干预实践提供可操作性的科学参考。

二、研究展望

1. 立足本土，开发适合我国老年人的衰弱评估工具

合理地应用衰弱识别工具是对衰弱进行健康管理和干预的基础。虽然，与老年人的衰弱相关的研究逐渐增多，但目前在国际上对衰弱的概念模型和测评工具方面尚未达成共识。美国、欧洲、日本和澳大利亚等国家和地区都开发了适合本地人群的衰弱评估工具。因此，衰弱的评估工具均是西方发达国家开发设计的，国内的研究基本都是对国外的评估工具进行汉化校验后[141, 142]，用于国内的临床诊断和科学研究，有的测评工具则未经过在中国的适用性评估而直接使用。我国学者应该参考国际上的衰弱测评标准，开发适合我国人种、体质和文化以及不同适用场景的衰弱评估工具，以便能够更好地识别衰弱，并在此基础上进行早期干预。

2. 多学科协作，开展衰弱的身体活动干预实践

运动是干预衰弱最有效的手段，然而目前对衰弱进行的多是营养和认知层面的干预，而围绕运动干预的强度、时间和方式等要素进行的衰弱干预研究较少，这可能与研究衰弱的学者主要来自护理或养老等领域有一定的关系[143]。欧美发达国家建立的大型老年人健康相关的调查项目（如NHNES、TSHA等）将身体活动和衰弱等方面的内容纳入被调查的健康指标，方便了运动科学、老年医学等领域的学者获得高质量的调查数据，用于分析身体活动和衰弱的剂效关系，为国外衰弱治疗指南的制定提供了有力的数据支撑。而目前我国做的与老年人健康相关的大学社会调查项目如CLASS（中国老年社会追踪调查）、CLHLS（中国老年健康影响因素跟踪调查）等均没有对衰弱这一指标的观测，这也是我国缺少对衰弱进行系统的、长期的研究的原因。因此，我国需要在全国范围内的老年人社会调查项目中增加对衰弱指标的观测，为指导我国对衰弱的干预实践提供科学依据。同时，借鉴国外的跨学科研究模式，通过老年医学、运动科学、人口学、护理学等多学科协作，共同开展衰弱的运动干预研究，在医院、社区和养老机构等不同场景，形成改善衰弱的最佳运动处方。

3. 基于社会生态学理论，开展社区衰弱老年人身体活动干预和效果追踪

制订和实施基于社会生态学模型的老年人身体活动干预方案，为促进社区衰弱老年人身体活动提供策略和操作性的参考。考虑到政策层面干预研究的可操作性和我国老年人休育机构的缺乏性，主要从个体认知、人际关系和社区环境三个层面进行干预方案设计和效果观察。在个体认知层面，可以考虑利用健康教育课、编写衰弱老年身体活动指导手册对衰弱老年人进行健康教育，改善参与身体活动的自我效能、动机和态度等心理特征，并采用身体活动日志的记录督促其进行身体活动。在人际关系层面，主要采用加强同伴支持和家庭支持的方式进行干预。同伴支持干预的内容主要包括同伴教育者的培训与考核、成立同伴支持小组、同伴支持教育活动具体实施（自我管理行为的养成、电话督导、小组集体活动）。家庭支持通过与老年人的子女和亲属取得联系，通过微信对其进行健康教育，使子女定期督促衰弱老年人进行身体活动。在社区环境层面主要考虑，一是通过社区居委会和社区卫生服务中心（站）开展体育健身、健康教育和公益活动，营造良好的社区体育锻炼氛围；二是在社区各宣传栏张贴衰弱相关知识和身体活动方法的海报等。在以上大体方案的基础上，结合可穿戴设备、移动健康技术、互联网等手段方法开展身体活动干预实践。

参考文献

[1] 邵龙杰. 兰州市城关区老年人体育锻炼获得感研究[D]. 兰州：西北师范大学，2020.

[2] 光明网. 积极应对人口老龄化 推动老龄事业健康发展[EB/OL]. [2022-10-21]. https://news.gmw.cn/2021-11/09/content_35296432.htm.

[3] 国务院第七次全国人口普查领导小组办公室负责人接受中新社专访[EB/OL]. [2022-10-21]. http://www.stats.gov.cn/tjsj/sjjd/202105/t20210513_1817436.html.

[4] 背景资料：中国人口老龄化现状与趋势[EB/OL]. [2022-10-21]. https://www.cctv.com/special/1017/-1/86774.html.

[5] PRINCE M J, WU F, GUO Y, et al. The burden of disease in older people and implications for health policy and practice[J]. Lancet (London, England), 2015, 385(9967): 549-562.

[6] CHANG S F, LIN P L. Frail phenotype and mortality prediction: a systematic review and meta-analysis of prospective cohort studies[J]. International journal of nursing studies, 2015, 52(8): 1362-1374.

[7] 王雪辉, 裴瑶琳. 中国老年人的衰弱与健康——基于RuLAS调查数据的实证研究[J]. 人口与发展, 2020, 26(4): 43-50, 34.

[8] 方向阳, 陈清, 侯原平, 等. 社区老年人抑郁症状与衰弱相关性[J]. 中国老年学杂志, 2022, 42(1): 211-214.

[9] COLLARD R M, COMIJS H C, NAARDING P, et al. Physical frailty: vulnerability of patients suffering from late-life depression[J]. Aging & mental health, 2014, 18(5): 570-578.

[10] WAITE S J, MAITLAND S, THOMAS A, et al. Sarcopenia and frailty in individuals with dementia: A systematic review[J]. Archives of gerontology and geriatrics, 2021, 92: 104268.

[11] SHAMLIYAN T, TALLEY K M, RAMAKRISHNAN R, et al. Association of frailty with survival: a systematic literature review[J]. Ageing research reviews, 2013, 12(2): 719-736.

[12] COLLARD R M, BOTER H, SCHOEVERS R A, et al. Prevalence of frailty in community-dwelling older persons: a systematic review[J]. Journal of the American Geriatrics Society, 2012, 60(8): 1487-1492.

[13] 冯青青,边萌,杜毓锋. 社区老年人衰弱情况及其影响因素研究[J]. 中国全科医学,2021,24(24):3032-3038.

[14] World Health Organization(WHO)[EB/OL]. [2022-10-21]. https://www.who.int/.

[15] GILLESPIE L D, ROBERTSON M C, GILLESPIE W J, et al. Interventions for preventing falls in older people living in the community[J]. The Cochrane database of systematic reviews, 2012, 2012(9): D7146.

[16] ROSSI P G, CARNAVALE B F, FARCHE A C S, et al. Effects of physical exercise on the cognition of older adults with frailty syndrome: A systematic review and meta-analysis of randomized trials[J]. Archives of gerontology and geriatrics, 2021, 93: 104322.

[17] FERREIRA C B, TEIXEIRA P D S, ALVES DOS SANTOS G, et al. Effects of a 12-Week Exercise Training Program on Physical Function in Institutionalized Frail Elderly[J]. Journal of aging research, 2018, 2018: 7218102.

[18] 中共中央,国务院. 国家积极应对人口老龄化中长期规划[EB/OL]. http://www.gov.cn/zhengce/2019-11/21/content_5454347.htm.

[19] VERMEIREN S, VELLA-AZZOPARDI R, BECKWéE D, et al. Frailty and the Prediction of Negative Health Outcomes: A Meta-Analysis[J]. Journal of the American Medical Directors Association, 2016, 17(12): 1163.e1161-1163.e1117.

[20] BORESKIE K F, BORESKIE P E, MELADY D. Age is just a number-and so is frailty: Strategies to inform resource allocation during the COVID-19 pandemic[J]. Cjem, 2020, 22(4): 411-413.

[21] WHO Global action plan on physical activity and health 2018-2030: More active people for a healthier world[EB/OL]. [2018-06-15]. https://www.who.int/.

[22] 中共中央,国务院. "健康中国2030"规划纲要[EB/OL]. http://www.gov.cn/zhengce/2016-10/25/content_5124174.htm.

[23] HAIDER S, GRABOVAC I, DORNER T E. Effects of physical activity interventions in frail and prefrail community-dwelling people on frailty status, muscle strength, physical performance and muscle mass-a narrative review[J]. Wiener klinische Wochenschrift, 2019, 131(11-12): 244-254.

[24] NEGM A M, KENNEDY C C, THABANE L, et al. Management of Frailty: A Systematic Review and Network Meta-analysis of Randomized Controlled Trials[J]. Journal of the American Medical Directors Association, 2019, 20(10): 1190-1198.

[25] CASPERSEN C J, POWELL K E, CHRISTENSON G M. Physical activity, exercise, and physical fitness: definitions and distinctions for health-related research[J]. Public health reports(Washington, DC: 1974), 1985, 100(2): 126-131.

[26] WHO. 关于身体活动有益健康的全球建议(中文版)[R]. 日内瓦:世界卫生组织,2010.

[27] PETTEE GABRIEL K K, MORROW J R, JR., WOOLSEY A L. Framework for physical

activity as a complex and multidimensional behavior［J］. Journal of physical activity & health，2012，9 Suppl 1：S11-18.

［28］中华人民共和国卫生计生委疾病预防控制局. 中国成人身体活动指南（试行）［R］. 北京：人民卫生出版社，2011.

［29］徐双双. 身体活动延缓老年人肌衰减的量效关系研究［D］. 长春：东北师范大学，2017.

［30］CRAIG C L，MARSHALL A L，SJöSTRöM M，et al. International physical activity questionnaire：12-country reliability and validity［J］. Medicine and science in sports and exercise，2003，35（8）：1381-1395.

［31］乔玉成. 身体活动水平：等级划分、度量方法和能耗估算［J］. 体育研究与教育，2017，32（3）：1-12，113.

［32］樊萌语，吕筠，何平平. 国际身体活动问卷中身体活动水平的计算方法［J］. 中华流行病学杂志，2014，35（8）：961-964.

［33］O'BRIEN T D，ROBERTS J，BRACKENRIDGE G R，et al. Some aspects of community care of the frail and elderly：the need for assessment［J］. Gerontologia clinica，1968，10（4）：215-227.

［34］ROCKWOOD K，FOX R A，STOLEE P，et al. Frailty in elderly people：an evolving concept［J］. CMAJ：Canadian Medical Association journal = journal de l'Association medicale canadienne，1994，150（4）：489-495.

［35］FRIED L P，FERRUCCI L，DARER J，et al. Untangling the concepts of disability，frailty，and comorbidity：implications for improved targeting and care［J］. The journals of gerontology Series A，Biological sciences and medical sciences，2004，59（3）：255-263.

［36］ROCKWOOD K，SONG X，MACKNIGHT C，et al. A global clinical measure of fitness and frailty in elderly people［J］. CMAJ：Canadian Medical Association journal = journal de l'Association medicale canadienne，2005，173（5）：489-495.

［37］GOBBENS R J，LUIJKX K G，WIJNEN-SPONSELEE M T，et al. Towards an integral conceptual model of frailty［J］. The journal of nutrition，health & aging，2010，14（3）：175-181.

［38］FRIED L P，TANGEN C M，WALSTON J，et al. Frailty in older adults：evidence for a phenotype［J］. The journals of gerontology Series A，Biological sciences and medical sciences，2001，56（3）：M146-156.

［39］卢霞，黄振，刘艳丽，等. 久坐行为与老年衰弱关系的研究进展［J］. 护理学杂志，2019，34（11）：109-112.

［40］APÓSTOLO J，COOKE R，BOBROWICZ-CAMPOS E，et al. Predicting risk and outcomes for frail older adults：an umbrella review of frailty screening tools［J］. JBI database of systematic reviews and implementation reports，2017，15（4）：1154-1208.

［41］KOJIMA G，ILIFFE S，WALTERS K. Frailty index as a predictor of mortality：a systematic review and meta-analysis［J］. Age and ageing，2018，47（2）：193-200.

[42] MITNITSKI A B, GRAHAM J E, MOGILNER A J, et al. Frailty, fitness and late-life mortality in relation to chronological and biological age [J]. BMC geriatrics, 2002, 2: 1.

[43] 贾淑利, 董碧蓉.《亚太区老年衰弱管理临床实践指南》解读 [J]. 中国康复医学杂志, 2020, 35 (5): 609-612.

[44] 倪伟涛. 基于社会生态学视角的上海市居民参与拳击项目的影响因素分析 [D]. 上海: 上海体育学院, 2021.

[45] 丁芳. 一种正在演进着的人类发展观——人的发展的生物生态学模型述评 [J]. 华东师范大学学报 (教育科学版), 2009, 27 (2): 58-63.

[46] 董如豹. 社会生态学模型视角下美国和新西兰青少年身体活动促进研究 [D]. 福州: 福建师范大学, 2016.

[47] MCLEROY K R, BIBEAU D, STECKLER A, et al. An ecological perspective on health promotion programs [J]. Health education quarterly, 1988, 15 (4): 351-377.

[48] STOKOLS D. Translating social ecological theory into guidelines for community health promotion [J]. American journal of health promotion: AJHP, 1996, 10 (4): 282-298.

[49] LANGILLE J L, RODGERS W M. Exploring the influence of a social ecological model on school-based physical activity [J]. Health education & behavior: the official publication of the Society for Public Health Education, 2010, 37 (6): 879-894.

[50] 郭正茂, 杨剑. 体育文化分层对青少年中高强度身体活动的影响——基于社会生态学理论的考察 [J]. 上海体育学院学报, 2020, 44 (9): 64-73.

[51] 李小英, 燕子. 生态学模型在锻炼心理学中的应用 [J]. 西安体育学院学报, 2010, 27 (6): 765-768.

[52] 徐京朝, 赵壮壮, 麻晨俊, 等. 社会生态学理论及其应用考述 [J]. 南京广播电视大学学报, 2018 (1): 66-69.

[53] 胡国鹏, 冯魏, 郭宇刚, 等. 社会生态学理论观照下身体活动促进研究的历史、现在与未来 [J]. 首都体育学院学报, 2015, 27 (4): 367-370.

[54] 方敏. 锻炼行为生态学模型的理论阐释及展望 [J]. 西安体育学院学报, 2010, 27 (1): 121-124.

[55] SALLIS J F, CERVERO R B, ASCHER W, et al. An ecological approach to creating active living communities [J]. Annual review of public health, 2006, 27: 297-322.

[56] BJORNSDOTTIR G, ARNADOTTIR S A, HALLDORSDOTTIR S. Physical Activity of Older Women Living in Retirement Communities: Capturing the Whole Picture Through an Ecological Approach [J]. Journal of geriatric physical therapy (2001), 2021, 44 (1): 35-44.

[57] 王欢. 社会生态学视角下社区建成环境对老年人休闲性身体活动影响研究 [D]. 武汉: 华中师范大学, 2017.

[58] 付雪连, 苏银利. 积极老化理论及实践研究现状 [J]. 护理学杂志, 2017, 32 (21): 14-17.

[59] PAULO T R, TRIBESS S, SASAKI J E, et al. A Cross-Sectional Study of the Relationship of

Physical Activity with Depression and Cognitive Deficit in Older Adults [J]. Journal of aging and physical activity, 2016, 24 (2): 311-321.

[60] VIRTUOSO Júnior J S, TRIBESS S, PAULO T R, et al. Physical activity as an indicator of predictive functional disability in elderly [J]. Revista latino-americana de enfermagem, 2012, 20 (2): 259-265.

[61] PETERSON M J, GIULIANI C, MOREY M C, et al. Physical activity as a preventative factor for frailty: the health, aging, and body composition study [J]. The journals of gerontology Series A, Biological sciences and medical sciences, 2009, 64 (1): 61-68.

[62] TRIBESS S, VIRTUOSO Júnior J S, OLIVEIRA R J. Physical activity as a predictor of absence of frailty in the elderly [J]. Revista da Associacao Medica Brasileira (1992), 2012, 58 (3): 341-347.

[63] ROBERTS C K, HEVENER A L, BARNARD R J. Metabolic syndrome and insulin resistance: underlying causes and modification by exercise training [J]. Comprehensive Physiology, 2013, 3 (1): 1-58.

[64] LAUTENSCHLAGER N T, COX K L, FLICKER L, et al. Effect of physical activity on cognitive function in older adults at risk for Alzheimer disease: a randomized trial [J]. Jama, 2008, 300 (9): 1027-1037.

[65] 乔玉成. 进化·退化：人类体质的演变及其成因分析——体质人类学视角 [J]. 体育科学, 2011, 31 (6): 87-97.

[66] POWER G A, DALTON B H, BEHM D G, et al. Motor unit survival in lifelong runners is muscle dependent [J]. Medicine and science in sports and exercise, 2012, 44 (7): 1235-1242.

[67] FRANCO M R, PEREIRA L S, FERREIRA P H. Exercise interventions for preventing falls in older people living in the community [J]. Br J Sports Med, 2014, 48 (10): 867-868.

[68] IRELAND A, MADEN-WILKINSON T, GANSE B, et al. Effects of age and starting age upon side asymmetry in the arms of veteran tennis players: a cross-sectional study [J]. Osteoporosis international: a journal established as result of cooperation between the European Foundation for Osteoporosis and the National Osteoporosis Foundation of the USA, 2014, 25 (4): 1389-1400.

[69] NU. World Population Prospects 2019-Highlights [EB/OL]. [2019-12-31]. https://www.un.org/development/desa/pd/node/1114.

[70] DENT E, MORLEY J E, CRUZ-JENTOFT A J, et al. Physical Frailty: ICFSR International Clinical Practice Guidelines for Identification and Management [J]. The journal of nutrition, health & aging, 2019, 23 (9): 771-787.

[71] APRAHAMIAN I, CEZAR N O C, IZBICKI R, et al. Screening for Frailty With the FRAIL Scale: A Comparison With the Phenotype Criteria [J]. Journal of the American Medical Directors Association, 2017, 18 (7): 592-596.

[72] KOJIMA G, TANIGUCHI Y, ILIFFE S, et al. Transitions between frailty states among community-dwelling older people: A systematic review and meta-analysis [J]. Ageing research reviews, 2019, 50: 81-88.

[73] OFORI-ASENSO R, CHIN K L, MAZIDI M, et al. Global Incidence of Frailty and Prefrailty Among Community-Dwelling Older Adults: A Systematic Review and Meta-analysis [J]. JAMA network open, 2019, 2 (8): e198398.

[74] 尹佳慧, 曾雁冰, 周蕾, 等. 中国老年人衰弱状况及其影响因素分析 [J]. 中华流行病学杂志, 2018, 39 (9): 1244-1248.

[75] HE B, MA Y, WANG C, et al. Prevalence and Risk Factors for Frailty among Community-Dwelling Older People in China: A Systematic Review and Meta-Analysis [J]. The journal of nutrition, health & aging, 2019, 23 (5): 442-450.

[76] 田鹏, 杨宁, 郝秋奎, 等. 中国老年衰弱患病率的系统评价 [J]. 中国循证医学杂志, 2019, 19 (6): 656-664.

[77] ARTS M H, COLLARD R M, COMIJS H C, et al. Relationship Between Physical Frailty and Low-Grade Inflammation in Late-Life Depression [J]. Journal of the American Geriatrics Society, 2015, 63 (8): 1652-1657.

[78] HANGELBROEK R W J, KNUIMAN P, TIELAND M, et al. Attenuated strength gains during prolonged resistance exercise training in older adults with high inflammatory status [J]. Experimental gerontology, 2018, 106: 154-158.

[79] HUBBARD R E, O'MAHONY M S, SAVVA G M, et al. Inflammation and frailty measures in older people [J]. Journal of cellular and molecular medicine, 2009, 13 (9b): 3103-3109.

[80] SOYSAL P, STUBBS B, LUCATO P, et al. Inflammation and frailty in the elderly: A systematic review and meta-analysis [J]. Ageing research reviews, 2016, 31: 1-8.

[81] MORADI S, HADI A, MOHAMMADI H, et al. Dietary Inflammatory Index and the Risk of Frailty Among Older Adults: A Systematic Review and Meta-Analysis [J]. Research on aging, 2021, 43 (7-8): 323-331.

[82] SAMSON L D, BOOTS A M H, VERSCHUREN W M M, et al. Frailty is associated with elevated CRP trajectories and higher numbers of neutrophils and monocytes [J]. Experimental gerontology, 2019, 125: 110674.

[83] ANGULO J, EL ASSAR M, ÁLVAREZ-BUSTOS A, et al. Physical activity and exercise: Strategies to manage frailty [J]. Redox biology, 2020, 35: 101513.

[84] FERRUCCI L, FABBRI E. Inflammageing: chronic inflammation in ageing, cardiovascular disease, and frailty [J]. Nature reviews Cardiology, 2018, 15 (9): 505-522.

[85] CHEW J, TAY L, LIM J P, et al. Serum Myostatin and IGF-1 as Gender-Specific Biomarkers of Frailty and Low Muscle Mass in Community-Dwelling Older Adults [J]. The journal of nutrition, health & aging, 2019, 23 (10): 979-986.

[86] INGLéS M, GAMBINI J, CARNICERO J A, et al. Oxidative stress is related to frailty, not to

age or sex, in a geriatric population: lipid and protein oxidation as biomarkers of frailty [J]. Journal of the American Geriatrics Society, 2014, 62 (7): 1324-1328.

[87] WU I C, SHIESH S C, KUO P H, et al. High oxidative stress is correlated with frailty in elderly chinese [J]. Journal of the American Geriatrics Society, 2009, 57 (9): 1666-1671.

[88] SERVIDDIO G, ROMANO A D, GRECO A, et al. Frailty syndrome is associated with altered circulating redox balance and increased markers of oxidative stress [J]. International journal of immunopathology and pharmacology, 2009, 22 (3): 819-827.

[89] SAUM K U, DIEFFENBACH A K, JANSEN E H, et al. Association between Oxidative Stress and Frailty in an Elderly German Population: Results from the ESTHER Cohort Study [J]. Gerontology, 2015, 61 (5): 407-415.

[90] SOYSAL P, ISIK A T, CARVALHO A F, et al. Oxidative stress and frailty: A systematic review and synthesis of the best evidence [J]. Maturitas, 2017, 99: 66-72.

[91] EL ASSAR M, ANGULO J, RODRíGUEZ-MAñAS L. Frailty as a phenotypic manifestation of underlying oxidative stress [J]. Free radical biology & medicine, 2020, 149: 72-77.

[92] BERNABEU-WITTEL M, GóMEZ-DíAZ R, GONZáLEZ-MOLINA á, et al. Oxidative Stress, Telomere Shortening, and Apoptosis Associated to Sarcopenia and Frailty in Patients with Multimorbidity [J]. Journal of clinical medicine, 2020, 9 (8).

[93] KOJIMA G. Frailty as a predictor of disabilities among community-dwelling older people: a systematic review and meta-analysis [J]. Disability and rehabilitation, 2017, 39 (19): 1897-1908.

[94] GARCIA-GARCIA F J, GUTIERREZ AVILA G, ALFARO-ACHA A, et al. The prevalence of frailty syndrome in an older population from Spain. The Toledo Study for Healthy Aging [J]. The journal of nutrition, health & aging, 2011, 15 (10): 852-856.

[95] LIU L K, LEE W J, CHEN L Y, et al. Association between Frailty, Osteoporosis, Falls and Hip Fractures among Community-Dwelling People Aged 50 Years and Older in Taiwan: Results from I-Lan Longitudinal Aging Study [J]. PloS one, 2015, 10 (9): e0136968.

[96] 吕卫华, 王青, 赵清华, 等. 住院老年患者衰弱评估及不同衰弱评估工具的比较 [J]. 北京医学, 2016, 38 (10): 1036-1040.

[97] 李菲, 刘慧松, 查龙肖, 等. 中文版老年人衰弱评估量表的修订和信效度评价 [J]. 护理学杂志, 2017, 32 (7): 18-20, 27.

[98] 乔玉凤, 刘学军, 杜毓锋, 等. 基于照护者的老年综合评估衰弱指数问卷的汉化及信效度检验 [J]. 中华老年病研究电子杂志, 2016, 3 (3): 16-23.

[99] 胡雅, 刘丽华, 付藏媚, 等. 孤独感对养老机构老年人生活质量的影响: 抑郁与衰弱的链式中介作用 [J]. 现代预防医学, 2020, 47 (15): 2801-2805.

[100] 余静雅, 高静, 柏丁兮, 等. 成都市社区老年人衰弱现状与影响因素 [J]. 中国老年学杂志, 2021, 41 (9): 1972-1977.

[101] 王志燕, 高欢玲, 宋歌. 山西省农村老年人衰弱现状及影响因素分析 [J]. 护理学杂

志, 2021, 36 (5): 88-91.

[102] TROIANO R P, BERRIGAN D, DODD K W, et al. Physical activity in the United States measured by accelerometer [J]. Medicine and science in sports and exercise, 2008, 40 (1): 181-188.

[103] DA SILVA V D, TRIBESS S, MENEGUCI J, et al. Association between frailty and the combination of physical activity level and sedentary behavior in older adults [J]. BMC public health, 2019, 19 (1): 709.

[104] CHEN S, CHEN T, KISHIMOTO H, et al. Associations of Objectively Measured Patterns of Sedentary Behavior and Physical Activity with Frailty Status Screened by The Frail Scale in Japanese Community-Dwelling Older Adults [J]. Journal of sports science & medicine, 2020, 19 (1): 166-174.

[105] YUKI A, OTSUKA R, TANGE C, et al. Daily Physical Activity Predicts Frailty Development Among Community-Dwelling Older Japanese Adults [J]. Journal of the American Medical Directors Association, 2019, 20 (8): 1032-1036.

[106] BLODGETT J, THEOU O, KIRKLAND S, et al. The association between sedentary behaviour, moderate-vigorous physical activity and frailty in NHANES cohorts [J]. Maturitas, 2015, 80 (2): 187-191.

[107] THEOU O, BLODGETT J M, GODIN J, et al. Association between sedentary time and mortality across levels of frailty [J]. CMAJ: Canadian Medical Association journal = journal de l'Association medicale canadienne, 2017, 189 (33): E1056-e1064.

[108] NAGAI K, TAMAKI K, KUSUNOKI H, et al. Isotemporal substitution of sedentary time with physical activity and its associations with frailty status [J]. Clinical interventions in aging, 2018, 13: 1831-1836.

[109] ROGERS N T, MARSHALL A, ROBERTS C H, et al. Physical activity and trajectories of frailty among older adults: Evidence from the English Longitudinal Study of Ageing [J]. PloS one, 2017, 12 (2): e0170878.

[110] RODRíGUEZ-GóMEZ I, MAñAS A, LOSA-REYNA J, et al. Prospective Changes in the Distribution of Movement Behaviors Are Associated With Bone Health in the Elderly According to Variations in their Frailty Levels [J]. Journal of bone and mineral research: the official journal of the American Society for Bone and Mineral Research, 2020, 35 (7): 1236-1245.

[111] GRACIANI A, GARCíA-ESQUINAS E, LóPEZ-GARCíA E, et al. Ideal Cardiovascular Health and Risk of Frailty in Older Adults [J]. Circulation Cardiovascular quality and outcomes, 2016, 9 (3): 239-245.

[112] GARCíA-ESQUINAS E, GRACIANI A, GUALLAR-CASTILLóN P, et al. Diabetes and risk of frailty and its potential mechanisms: a prospective cohort study of older adults [J]. Journal of the American Medical Directors Association, 2015, 16 (9): 748-754.

[113] BOUILLON K, KIVIMäKI M, HAMER M, et al. Diabetes risk factors, diabetes risk

algorithms, and the prediction of future frailty: the Whitehall II prospective cohort study [J]. Journal of the American Medical Directors Association, 2013, 14 (11): 851.e851-856.

[114] AHMAD N S, HAIRI N N, SAID M A, et al. Prevalence, transitions and factors predicting transition between frailty states among rural community-dwelling older adults in Malaysia [J]. PloS one, 2018, 13 (11): e0206445.

[115] ESPINOZA S E, JUNG I, HAZUDA H. Frailty transitions in the San Antonio Longitudinal Study of Aging [J]. Journal of the American Geriatrics Society, 2012, 60 (4): 652-660.

[116] SONG J, LINDQUIST L A, CHANG R W, et al. Sedentary Behavior as a Risk Factor for Physical Frailty Independent of Moderate Activity: Results From the Osteoarthritis Initiative [J]. American journal of public health, 2015, 105 (7): 1439-1445.

[117] SAVELA S L, KOISTINEN P, STENHOLM S, et al. Leisure-time physical activity in midlife is related to old age frailty [J]. The journals of gerontology Series A, Biological sciences and medical sciences, 2013, 68 (11): 1433-1438.

[118] SINGH M, ALEXANDER K, ROGER V L, et al. Frailty and its potential relevance to cardiovascular care [J]. Mayo Clinic proceedings, 2008, 83 (10): 1146-1153.

[119] SINGH M A. Exercise comes of age: rationale and recommendations for a geriatric exercise prescription [J]. The journals of gerontology Series A, Biological sciences and medical sciences, 2002, 57 (5): M262-282.

[120] CESARI M, VELLAS B, HSU F C, et al. A physical activity intervention to treat the frailty syndrome in older persons-results from the LIFE-P study [J]. The journals of gerontology Series A, Biological sciences and medical sciences, 2015, 70 (2): 216-222.

[121] YOON D H, LEE J Y, SONG W. Effects of Resistance Exercise Training on Cognitive Function and Physical Performance in Cognitive Frailty: A Randomized Controlled Trial [J]. The journal of nutrition, health & aging, 2018, 22 (8): 944-951.

[122] VILLAREAL D T, AGUIRRE L, GURNEY A B, et al. Aerobic or Resistance Exercise, or Both, in Dieting Obese Older Adults [J]. The New England journal of medicine, 2017, 376 (20): 1943-1955.

[123] LOPEZ P, PINTO R S, RADAELLI R, et al. Benefits of resistance training in physically frail elderly: a systematic review [J]. Aging clinical and experimental research, 2018, 30 (8): 889-899.

[124] JADCZAK A D, MAKWANA N, LUSCOMBE-MARSH N, et al. Effectiveness of exercise interventions on physical function in community-dwelling frail older people: an umbrella review of systematic reviews [J]. JBI database of systematic reviews and implementation reports, 2018, 16 (3): 752-775.

[125] CADORE E L, RODRíGUEZ-MAñAS L, SINCLAIR A, et al. Effects of different exercise interventions on risk of falls, gait ability, and balance in physically frail older adults: a systematic review [J]. Rejuvenation research, 2013, 16 (2): 105-114.

[126] SAHIN U K, KIRDI N, BOZOGLU E, et al. Effect of low-intensity versus high-intensity resistance training on the functioning of the institutionalized frail elderly [J]. International journal of rehabilitation research Internationale Zeitschrift fur Rehabilitationsforschung Revue internationale de recherches de readaptation, 2018, 41 (3): 211-217.

[127] ARRIETA H, REZOLA-PARDO C, GIL S M, et al. Effects of Multicomponent Exercise on Frailty in Long-Term Nursing Homes: A Randomized Controlled Trial [J]. Journal of the American Geriatrics Society, 2019, 67 (6): 1145-1151.

[128] NAGAI K, MIYAMATO T, OKAMAE A, et al. Physical activity combined with resistance training reduces symptoms of frailty in older adults: A randomized controlled trial [J]. Archives of gerontology and geriatrics, 2018, 76: 41-47.

[129] ALHAMBRA-BORRáS T, DURá-FERRANDIS E, FERRANDO-GARCíA M. Effectiveness and Estimation of Cost-Effectiveness of a Group-Based Multicomponent Physical Exercise Programme on Risk of Falling and Frailty in Community-Dwelling Older Adults [J]. International journal of environmental research and public health, 2019, 16 (12).

[130] 李秋萍, 韩斌如, 陈曦. 衰弱老年人运动锻炼最佳证据汇总 [J]. 护理研究, 2020, 34 (10): 1681-1687.

[131] FREIBERGER E, KEMMLER W, SIEGRIST M, et al. Frailty and exercise interventions: Evidence and barriers for exercise programs [J]. Zeitschrift fur Gerontologie und Geriatrie, 2016, 49 (7): 606-611.

[132] 王深, 冯卫. 促进个体锻炼坚持性的团体干预研究进展 [J]. 福建师范大学学报 (哲学社会科学版), 2015 (2): 142-149, 171.

[133] KWAN R Y C, CHEUNG D S K, LO S K L, et al. Frailty and its association with the Mediterranean diet, life-space, and social participation in community-dwelling older people [J]. Geriatric nursing (New York, NY), 2019, 40 (3): 320-326.

[134] APóSTOLO J, COOKE R, BOBROWICZ-CAMPOS E, et al. Effectiveness of interventions to prevent pre-frailty and frailty progression in older adults: a systematic review [J]. JBI database of systematic reviews and implementation reports, 2018, 16 (1): 140-232.

[135] YAMADA Y, NANRI H, WATANABE Y, et al. Prevalence of Frailty Assessed by Fried and Kihon Checklist Indexes in a Prospective Cohort Study: Design and Demographics of the Kyoto-Kameoka Longitudinal Study [J]. Journal of the American Medical Directors Association, 2017, 18 (8): 733.e737-733.e715.

[136] TROMBETTI A, HARS M, HSU F C, et al. Effect of Physical Activity on Frailty: Secondary Analysis of a Randomized Controlled Trial [J]. Annals of internal medicine, 2018, 168 (5): 309-316.

[137] SANTOS G O R, WOLF R, SILVA M M, et al. Does exercise intensity increment in exergame promote changes in strength, functional capacity and perceptual parameters in pre-frail older women? A randomized controlled trial [J]. Experimental gerontology, 2019, 116: 25-30.

[138] ESPINOZA S E, ORSAK B, WANG C P, et al. An Individualized Low-Intensity Walking Clinic Leads to Improvement in Frailty Characteristics in Older Veterans [J]. The Journal of frailty & aging, 2019, 8 (4): 205-209.

[139] 中华医学会老年医学分会. 老年患者衰弱评估与干预中国专家共识 [J]. 中华老年医学杂志, 2017 (3).

[140] GRIMES K, KITTS J, THOLL B, et al. Policy and Economic Considerations for Frailty Screening in the Canadian Healthcare System [J]. The Journal of frailty & aging, 2018, 7 (4): 233-239.

[141] 李怡. 老年衰弱的中西医结合临床评估与干预策略 [J]. 中国中西医结合杂志, 2020, 40 (6): 646-649.

[142] 张玉莲, 牛亚琦, 王丹, 等. 2019 年 ICFSR 国际临床实践指南解读及对我国老年人衰弱识别及管理的启示 [J]. 护理研究, 2020, 34 (14): 2433-2436.

[143] 孙凯旋, 刘永兵, 薛谨, 等. 老年衰弱综合征影响因素研究进展 [J]. 中国实用内科杂志, 2017, 37 (4): 357-360.

[144] 巫锡炜, 刘慧. 中国老年人虚弱变化轨迹及其分化：基于虚弱指数的考察 [J]. 人口研究, 2019, 43 (4): 70-84.

[145] 国家统计局. 第七次全国人口普查主要数据情况 [EB/OL]. [2021-05-11]. http://www.stats.gov.cn/tjsj/zxfb/202105/t20210510_1817176.html.

[146] TRAVERS J, ROMERO-ORTUNO R, BAILEY J, et al. Delaying and reversing frailty: a systematic review of primary care interventions [J]. The British journal of general practice: the journal of the Royal College of General Practitioners, 2019, 69 (678): e61-e69.

[147] RUIZ J G, DENT E, MORLEY J E, et al. Screening for and Managing the Person with Frailty in Primary Care: ICFSR Consensus Guidelines [J]. The journal of nutrition, health & aging, 2020, 24 (9): 920-927.

[148] VLIETSTRA L, HENDRICKX W, WATERS D L. Exercise interventions in healthy older adults with sarcopenia: A systematic review and meta-analysis [J]. Australasian journal on ageing, 2018, 37 (3): 169-183.

[149] DE LABRA C, GUIMARAES-PINHEIRO C, MASEDA A, et al. Effects of physical exercise interventions in frail older adults: a systematic review of randomized controlled trials [J]. BMC geriatrics, 2015, 15: 154.

[150] 陈希, 赵丽萍, 张毅, 等. 老年人认知衰弱评估研究进展 [J]. 护理学杂志, 2021, 36 (4): 109-112.

[151] 韩飒飒, 王艳梅. 老年人认知衰弱评估及危险因素研究进展 [J]. 护理研究, 2021, 35 (7): 1199-1202.

[152] 石红宇, 王西鸽, 袁博, 等. 养老机构老年人衰弱及认知功能 [J]. 中国老年学杂志, 2021, 41 (6): 1322-1326.

[153] BARRACHINA-IGUAL J, MARTíNEZ-ARNAU F M, PéREZ-ROS P, et al. Effectiveness

of the PROMUFRA program in pre-frail, community-dwelling older people: A randomized controlled trial [J]. Geriatric nursing (New York, NY), 2021, 42 (2): 582-591.

[154] CADORE E L, CASAS-HERRERO A, ZAMBOM-FERRARESI F, et al. Multicomponent exercises including muscle power training enhance muscle mass, power output, and functional outcomes in institutionalized frail nonagenarians [J]. Age (Dordrecht, Netherlands), 2014, 36 (2): 773-785.

[155] GENé HUGUET L, NAVARRO GONZáLEZ M, KOSTOV B, et al. Pre Frail 80: Multifactorial Intervention to Prevent Progression of Pre-Frailty to Frailty in the Elderly [J]. The journal of nutrition, health & aging, 2018, 22 (10): 1266-1274.

[156] MENG N H, LI C I, LIU C S, et al. Effects of concurrent aerobic and resistance exercise in frail and pre-frail older adults: A randomized trial of supervised versus home-based programs [J]. Medicine, 2020, 99 (29): e21187.

[157] MOREIRA N B, RODACKI A L F, COSTA S N, et al. Perceptive-Cognitive and Physical Function in Prefrail Older Adults: Exergaming Versus Traditional Multicomponent Training [J]. Rejuvenation research, 2021, 24 (1): 28-36.

[158] YU R, TONG C, HO F, et al. Effects of a Multicomponent Frailty Prevention Program in Prefrail Community-Dwelling Older Persons: A Randomized Controlled Trial [J]. Journal of the American Medical Directors Association, 2020, 21 (2): 294.e291-294.e210.

[159] ZHANG L, WENG C, LIU M, et al. Effect of whole-body vibration exercise on mobility, balance ability and general health status in frail elderly patients: a pilot randomized controlled trial [J]. Clinical rehabilitation, 2014, 28 (1): 59-68.

[160] 范子哲. 运动康复指导对老年人衰弱状态、生活质量及心理健康的影响 [J]. 中国老年学杂志, 2019, 39 (17): 4243-4246.

[161] 江晨虹, 黄婷, 宋玲玲, 等. 探讨运动锻炼在老年衰弱综合征中的应用研究 [J]. 饮食保健, 2020 (45): 285-286.

[162] GINé-GARRIGA M, ROQUé-FíGULS M, COLL-PLANAS L, et al. Physical exercise interventions for improving performance-based measures of physical function in community-dwelling, frail older adults: a systematic review and meta-analysis [J]. Archives of physical medicine and rehabilitation, 2014, 95 (4): 753-769.e753.

[163] 方向阳, 陈清, 侯原平, 等. 社区老年人衰弱相关因素 [J]. 中国老年学杂志, 2019, 39 (2): 467-470.

[164] DEDEYNE L, DESCHODT M, VERSCHUEREN S, et al. Effects of multi-domain interventions in (pre)frail elderly on frailty, functional, and cognitive status: a systematic review [J]. Clinical interventions in aging, 2017, 12: 873-896.

[165] CURTIS E, LITWIC A, COOPER C, et al. Determinants of Muscle and Bone Aging [J]. Journal of cellular physiology, 2015, 230 (11): 2618-2625.

[166] 梁月红, 马利刚. 长期运动锻炼对老年人肌肉衰减症状的干预作用 [J]. 中国老年学

杂志，2021，41（16）：3460-3462.

[167] GINé-GARRIGA M, GUERRA M, PAGèS E, et al. The effect of functional circuit training on physical frailty in frail older adults: a randomized controlled trial [J]. Journal of aging and physical activity, 2010, 18（4）：401-424.

[168] 汪亚男，徐娟兰，宋红玲，等. 运动疗法在衰弱综合征患者中的应用现状 [J]. 中国康复理论与实践，2017，23（5）：558-562.

[169] 乔晓霞，季丽丽，司华新，等. 社区衰弱老年人运动干预研究进展 [J]. 中国老年学杂志，2020，40（15）：3346-3350.

[170] CLEGG A, BARBER S, YOUNG J, et al. The Home-based Older People's Exercise (HOPE) trial: a pilot randomised controlled trial of a home-based exercise intervention for older people with frailty [J]. Age and ageing, 2014, 43（5）：687-695.

[171] 陈昱全，左群. 社会生态学理论视角下我国老年人体育锻炼行为研究展望 [J]. 中国健康教育，2019，35（5）：438-441.

[172] MACFARLANE D J, CHOU K L, CHENG Y H, et al. Validity and normative data for thirty-second chair stand test in elderly community-dwelling Hong Kong Chinese [J]. American journal of human biology: the official journal of the Human Biology Council, 2006, 18（3）：418-421.

[173] FRANCO M R, TONG A, HOWARD K, et al. Older people's perspectives on participation in physical activity: a systematic review and thematic synthesis of qualitative literature [J]. Br J Sports Med, 2015, 49（19）：1268-1276.

[174] 张兆丰，匡丽萍，甄棒. 郑州市金水区老年人体育开展现状调查研究 [J]. 体育世界（学术版），2019（3）：158-159.

[175] YI X, POPE Z, GAO Z, et al. Associations between individual and environmental factors and habitual physical activity among older Chinese adults: A social-ecological perspective [J]. Journal of sport and health science, 2016, 5（3）：315-321.

[176] MCPHEE J S, FRENCH D P, JACKSON D, et al. Physical activity in older age: perspectives for healthy ageing and frailty [J]. Biogerontology, 2016, 17（3）：567-580.

[177] 张望得月，张海莲，王菲，等. 老年人人际需求及影响因素研究进展 [J]. 护理研究，2021，35（17）：3098-3102.

[178] TAMERS S L, BERESFORD S A, CHEADLE A D, et al. The association between worksite social support, diet, physical activity and body mass index [J]. Preventive medicine, 2011, 53（1-2）：53-56.

[179] COBB S. Presidential Address-1976. Social support as a moderator of life stress [J]. Psychosomatic medicine, 1976, 38（5）：300-314.

[180] SHEARER N B. Relationships of contextual and relational factors to health empowerment in women [J]. Research and theory for nursing practice, 2004, 18（4）：357-370.

[181] 陈金鳌，张林，冯伟，等. 社会学视域下老年体育参与影响因素研究 [J]. 南京体育

学院学报（社会科学版），2015，29（1）：57-63.

［182］王富百慧，王梅，张彦峰，等. 中国家庭体育锻炼行为特点及代际互动关系研究［J］. 体育科学，2016，36（11）：31-38.

［183］BANDURA A. Health promotion by social cognitive means［J］. Health education & behavior: the official publication of the Society for Public Health Education，2004，31（2）：143-164.

［184］汪文奇. 我国老龄化社会进程中老年人体育生活方式的研究［J］. 北京体育大学学报，2004（8）：1025-1027.

［185］周尚意.《中国城市老年人的活动空间》评介［J］. 地理研究，2012，31（10）：1928.

［186］王东敏，陈功. 影响北京市朝阳区老年人参加体育锻炼的因素分析［J］. 沈阳体育学院学报，2013，32（1）：62-64.

［187］宫晓丽. 社区居民参与体育锻炼现状的研究——以山东省为例［J］. 北京体育大学学报，2010，33（2）：45-48.

［188］王深，刘一平，王春发，等. 群体变量对成员锻炼坚持性影响的多层线性分析［J］. 体育学刊，2015，22（2）：36-41.

［189］ESTABROOKS P A，CARRON A V. Group cohesion in older adult exercisers: prediction and intervention effects［J］. Journal of behavioral medicine，1999，22（6）：575-588.

［190］VAN CAUWENBERG J，VAN HOLLE V，SIMONS D，et al. Environmental factors influencing older adults' walking for transportation: a study using walk-along interviews［J］. The international journal of behavioral nutrition and physical activity，2012，9：85.

［191］VAN HOLLE V，VAN CAUWENBERG J，DE BOURDEAUDHUIJ I，et al. Interactions between Neighborhood Social Environment and Walkability to Explain Belgian Older Adults' Physical Activity and Sedentary Time［J］. International journal of environmental research and public health，2016，13（6）.

［192］杨凡，潘越，邹泽宇. 中国老年人体育锻炼状况及影响因素研究［J］. 中国体育科技，2019，55（10）：10-21，40.

［193］王晓珊. 昆明市养老机构体育服务供给的困境与对策研究［D］. 昆明：云南师范大学，2020.

［194］李争. 长沙市公办养老机构的老年人体育锻炼安全研究［D］. 长沙：湖南大学，2018.

［195］DING D，RAMIREZ VARELA A，BAUMAN A E，et al. Towards better evidence-informed global action: lessons learnt from the Lancet series and recent developments in physical activity and public health［J］. Br J Sports Med，2020，54（8）：462-468.

［196］GREEN A，ROSS D，MIRZOEV T. Primary health care and England: the coming of age of Alma Ata?［J］. Health policy（Amsterdam，Netherlands），2007，80（1）：11-31.

［197］湛冰. 近70年来我国老年体育政策研究［J］. 首都体育学院学报，2018，30（6）：515-519.

［198］COVID-19 rapid guideline: managing COVID-19［EB/OL］.［2022-07-14］. https://www.nice.org.uk/guidance/ng191/chapter/Recommendations.

参考文献

［199］SERRA-PRAT M, SIST X, DOMENICH R, et al. Effectiveness of an intervention to prevent frailty in pre-frail community-dwelling older people consulting in primary care: a randomised controlled trial［J］. Age and ageing, 2017, 46（3）: 401-407.

［200］杨永钟, 江瑞, 袁锋, 等. 我国全民健身活动发展特征研究——基于4次全国群众体育调查结果的分析［J］. 西南师范大学学报（自然科学版）, 2017, 42（6）: 121-128.

［201］ZHAO Y, HU Y, SMITH J P, et al. Cohort profile: the China Health and Retirement Longitudinal Study（CHARLS）［J］. International journal of epidemiology, 2014, 43（1）: 61-68.

［202］何民富. 抑郁在中国中老年慢性病人群中的流行情况及其对慢性病患者的影响研究［D］. 长春: 吉林大学, 2019.

［203］DEMIRTAS H, FREELS S A, YUCEL R M. Plausibility of multivariate normality assumption when multiply imputing non-Gaussian continuous outcomes: A simulation assessment［J］. Journal of Statistical Computation and Simulation, 2008, 78（1）: 69-84.

［204］郭凯林, 王世强, 李丹, 等. 我国老年人衰弱的发展轨迹: 基于潜变量增长模型的分析［J］. 中国全科医学, 2022, 25（6）: 742-749+755.

［205］张文娟, 付敏. 长期护理保险制度中老年人的失能风险和照料时间——基于Barthel指数的分析［J］. 保险研究, 2020（5）: 80-93.

［206］曾宪新. 老年健康综合指标——虚弱指数研究进展［J］. 中国老年学杂志, 2010, 30（21）: 3220-3223.

［207］SEARLE S D, MITNITSKI A, GAHBAUER E A, et al. A standard procedure for creating a frailty index［J］. BMC geriatrics, 2008, 8: 24.

［208］石婧, 石冰, 陶永康, 等. 基于衰弱指数评估的老年人衰弱状况与死亡风险的相关性分析［J］. 中华流行病学杂志, 2020, 41（11）: 1824-1830.

［209］黄庆波, 王晓华, 陈功. 10项流调中心抑郁自评量表在中国中老人群中的信效度［J］. 中国健康心理学杂志, 2015, 23（7）: 1036-1041.

［210］SONG X, MITNITSKI A, ROCKWOOD K. Prevalence and 10-year outcomes of frailty in older adults in relation to deficit accumulation［J］. Journal of the American Geriatrics Society, 2010, 58（4）: 681-687.

［211］屈宁宁, 李可基. 国际身体活动问卷中文版的信度和效度研究［J］. 中华流行病学杂志, 2004（3）: 87-90.

［212］W M, J T. Latent curve analysis［J］. Psychometrika, 1990, 55（1）: 107-122.

［213］T T, S K M. Structural Equation Modeling in Educational Research: Concepts and Applications［M］. 2009.

［214］E. O. Unobservable selection and coefficient stability: theory and evidence［J］. Journal of Business and Economic Statistics, 2019, 37（2）: 187-204.

［215］李康康, 杨东峰. 城市建成环境如何影响老年人身体活动——模型构建与大连实证［J］. 人文地理, 2021, 36（5）: 111-120.

[216] 楼烨, 潘志明, 郑振佺. 人口老龄化背景下福建省医养结合养老服务模式问题与策略研究[J]. 中国公共卫生管理, 2021, 37 (3): 304-307.

[217] 杜词, 王芳, 袁莎莎. 美国全方位养老服务计划及对我国医养结合的启示[J]. 中国初级卫生保健, 2019, 33 (9): 6-8.

[218] BUMAN M P, HEKLER E B, HASKELL W L, et al. Objective light-intensity physical activity associations with rated health in older adults[J]. American journal of epidemiology, 2010, 172 (10): 1155-1165.

[219] EDHOLM P, NILSSON A, KADI F. Physical function in older adults: Impacts of past and present physical activity behaviors[J]. Scandinavian journal of medicine & science in sports, 2019, 29 (3): 415-421.

[220] GIGLIO R E, RODRIGUEZ-BLAZQUEZ C, DE PEDRO-CUESTA J, et al. Sense of coherence and health of community-dwelling older adults in Spain[J]. International psychogeriatrics, 2015, 27 (4): 621-628.

[221] NELSON M E, REJESKI W J, BLAIR S N, et al. Physical activity and public health in older adults: recommendation from the American College of Sports Medicine and the American Heart Association[J]. Circulation, 2007, 116 (9): 1094-1105.

[222] DUNN A L, ANDERSEN R E, JAKICIC J M. Lifestyle physical activity interventions. History, short-and long-term effects, and recommendations[J]. American journal of preventive medicine, 1998, 15 (4): 398-412.

[223] PIEPOLI M F, HOES A W, AGEWALL S, et al. 2016 European Guidelines on cardiovascular disease prevention in clinical practice[J]. European heart journal, 2016, 37 (29): 2315-2381.

[224] PIERCY K L, TROIANO R P, BALLARD R M, et al. The Physical Activity Guidelines for Americans[J]. Jama, 2018, 320 (19): 2020-2028.

[225] NAWROCKA A, POLECHOŃSKI J, GARBACIAK W, et al. Functional Fitness and Quality of Life among Women over 60 Years of Age Depending on Their Level of Objectively Measured Physical Activity[J]. International journal of environmental research and public health, 2019, 16 (6).

[226] BARONE GIBBS B, BRACH J S, BYARD T, et al. Reducing Sedentary Behavior Versus Increasing Moderate-to-Vigorous Intensity Physical Activity in Older Adults[J]. Journal of aging and health, 2017, 29 (2): 247-267.

[227] LIM K, TAYLOR L. Factors associated with physical activity among older people--a population-based study[J]. Preventive medicine, 2005, 40 (1): 33-40.

[228] TOPOLSKI T D, LOGERFO J, PATRICK D L, et al. The Rapid Assessment of Physical Activity (RAPA) among older adults[J]. Preventing chronic disease, 2006, 3 (4): A118.

[229] SOUZA A M, FILLENBAUM G G, BLAY S L. Prevalence and correlates of physical inactivity

among older adults in Rio Grande do Sul, Brazil [J]. PloS one, 2015, 10 (2): e0117060.

[230] FERREIRA M T, MATSUDO S M, RIBEIRO M C, et al. Health-related factors correlate with behavior trends in physical activity level in old age: longitudinal results from a population in São Paulo, Brazil [J]. BMC public health, 2010, 10: 690.

[231] 薛茂云. 江苏省城区老年人日常身体活动水平对体质健康和生活质量的影响 [J]. 中国组织工程研究与临床康复, 2010, 14 (50): 9465-9470.

[232] 王飞. 城市老年人身体活动及社区体育设施现状分析 [J]. 福建体育科技, 2020, 39 (3): 17-19, 23.

[233] 张学桐, 王竹影, 孙洁莹. 南京市老年人户外时间与身体活动和静坐的关系研究 [J]. 沈阳体育学院学报, 2019, 38 (2): 65-71.

[234] 安伟锋, 李静, 赵永飞, 等. 河南省老年人体力活动状况及其影响因素分析 [J]. 河南预防医学杂志, 2014, 25 (6): 403-406.

[235] 宋彦李青, 王竹影. 城市老年人户外身体活动、久坐时间与客观建成环境因素关系研究 [J]. 成都体育学院学报, 2019, 45 (4): 113-120.

[236] 陈英武. 不同身体活动水平对老年人功能性体适能增龄性变化的影响 [D]. 天津: 天津体育学院, 2019.

[237] 苏畅, 黄辉, 王惠君, 等. 1997—2009 年我国 9 省区 18~49 岁成年居民身体活动状况及变化趋势研究 [J]. 中国健康教育, 2013, 29 (11): 966-968, 994.

[238] 戚圣香, 范周全, 杨华凤, 等. 2011 年与 2017 年南京 25 岁及以上人群身体活动不足归因疾病负担分析 [J]. 中国卫生统计, 2021, 38 (2): 262-265, 269.

[239] 潘钰婷, 尤莉莉, 闵开元, 等. 健康城市建设背景下四川省泸州市居民身体活动状况及其影响因素 [J]. 中国健康教育, 2019, 35 (9): 807-812.

[240] GOMES M, FIGUEIREDO D, TEIXEIRA L, et al. Physical inactivity among older adults across Europe based on the SHARE database [J]. Age and ageing, 2017, 46 (1): 71-77.

[241] LACHMAN M E, LIPSITZ L, LUBBEN J, et al. When Adults Don't Exercise: Behavioral Strategies to Increase Physical Activity in Sedentary Middle-Aged and Older Adults [J]. Innovation in aging, 2018, 2 (1): igy007.

[242] GUTHOLD R, STEVENS G A, RILEY L M, et al. Worldwide trends in insufficient physical activity from 2001 to 2016: a pooled analysis of 358 population-based surveys with 1·9 million participants [J]. The Lancet Global health, 2018, 6 (10): e1077-e1086.

[243] PARDO A, MCKENNA J, MITJANS A, et al. Physical activity level and lifestyle-related risk factors from Catalan physicians [J]. Journal of physical activity & health, 2014, 11 (5): 922-929.

[244] WU Z J, SONG Y, WANG H L, et al. Influence of the built environment of Nanjing's Urban Community on the leisure physical activity of the elderly: an empirical study [J]. BMC public health, 2019, 19 (1): 1459.

[245] CANIZARES M, BADLEY E M. Generational differences in patterns of physical activities over

time in the Canadian population: an age-period-cohort analysis [J]. BMC public health, 2018, 18（1）: 304.

[246] SHIRALY R, SHAYAN Z, KESHTKAR V, et al. Self-reported Factors Associated with Engagement in Moderate to Vigorous Physical Activity among Elderly People: A Population-based Study [J]. International journal of preventive medicine, 2017, 8: 26.

[247] ETHISAN P, SOMRONGTHONG R, AHMED J, et al. Factors Related to Physical Activity Among the Elderly Population in Rural Thailand [J]. Journal of primary care & community health, 2017, 8（2）: 71-76.

[248] TROST S G, OWEN N, BAUMAN A E, et al. Correlates of adults' participation in physical activity: review and update[J]. Medicine and science in sports and exercise, 2002, 34（12）: 1996-2001.

[249] 郎维, 戴健, 曹可强, 等. 中国群众体育发展报告: 2019 [M]. 北京: 社会科学文献出版社, 2019.

[250] 中华人民共和国卫生部疾病预防控制局. 中国成人身体活动指南 [M]. 北京: 人民卫生出版社, 2011.

[251] 阮晔, 郭雁飞, 孙双圆, 等. 上海市50岁及以上人群衰弱状况研究 [J]. 中华疾病控制杂志, 2019, 23（4）: 445-451.

[252] FANG X, SHI J, SONG X, et al. Frailty in relation to the risk of falls, fractures, and mortality in older Chinese adults: results from the Beijing Longitudinal Study of Aging [J]. The journal of nutrition, health & aging, 2012, 16（10）: 903-907.

[253] LIU Z, WANG Q, ZHI T, et al. Frailty Index and Its Relation to Falls and Overnight Hospitalizations in Elderly Chinese People: A Population-based Study [J]. The journal of nutrition, health & aging, 2016, 20（5）: 561-568.

[254] BUTA B J, WALSTON J D, GODINO J G, et al. Frailty assessment instruments: Systematic characterization of the uses and contexts of highly-cited instruments [J]. Ageing research reviews, 2016, 26: 53-61.

[255] AGUAYO G A, DONNEAU A F, VAILLANT M T, et al. Agreement Between 35 Published Frailty Scores in the General Population[J]. American journal of epidemiology, 2017, 186（4）: 420-434.

[256] 梁萌基. 虚弱指数在老年人健康评估中的应用及研究进展 [J]. 中华护理杂志, 2010, 45（12）: 1144-1146.

[257] BRAY N W, SMART R R, JAKOBI J M, et al. Exercise prescription to reverse frailty [J]. Applied physiology, nutrition, and metabolism = Physiologie appliquee, nutrition et metabolisme, 2016, 41（10）: 1112-1116.

[258] LEOCADIO, RODRIGUEZ-MAñAS, LINDA, et al. Frailty in the clinical scenario [J]. The Lancet, 2015.

[259] STOW D, MATTHEWS F E, HANRATTY B. Frailty trajectories to identify end of life: a

longitudinal population-based study [J]. BMC medicine, 2018, 16 (1): 171.

[260] STOLZ E, MAYERL H, RÁSKY É, et al. Does Sample Attrition Affect the Assessment of Frailty Trajectories Among Older Adults? A Joint Model Approach [J]. Gerontology, 2018, 64 (5): 430-439.

[261] AGUAYO G A, HULMAN A, VAILLANT M T, et al. Prospective Association Among Diabetes Diagnosis, HbA (1c), Glycemia, and Frailty Trajectories in an Elderly Population [J]. Diabetes care, 2019, 42 (10): 1903-1911.

[262] STOLZ E, MAYERL H, WAXENEGGER A, et al. Impact of socioeconomic position on frailty trajectories in 10 European countries: evidence from the Survey of Health, Ageing and Retirement in Europe (2004-2013) [J]. Journal of epidemiology and community health, 2017, 71 (1): 73-80.

[263] STOLZ E, MAYERL H, FREIDL W. Fluctuations in frailty among older adults [J]. Age and ageing, 2019, 48 (4): 547-552.

[264] GILLESPIE L D, ROBERTSON M C, GILLESPIE W J, et al. Interventions for preventing falls in older people living in the community [J]. The Cochrane database of systematic reviews, 2012, 2012 (9): Cd007146.

[265] PEL-LITTEL R E, SCHUURMANS M J, EMMELOT-VONK M H, et al. Frailty: defining and measuring of a concept [J]. The journal of nutrition, health & aging, 2009, 13 (4): 390-394.

[266] 王会会, 王君俏, 谢博钦, 等. 养老机构非卧床老年人衰弱影响因素的路径分析 [J]. 护理学杂志, 2018, 33 (13): 76-80.

[267] 王大华, 张明妍. 老年人配偶支持的特点及其与夫妻依恋、婚姻满意度的关系 [J]. 心理发展与教育, 2011, 27 (2): 195-201.

[268] 谭兴华, 谭军. 恩施市社区老年人衰弱与身体活动现状研究 [J]. 华南预防医学, 2022, 48 (6): 711-714.

[269] 郑俊俊, 于卫华, 闫亭. 医养结合型养老机构的老年人久坐行为及影响因素分析 [J]. 护理学报, 2022, 29 (15): 1-6.

[270] 汪晨晨, 谢晖, 蔡维维. 社区老年人衰弱及其影响因素分析 [J]. 中华全科医学, 2021, 19 (4): 625-627+683.

[271] 谷志莲, 柴彦威. 城市老年人的移动性变化及其对日常生活的影响——基于社区老年人生活历程的叙事分析 [J]. 地理科学进展, 2015, 34 (12): 1617-1627.

[272] XUE Q L. The frailty syndrome: definition and natural history [J]. Clinics in geriatric medicine, 2011, 27 (1): 1-15.

[273] KANE A E, SINCLAIR D A. Frailty biomarkers in humans and rodents: Current approaches and future advances [J]. Mechanisms of ageing and development, 2019, 180: 117-128.

[274] SAEDI A A, FEEHAN J, PHU S, et al. Current and emerging biomarkers of frailty in the elderly [J]. Clinical interventions in aging, 2019, 14: 389-398.

[275] AUTENRIETH C, SCHNEIDER A, DöRING A, et al. Association between different domains of physical activity and markers of inflammation [J]. Medicine and science in sports and exercise, 2009, 41 (9): 1706-1713.

[276] 孙海波,李章春,梁愿,等. 身体活动水平与老年 2 型糖尿病合并代谢性炎症综合征血清 SFRP-5、白细胞介素-1、超敏 C 反应蛋白炎症因子的相关性 [J]. 中国老年学杂志, 2020, 40 (16): 3398-3402.

[277] HSU F C, KRITCHEVSKY S B, LIU Y, et al. Association between inflammatory components and physical function in the health, aging, and body composition study: a principal component analysis approach [J]. The journals of gerontology Series A, Biological sciences and medical sciences, 2009, 64 (5): 581-589.

[278] 都海燕. 老年衰弱及其表型与炎症反应及凝血功能的相关性研究 [D]. 青岛:青岛大学, 2019.

[279] PéREZ-ZEPEDA M U, GARCíA-PEñA C, CARRILLO-VEGA M F. Individual and cumulative association of commonly used biomarkers on frailty: a cross-sectional analysis of the Mexican Health and Aging Study [J]. Aging clinical and experimental research, 2019, 31(10): 1429-1434.

[280] WHO. Ageing and health [EB/OL]. [2022-03-20]. https://www.who.int/news-room/fact-sheets/detail/ageing-and-health.

[281] 乔宁. 运用"梅脱"值控制课堂运动强度的初探 [J]. 南京体育学院学报(社会科学版), 2001 (5): 48-49.

[282] 唐丹. 简版老年抑郁量表(GDS-15)在中国老年人中的使用 [J]. 中国临床心理学杂志, 2013, 21 (3): 402-405.

[283] ARO A A, AGBO S, OMOLE O B. Factors influencing regular physical exercise among the elderly in residential care facilities in a South African health district [J]. African journal of primary health care & family medicine, 2018, 10 (1): e1-e6.

[284] 王丛,赵富学,杨小帆,等. 甘肃藏区城区藏族老年人体育锻炼的影响因素 [J]. 中国老年学杂志, 2018, 38 (8): 1996-1998.

[285] 李森,江世恩. 2005—2015 年澳门老年人体育锻炼行为变化及影响因素分析 [J]. 中国体育科技, 2019, 55 (12): 68-76.

[286] 周巧学,周建荣,库敏,等. 社区高龄老年人衰弱状况及影响因素的研究 [J]. 护理学杂志, 2019, 34 (21): 68-72.

[287] 秦丽,梁珍珍,葛立宾,等. 社区老年衰弱综合征的影响因素研究 [J]. 中国全科医学, 2020, 23 (5): 598-603.

[288] 奚兴,郭桂芳. 社区老年人衰弱现状及其影响因素研究 [J]. 中国护理管理, 2014, 14 (12): 1315-1319.

[289] HANLON P, NICHOLL B I, JANI B D, et al. Frailty and pre-frailty in middle-aged and older adults and its association with multimorbidity and mortality: a prospective analysis of 493 737

UK Biobank participants [J]. The Lancet Public health, 2018, 3（7）：e323-e332.

［290］GILL T M, GAHBAUER E A, ALLORE H G, et al. Transitions between frailty states among community-living older persons [J]. Archives of internal medicine, 2006, 166（4）：418-423.

［291］MILLER D B, O'CALLAGHAN J P. Aging, stress and the hippocampus [J]. Ageing research reviews, 2005, 4（2）：123-140.

［292］BERGMAN H, FERRUCCI L, GURALNIK J, et al. Frailty：an emerging research and clinical paradigm--issues and controversies [J]. The journals of gerontology Series A, Biological sciences and medical sciences, 2007, 62（7）：731-737.

［293］李淑杏，陈长香，赵雅宁，等. 婚姻、家庭功能对老年人生存质量的影响 [J]. 中国老年学杂志，2016, 36（4）：959-960.

［294］MA L, TANG Z, ZHANG L, et al. Prevalence of Frailty and Associated Factors in the Community-Dwelling Population of China [J]. Journal of the American Geriatrics Society, 2018, 66（3）：559-564.

［295］余静雅，高静，刘洁，等. 老年人睡眠障碍与衰弱关系的 meta 分析 [J]. 中国心理卫生杂志，2019, 33（4）：289-295.

［296］卫尹，曹艳佩，杨晓莉，等. 老年住院患者衰弱综合征现状及影响因素 [J]. 复旦学报（医学版），2018, 45（4）：496-502.

［297］OP HET VELD L P, VAN ROSSUM E, KEMPEN G I, et al. Fried phenotype of frailty：cross-sectional comparison of three frailty stages on various health domains [J]. BMC geriatrics, 2015, 15：77.

［298］GONçALVES R B, COLETTA R D, SILVéRIO K G, et al. Impact of smoking on inflammation：overview of molecular mechanisms [J]. Inflammation research：official journal of the European Histamine Research Society [et al], 2011, 60（5）：409-424.

［299］JAYES L, HASLAM P L, GRATZIOU C G, et al. SmokeHaz：Systematic Reviews and Meta-analyses of the Effects of Smoking on Respiratory Health [J]. Chest, 2016, 150（1）：164-179.

［300］PAHOR M, GURALNIK J M, AMBROSIUS W T, et al. Effect of structured physical activity on prevention of major mobility disability in older adults：the LIFE study randomized clinical trial [J]. Jama, 2014, 311（23）：2387-2396.

［301］王世强，郭凯林，吕万刚. 身体活动对中国老年人衰弱的影响——基于中国健康与养老追踪调查的实证分析 [J]. 成都体育学院学报，2022：1-7.

［302］KEHLER D S. The impact of sedentary and physical activity behaviour on frailty in middle-aged and older adults [J]. Applied physiology, nutrition, and metabolism = Physiologie appliquee, nutrition et metabolisme, 2018, 43（6）：638.

［303］Physical Activity Guidelines for Americans 2nd Edition [M]. Washington, DC：U. S. Department of Health and Human Services, 2018.

[304] MAMMEN G, FAULKNER G. Physical activity and the prevention of depression: a systematic review of prospective studies [J]. American journal of preventive medicine, 2013, 45 (5): 649-657.

[305] MIKKELSEN K, STOJANOVSKA L, POLENAKOVIC M, et al. Exercise and mental health [J]. Maturitas, 2017, 106: 48-56.

[306] WIN S, PARAKH K, EZE-NLIAM C M, et al. Depressive symptoms, physical inactivity and risk of cardiovascular mortality in older adults: the Cardiovascular Health Study [J]. Heart (British Cardiac Society), 2011, 97 (6): 500-505.

[307] KEKäLäINEN T, KOKKO K, SIPILä S, et al. Effects of a 9-month resistance training intervention on quality of life, sense of coherence, and depressive symptoms in older adults: randomized controlled trial [J]. Quality of life research: an international journal of quality of life aspects of treatment, care and rehabilitation, 2018, 27 (2): 455-465.

[308] HARRIS A H, CRONKITE R, MOOS R. Physical activity, exercise coping, and depression in a 10-year cohort study of depressed patients [J]. Journal of affective disorders, 2006, 93 (1-3): 79-85.

[309] 蔡维维, 谢晖, 王飞, 等. 社区老年人体力活动不足现状及其影响因素分析 [J]. 中华全科医学, 2022, 20 (7): 1170-1173.

[310] 王世强, 胥祉涵, 王一杰, 等. 健康老龄化的挑战——衰弱: 概念框架、风险评估及体力活动干预研究 [J]. 中国体育科技, 2022, 58 (1): 57-64.

附录1 人口统计学资料

1. 您的性别：□男　□女
2. 您的年龄：　　岁
3. 您的身高：　　cm；　您的体重：　　kg
4. 您的婚姻状况：
   □有配偶　　□丧偶　　□其他
5. 您的受教育程度（指最高学历）：
   □未上过学　　□小学　　□初中　　□高中（含中专）
   □大学专科（含高职）　　□大学本科　　□研究生
6. 您的子女个数：□0个　　□1个　　□≥2个
7. 您目前从事职业类别（退休前）：
   □高级管理人员或高级技术人员
   □中层管理人员或中级技术人员或私营企业主、独资经营者
   □一般管理人员或初级技术人员
   □办公室一般（行政）办事人员　　□商业、服务业一般职员
   □体力劳动职员、工人　　□临时务工人员、无业者　　□其他
8. 您目前平均月收入是多少？（单位：元）
   □<2000　　□2000~4000　　□>4000
9. 您目前的居住状况：
   □独居　　□非独居
10. 您在该社区居住年限？（可直接问在本小区住了多久）
    □3个月以内　　□3~6个月　　□6个月~1年　　□1~2年　　□2年以上
11. 您是否有吸烟史？
    □有　　□无
12. 您是否有饮酒史？
    □有　　□无
13. 您的睡眠状况怎么样？
    □睡眠良好　　□有睡眠障碍

附录 2　FP 衰弱表型量表

1. **您过去的 1 年内体重是否下降（非节食或运动）?**
   下降了　　　kg

2. **您过去的 1 周内以下现象发生了几天?（CES-D）**
   我感觉我做每一件事都需要经过努力：　　　天；
   我不能向前行走：　　　天

3. **4.57m 行走时间：** 　　　s

4. **握力：** 　　　kg

5. **您每周散步多久：**
   男：□ <2.5h　　□ ≥2.5h
   女：□ <2h　　□ ≥2h

附录3　社区衰弱老年人参与身体活动的影响因素量表

以下是一些影响社区老年人身体活动参与的社会生态学因素，您是否同意这些因素会对您参与身体活动造成影响？请根据自己的实际感知，在最符合情况的选项内打"√"。

类别		题　目	非常同意	同意	一般	不同意	非常不同意
个人层面	身体健康状况	1. 我的身体素质良好					
		2. 我没有身体活动障碍					
	参与动机	3. 为了让我的身体更健康					
		4. 参与身体活动可以缓解疲劳					
		5. 能使我结交更多的朋友					
		6. 参与身体活动能使我心情愉悦					
	自我效能	7. 如果拼尽全力，我总能解决与身体活动相关的问题					
		8. 如果付出足够努力，我有信心能够解决身体活动过程中遇到的困难					
		9. 对我来说，坚持身体活动达到自己设定的目标是轻而易举的					
	身体活动知识与技能	10. 了解身体活动的规则与知识					
		11. 掌握运动健康以及运动损伤紧急处理的方法					
		12. 了解身体活动设施的正确使用					
		13. 家人会陪我参与身体活动					
		14. 家人会鼓励我参与身体活动					
		15. 家人会和我讨论与身体活动有关的事物					
	家庭环境	16. 子女会鼓励我参与身体活动					
		17. 我的家庭具备良好的身体活动理念					
		18. 我的家庭内务分配合理					
		19. 我的家庭经济状况能满足我参与身体活动					
	朋友支持	20. 朋友会鼓励我参与身体活动					
		21. 朋友会在身体活动方面给我帮助与指导					
		22. 我参加身体活动可以受到周围人的称赞					

续表

类别		题目	非常同意	同意	一般	不同意	非常不同意
社区层面	社区建成环境	23. 有宽阔的公共体育场地可以用来进行身体活动					
		24. 社区体育公园方便到达					
		25. 社区公共体育服务设施覆盖面广且安全					
	社区体育组织	26. 能够得到社区公共体育指导员的专业指导与服务					
		27. 社区周边的运动社团以及身体活动俱乐部很多					
		28. 有所喜爱的身体活动相关的团体组织可以参加					
	社区文化氛围	29. 社区经常开展身体活动知识讲座					
		30. 社区经常组织身体活动竞赛活动					
		31. 社区都积极运动，运动氛围活跃					
政策层面	体育资源保证	32. 政府相关部门宣传老年人参与身体活动的力度大					
		33. 政府提供全面的公共体育服务					
		34. 政府重视体育场地设施的规划、布局和建设					
	体育政策执行	35. 全民健身热潮促使我参与体育运动					
		36. 体育与健康政策的出台与实施促使我参与运动（如健康老龄化规划、健康中国政策等）					

附录 4 IPAQ 短问卷

1. 最近 7 天内，您有几天做了剧烈的体育活动，如提重物、挖掘、有氧运动或是快速骑车？
   每周　　　天
   □ 无相关体育活动→跳到问题 3

2. 在这其中一天您通常会花多少时间在剧烈的体育活动上？
   每天　　小时　　分钟
   □ 不知道或不确定

3. 最近 7 天内，您有几天做了适度的体育活动，如提轻的物品、以平常的速度骑车或打双人网球？请不要包括走路。
   每周　　　天
   □ 无适度体育活动→跳到问题 5

4. 在这其中一天您通常会花多少时间在适度的体育活动上？
   每天　　小时　　分钟
   □ 不知道或不确定

5. 最近 7 天内，您有几天是步行，且一次步行至少 10 分钟？
   每周　　　天
   □ 没有步行 →跳到问题 7

6. 在这其中一天您通常花多少时间在步行上？
   每天　小时　　分钟
   □ 不知道或不确定

7. 最近 7 天内，工作日您有多久时间是坐着的？
   每天　　小时　　分钟
   □ 不知道或不确定

附录 5　中国健康与养老追踪调查 2018 年追访问卷

CHINA HEALTH AND RETIREMENT
LONGITUDINAL STUDY
WAVE 4 (2018) QUESTIONNAIRE

中国健康与养老追踪调查
2018 年追访问卷

VersionID: 20200914

CHINA HEALTH AND RETIREMENT
LONGITUDINAL STUDY
2011-2012 NATIONAL BASELINE
BLOOD DATA
USERS' GUIDE

YAOHUI ZHAO
EILEEN CRIMMINS
PEIFENG (PERRY) HU
YISONG HU
TAO GE
JUNG KI KIM
JOHN STRAUSS

D Health Status and Functioning 健康状况和功能   63

    DA   Health Status 健康状况 64

        PART I   General Health Status and Disease History 第一部分：一般健康状况和疾病史 64

        PART II   Lifestyle and Health Behaviors 第二部分：生活方式和健康行为   81

    DB   Functional Limitations and Helpers 身体功能障碍以及辅助者 89

    DC   **Cognition and Depression 认知和抑郁**   **101**

        SECTION INTRO   Introducing Respondent Interview 介绍受访者问卷 . . . 101

        SECTION MMSE   Mini Mental State Exam 简易精神状态检查 101

        SECTION HT   HRS Telephone Interview for Cognitive Status (TICS) 认知状况电话访问量表 107

        SECTION WR   Word Recall 字词回忆 108

        SECTION RF   Retrieval Fluency 口语流畅性："动物类别" 111

        SECTION CSI-D   Community Screening Instrument for Dementia Interviewee Part 简明社区痴呆筛查量表-认知功能部分 114

        SECTION CESD   Depression 抑郁量表 114

        SECTION SAT   Satisfaction 满意度部分 117

        SECTION DR   Delayed Recall 延迟回忆 118

CAPI:

Ask DA051 for each type of physical activity, including: 针对以后每种类型的体力活动类型，依次询问 DA051，具体体力活动类型包括：

1. Vigorous-intensity activity (Vigorous activities can cause shortness of breath. Examples of vigorous-intensity activities include carrying heavy stuff, digging, hoeing, aerobic workout, bicycling at a fast speed, riding a cargo bike/motorcycle, etc.) 非常消耗体力的激烈活动（激烈的活动会让你呼吸急促，比如搬运重物、挖地、耕作、有氧运动、快速骑车、骑车载货等）；

2. Moderate activity (Moderate activities can make you breathe faster than usual. Examples of moderate activities include carrying light stuff, bicycling at a normal speed, mopping, Tai-Chi, and speed walking.) 中等强度的体力活动（中等体力的活动让您的呼吸比平时快一些，比如搬运轻便的东西、常规速度骑自行车、拖地、打太极拳、疾走）；

3. Mild activities such as walking (walking from one place to another place at a workplace or home, and taking a walk for leisure, sports, exercise or entertainment.) 轻度体力活动如走路（走路包括工作或者在家的时候从一个地方走到另一个地方，以及其他您为了休闲、运动、锻炼或娱乐而散步）。

If DA051[i] = 1, ask DA052 to DA051_1 for each type of physical activity. 如果 DA051[i] = 1，针对受访者回答持续做的每一项体力活动类型，依次询问 DA052 至 DA051_1

DA051   Please recall the [preload the type of physical activity] that you have taken part in for at least 10 minutes every time in a week. Do you usually take this type of activity for at least 10 minutes every week? 下面请回忆下您通常每周做的 [加载体力活动类型]，只需回忆您每次运动了至少十分钟的活动，您通常每周有没有至少持续做这种类型的活动十分钟？

    1. Yes 是

    2. No 否 → Start the next type of physical activity or skip to DA056 开始下一项体力活动